Lothar Deeg, Susanne Brammerloh

KulturSchock Russland

W0058394

Умом Россию не понять,
Аршином общим не измерить:
У ней особенная стать –
В Россию можно только верить.

„Russland ist mit dem Verstand nicht zu begreifen,
Mit gewöhnlichem Maße nicht zu messen:
Es hat ein besonderes Wesen –
An Russland kann man nur glauben."

(*Fjodor Tjutschew*, 1866)

Impressum

Lothar Deeg, Susanne Brammerloh
KulturSchock Russland

erschienen im
Reise Know-How Verlag Peter Rump GmbH
Osnabrücker Str. 79
33649 Bielefeld

© Reise Know-How Verlag Peter Rump GmbH
1997, 1999, 2002, 2004, 2007, 2009, 2011
**8., neu bearbeitete und komplett aktualisierte
Auflage 2015**

Alle Rechte vorbehalten.

Gestaltung
Umschlag: G. Pawlak, amundo media GmbH
Inhalt: amundo media GmbH
Fotos: siehe Bildnachweis S. 8

Lektorat (Aktualisierung): amundo media GmbH

Druck und Bindung:
Wilhelm & Adam, Heusenstamm

ISBN 978-3-8317-1031-7
Printed in Germany

Dieses Buch ist erhältlich in jeder Buchhandlung
Deutschlands, der Schweiz, Österreichs, Belgiens
und der Niederlande.
Bitte informieren Sie Ihren Buchhändler
über folgende Bezugsadressen:
Deutschland
Prolit GmbH, Postfach 9, D-35461 Fernwald (Annerod)
sowie alle Barsortimente
Schweiz
AVA Verlagsauslieferung AG
Postfach 27, CH-8910 Affoltern
Österreich
Mohr Morawa Buchvertrieb GmbH
Sulzengasse 2, A-1230 Wien
Niederlande, Belgien
Willems Adventure, www.willemsadventure.nl

Wer im Buchhandel trotzdem kein Glück hat,
bekommt unsere Bücher auch über unseren
**Büchershop im Internet:
www.reise-know-how.de**

Lothar Deeg,
Susanne Brammerloh

KULTURSCHOCK
RUSSLAND

Vorwort

„Russland kann man nicht verstehen ..."

Es ist zugegeben nicht besonders originell, ein Buch, das Russland und die Russen erklären soll, mit dem meist zitierten Gedicht über Land und Leute zu beginnen. Und dummerweise erklärt dieser Vierzeiler (s. Einleitungszitat S. 1) das Vorhaben auch noch gleich für unmöglich.

Geschrieben hat die Verse 1866 der russische Dichter und Diplomat *Fjodor Tjutschew* – der damals als Zensor für ausländische Literatur in Staatsdiensten stand und sich auch lange als eine Art PR-Beauftragter um Russlands Bild in Deutschland gekümmert hatte.

Das Klischee von der „rätselhaften russischen Seele" lugt aus diesem Gedicht hervor. Aber vielleicht ist diese Seele auch nur die Erfindung historischer Imageberater wie *Tjutschew,* um für Russland international ein paar Toleranz-Bonuspunkte herauszuholen? Jedenfalls will dieses Buch genau das tun, was laut *Tjutschew* angeblich nicht möglich ist: Russland verstehen, es (aus der europäischen Perspektive und mit fairen, heutigen Maßstäben) messen, sein Wesen erkennen.

An Russland glauben müssen die Leser dabei nicht. Auch die Autoren tun es nicht. Das wäre zu einfach. Wir beschränken uns darauf, uns gründlich für das Land zu interessieren, das uns fasziniert und in dem wir seit über zwei Jahrzehnten leben. Immer wieder einmal spüren wir, dass wir es auch lieben. Und manchmal gibt es Momente, da finden wir es schlichtweg zum ...

Erdgas, Oligarchen, russische Weite, Kommunismus, Kreml, kyrillische Schrift, *Putin,* Wodka, sibirischer Winter, Raumfahrt, Eremitage, Mafia, Transsib, Atomraketen, Balalaika – der Assoziationsspielraum beim Wort Russland ist selbst bei Nicht-Landeskennern so weit, wie das Land groß ist. Wobei diese Größe schon wieder schwer vorstellbar ist: Wie viel sind eigentlich 17 Mio. km²? Eine Antwort für alle mit gutem geografischen Vorstellungsvermögen: etwa so viel wie die Territorien der Europäischen Union, der USA und Indiens zusammen.

In Ost-West-Richtung verfügt Russland über neun Zeitzonen zwischen Kaliningrad und Kamtschatka (bis 2010 waren es zehn Stunden Zeitunterschied, dann wurde die „hinterste" Zeitzone an der Beringstraße abgeschafft). Von Nord nach Süd sind es über 3000 Kilometer. Oder anders gesagt: Russland nimmt den Zwischenraum zwischen Polen und Japan sowie zwischen Norwegen und Aserbaidschan ein – und ist für jedes dieser Länder ein selbstverständlicher Nachbar.

Schon die geografischen Gegebenheiten verhindern, dass ein solches Riesenland und die Menschen, die darin leben, mit Standarddefinitionen erklärt werden können. Russlands Landschaften sind ebenso vielfältig wie seine Bewohner. Erst recht, wenn man – wie in diesem Buch – nicht nur die ethnischen Russen *(russkije),* sondern alle „Russländer" *(rossijanije)* näher kennenlernen will.

Zwar stellen die Russen etwa 80 Prozent der Bevölkerung und bilden damit, trotz der riesigen Distanzen, einen erstaunlich homogenen ethnischen Sockel dieses Vielvölkerstaates. Aber Russland ist auch die Heimat schwäbischer Emigranten, buddhistischer Kalmücken im wüstenhaften Tiefland am Kaspischen Meer (wo es 45 Grad heiß werden kann), jakutischer Schamanen tief in der Taiga Sibiriens (wo es 70 Grad kalt werden kann) – oder gar jener 200 Aleuten von der Beringinsel, die seit dem Ende der Sowjetunion wieder Kontakte pflegen dürfen mit ihrer Verwandtschaft in Alaska.

Im Laufe der Zeit haben auch viele der in einst fremde Siedlungsgebiete eingewanderten Russen Gewohnheiten der ursprünglichen Bewohner übernommen. Und manche auch das eine oder andere Gen, denn vor allem in der Sowjetzeit kam es zu vielen Mischehen zwischen Russen und den „Eingeborenen".

Da liegt die Frage nahe, ob dieses vielfältige, weite Russland denn noch ein europäisches Land ist. Zwar lebt der Großteil der Bevölkerung (79 Prozent) diesseits des Urals, im europäischen Landesteil. Und trotz aller Unterschiede zu „Lateineuropa" in der historischen Entwicklung, in

Gesellschaftstruktur, Religion und bei den naturräumlichen Verhältnissen – das orthodoxe Russland hat zumindest seit dem 18. Jahrhundert immer eine wichtige Rolle im Zusammenspiel der europäischen Mächte eingenommen. Dennoch ist die Frage nur mit „jein" zu beantworten. Denn 77 Prozent der russischen Landesfläche liegen jenseits des Urals, in Asien.

Mongolensturm und Tatarenjoch prägten Russland im Laufe der Jahrhunderte nicht minder. Jenseits des Urals befinden sich auch die meisten der Rohstoffvorkommen. Ohne das Öl und das Gas, die Edelmetalle, Erze und das Holz Sibiriens wäre die Sowjetunion nicht Weltmacht geworden und das heutige Russland nicht der größte Energielieferant der Welt – mit den entsprechenden üppigen Einnahmen. Dank der Hafenstadt Wladiwostok verfügt Russland sogar über eine Hintertür zum Pazifik und damit nach Ostasien, der wirtschaftlichen Boomregion der letzten Jahrzehnte.

Russland ist also auch Asien. Deshalb eine Trennlinie zwischen den Kontinenten quer durch das Land selbst zu ziehen, macht aber keinen Sinn. Nicht nur, weil der auf der Karte so deutliche Ural in Wirklichkeit oft nur ein niedriger Hügelzug ist, der keine nennenswerte Barriere bildet. Die Städte und Menschen – etwa in Perm diesseits und Tjumen jenseits des Ural – unterscheiden sich im Prinzip in nichts.

Auch sind sich die Geografen bis heute nicht recht einig, wie diese euroasiatische Grenze eigentlich zwischen dem Südende des Urals und dem Schwarzen Meer weiter verläuft: Gehören Tschetschenien und der ethnische Flickenteppich Dagestan (auf der Nordseite des Kaukasus) wirklich noch zu Europa? Und liegt Sotschi, der mondäne Austragungsort der Olympischen Winterspiele 2014, etwa in Asien, nur weil es auf den Südhängen des Gebirges steht? Und heißt der ganze Großkontinent nicht eigentlich Eurasien?

Die Russländer machen sich darüber keine Sorgen. Für sie ist hier wie dort einfach: Russland. Ein großes, weites, faszinierendes – und zugegeben, nicht einfach zu verstehendes Land. Der Versuch soll hier gerade deshalb gewagt werden.

Susanne Brammerloh, Lothar Deeg

> Manchmal stimmen die Klischees:
Moskau im Winter ist ein besonderes Erlebnis

Inhalt

Bildnachweis

Soweit nicht direkt am Bild vermerkt, stehen die Kürzel an den Abbildungen für folgende Personen oder Institutionen. Die Autoren bedanken sich für die freundliche Bereitstellung der Fotos und Abdruckerlaubnis.

fo - Fotolia.com, *ld* - Lothar Deeg, *mb* - Michael Barth, *ra* - Russland-Aktuell.ru (.RUFO), *sb* - Susanne Brammerloh, *hmj* - Heike Maria Johenning, *spz* - St. Petersburgische Zeitung, Umschlagrückseite: 123rf.com © Anton Gvozdikov, Umschlagrücken: Peter Rump

Exkurse zwischendurch

Extrainfos im Buch
ergänzen den Text um anschauliche Zusatzmaterialien, die von den Autoren aus der Fülle der Internet-Quellen ausgewählt wurden. Sie können bequem über unsere spezielle Internetseite **www.reise-know-how.de/kulturschock/russland15** durch Eingabe der jeweiligen Extrainfo-Nummer (z. B. „#1") aufgerufen werden.

Verhaltenstipps von A bis Z

- **Aberglaube:** Auf Holz klopfen und dreimal über die Schulter „spucken", nie an der Ecke des Tisches Platz nehmen, sich nicht über die Türschwelle die Hand geben, und so weiter und so fort – der alltägliche Aberglaube ist in Russland weit verbreitet. Was es damit auf sich hat und was der ausländische Besucher in einer russischen Wohnung so alles beachten sollte, um nicht ins Fettnäpfchen zu treten, wird im Kapitel „Alltagsphänomen Aberglaube" ab S. 88 erklärt.

- **Alkohol:** Alkohol ist ein unabdingbarer Bestandteil der russischen Freizeitgestaltung. Ob beim Schaschlik am Badesee oder dem gutnachbarlichen „Schnack über den Gartenzaun" – Wodka und Co. sind oft dabei. Alkoholmissbrauch, auch und gerade unter Jugendlichen, gehört zu den drängendsten sozialen Problemen im Land und die Regierung versucht seit Jahren, der Seuche mit verschiedenen Beschränkungen Herr zu werden. So gilt inzwischen ein generelles Nachtverkaufsverbot, der Konsum von Alkoholika auf der Straße ist generell verboten und die Preise ziehen empfindlich an. Mehr zu diesem Thema ab S. 241.

- **Anrede:** Seitdem der „Towarischtsch" (Genosse) als Anredeform für jedweden Sowjetbürger, egal welchen Ranges, Alters und Geschlechts, samt der dahinterstehenden Ideologie aus der Mode gekommen ist, muss man ein Gespräch mit Unbekannten mit „iswinite" („Verzeihung"), „budte dobry" („seien Sie so gut") oder „sdrawstwuite" („Guten Tag", wörtlich: „Seien Sie gesund!") beginnen. Die formelle Anrede für Geschäftspartner oder sonstige Achtungspersonen besteht jedoch aus Vor- und Vatersnamen, nicht aber dem Familiennamen. Wie man den im Deutschen unbekannten *otschestwo* erkennt und einsetzt, steht im Abschnitt „Begrüßung und Anrede" ab S. 284.

- **Ausländer:** Auch wenn in der großen Politik das Verhältnis Russlands zu so manchen Nachbar- oder NATO-Staaten heftig belastet sein soll- te – die Russen beziehen das nicht auf die einzelnen Bürger dieser Länder. Im Gegenteil: Westeuropäer und Nordamerikaner genießen grundsätzlich einen gewissen Achtungsbonus – sofern sie sich in russi- schen Augen richtig verhalten. Rassistische Ressentiments sitzen aber tief: Sobald ein Ausländer sichtlich andere Pigmente oder Gesichtszü- ge aufweist als ein ethnischer Mitteleuropäer, gehen viele Menschen erst einmal verunsichert auf Distanz. Nicht-weiße Gastarbeiter und Stu- denten wurden auch schon vielfach Opfer brutaler Übergriffe rechtsra- dikaler Schläger. Und trotz der schweren Last der Geschichte: Von den Deutschen haben die Russen ein besonders positives Bild (s. S. 264).

- **Banja (russisches Schwitzbad):** Eine urrussische Sitte, die bis heute landein, landaus gepflegt wird, ist die Banja – das Schwitzbad mit sei- nen feuchten Aufgüssen und Birkenruten. Die Russen schwören auf diesen Gesundbrunnen, der alle Gebrechen verjagt und jung hält. Die Banja ist nicht nur ein profanes Badehaus: Sie hat den Status einer so- zialen Institution. Hier trifft man sich mit Freunden, hier herrscht Gesel- ligkeit. Ein paar hübsche Geschichten rund um das Schwitzbad sind ab S. 247 zu lesen.

- **Begrüßung/Verabschiedung:** Das Händeschütteln ist in Russland eine nur unter Männern übliche Geste – und wird in der Regel auch nur dann angewandt, wenn man sich schon kennt. Man begrüßt sich also in der Regel nur verbal und macht dabei ein freundliches Gesicht. Ist man sich bei einer Begegnung herzlich nähergekommen, darf es zum Abschied auch mal eine Umarmung geben – Details dazu ab S. 284. Wenn man ein paar Tage bei russischen Gastgebern gewohnt hat, sollte man sich nicht wundern, wenn man unmittelbar vor der Abreise nochmals gebeten wird, sich mit allen für eine Minute an den Tisch zu setzen. So ist es Brauch.

- **Bekleidung:** Man zieht sich an, wie es gefällt – und wie es der persön- liche Status und die finanziellen Möglichkeiten nahelegen. Ein unver- meidlicher Hingucker ist zweifellos die Mode- und Styling-Obsession vieler junger Frauen, die ihre körperlichen Reize gerne unverhohlen und mit gehörigem Aufwand betonen. Die auf diese Weise mental he- rausgeforderte Männerwelt scheint sich aber, vor allem jenseits der 30, genau diametral zu verhalten – mehr dazu in einem Exkurs zum Thema

◁ Für Russen ist der Einkauf von Alltagswaren auf Märkten ganz normal. Ohne ausreichende Sprachkenntnisse kommt man hier allerdings nur schlecht weiter.

„Mode" ab S. 264. Angesichts dieser Schamlosigkeiten verwundert es, dass es an Badestränden betont züchtig zugeht: „Oben ohne" oder FKK gehört sich nicht. Streng sind die Bekleidungsregeln beim Besuch orthodoxer Kirchen: Frauen müssen sich ein Kopftuch überwerfen, lange Hosen statt Rock oder Kleid werden mittlerweile aber meist toleriert. Shorts und Schulterfreies sind für beide Geschlechter tabu. Männer nehmen an der Kirchenpforte ihre Kopfbedeckung ab.

● **Betteln:** Bettler sind nicht selten, aber auch kein Massenphänomen. Meist stehen sie verschämt und passiv vor Kirchen- oder Metroausgängen, in Unterführungen oder vor Lebensmittelgeschäften. Russen geben ihnen meist nur Münzen, kein Papiergeld. Gebettelt wird außerhalb der Rushhour gelegentlich auch in den Metro-Zügen. Verarmte Trinker sprechen hingegen meist gezielt Passanten (bevorzugt Männer) an, um das Geld für die nächste Flasche zusammenzubekommen. In allen Fällen gilt: Man kann, muss aber nichts geben.

● **Bestechung:** Korruption in Wirtschaft und Politik ist eine Landplage in Russland. Im Alltag spielen Schmiergelder hingegen kaum eine Rolle – und wenn doch, so erfordert ihre Gabe bzw. Forderung ein genaues Verständnis der Situation, damit es nicht für beide Seiten gefährlich wird. Aufgrund strenger Antikorruptionsgesetze und interner Regeln sind „kleine" Amtspersonen wie Polizisten, Beamte, Ärzte oder Wachpersonal inzwischen sehr vorsichtig mit der Annahme (oder Forderung) von Schmiergeld, denn schon ein einziger aufgeflogener Fall könnte sie den Job kosten. Also besser die Finger von inoffiziellen Zahlungen lassen! Kleine „Dankeschöns" wie Pralinen oder eine Flasche Wein werden hingegen als menschliche Gesten toleriert.

● **Blumen:** Die vielen Blumenläden in den Städten lassen es schon ahnen: Russen lassen gegenüber Damen gerne Blumen sprechen – sei es als Dank, bei einem Rendezvous oder einer Privateinladung. Die Grundregeln ihrer Sprache sollte man beim Kauf aber kennen: Blumen in gerader Zahl erwirbt man für Beerdigungen. Weiße Blumen drücken Trauer aus, gelbe symbolisieren einen Abschied. Farbmischungen sind hingegen immer statthaft.

▷ Im Prinzip kann man sich in Russland sehr gesund ernähren: Man sollte die Vitamine nur nicht mit zu viel Alkohol herunterspülen

- **Bürokratie:** Klagen hilft nichts: Jedweder Verwaltungsakt in Russland ist hoch aufwendig und zeitraubend. Fällige Gebühren werden dabei nicht von den Behörden direkt kassiert, sondern müssen bei der Sberbank eingezahlt werden – die ebenfalls kein Vorbild hinsichtlich schlanker und schneller Verfahrensweisen ist. Reisende sollten die Bürokratie deshalb meiden so gut es geht: also z. B. Einladung und Registrierung über Reisebüros oder Hotels abwickeln lassen und nicht privat.

- **Drogen:** 100.000 Drogentote pro Jahr und 2,5 Millionen Abhängige – diese erschreckenden Zahlen dokumentieren, wie akut dieses Problem in Russland ist. Im Kapitel „Drogen: Apocalypse now" ab S. 243 geht es unter anderem um eine äußerst radikale Art des Entzugs im Ural. Die Strafen für den Besitz von kleinsten Drogenmengen sind übrigens drakonisch und das Milieu hat zudem seine eigenen, undurchschaubaren Gesetze. Fremde sollten deshalb unbedingt die Finger von allem lassen, was nicht zu den legalen Volksdrogen Alkohol und Tabak gehört.

- **Ess- und Trinksitten:** Selbst tief gesunkene Alkoholiker versuchen krampfhaft, das Grundritual einzuhalten: Wodka und anderen Hochprozentigen trinkt man nicht allein, sondern in Gesellschaft. Und auch dann nur, nachdem die Runde „auf etwas" angestoßen hat. Außerdem wird dazu mindestens ein Happen gegessen. Davon abgesehen entsprechen die Tischsitten europäischen Benimmregeln.

- **Feste:** Statt Weihnachten wird in Russland in der Silvesternacht groß das Neujahrsfest gefeiert – ebenfalls mit Geschenken und Tannenbaum, aber auch mit Feuerwerk. Aufgrund des abweichenden russischen Kirchenkalenders ist Weihnachten erst am 7. Januar. Der „Tag des Sieges" am 9. Mai ist es vielen Russen ebenfalls wert, ihn nicht nur mit einer Militärparade, sondern auch privat mit Speis und Trank zu begehen. Außerdem feiert man Geburtstage – und viele Berufsgruppen ihren „Branchenfeiertag". Was das ist, steht auf S. 86.
- **Frau und Mann:** Beruflich und rechtlich herrscht Gleichberechtigung und im Alltag haben oft genug die Frauen die Hosen an. Doch prinzipiell gelten in Russland die traditionellen Geschlechterrollen (s. S. 220) und die Galanterie alter Schule als der gute Ton: Das „starke Geschlecht" – zumindest wenn es einen anständigen Eindruck hinterlassen will – trägt Damen das Gepäck, lässt ihnen den Vortritt, hält Türen auf und bietet Stühle an, hilft in den Mantel und bezahlt selbstverständlich nach dem Essen die Rechnung. So weit, so schön, doch müssen Frauen auch damit rechnen, mit klassischem Macho-Gehabe konfrontiert zu werden. Lässt man den balzenden Hahn sanft abblitzen, ist die Sache meist erledigt. Denn Gewalt oder penetrante Aufdringlichkeit gegenüber Frauen sind eigentlich tabu.
- **Fotografieren:** Die Zeiten, als Fotografieren auf Bahnhöfen und an Flughäfen verboten war, sind längst vorbei. Auch in der U-Bahn darf fotografiert werden, in St. Petersburg allerdings nur ohne Blitz. In Moskau ist auch das „Blitzen" erlaubt. Ansonsten gilt, was eigentlich überall Usus ist: Grundsätzlich darf alles abgelichtet werden, was vor die Linse kommt, wenn das gewünschte Objekt aber ein Mensch ist, sollte dezent vorgegangen werden. Am besten ist es, die betreffende Person um Erlaubnis zu bitten, damit es keine Missverständnisse gibt.
- **Gast (zu ~ sein):** Eine Einladung in eine russische Familie zum Abendessen oder einer sonstigen Feier ist eine echte Ehre und eine Freundschaftsbekundung. In der Regel wird der Abend lang, sättigend und feucht-fröhlich. Das bedeutet aber nicht, dass er nicht nach strengen Regeln ablaufen würde. 22 Punkte zur Vermeidung von Peinlichkeiten und Missverständnissen werden ab S. 293 beschrieben.
- **Geld:** Durchschnittsrussen sind es gewohnt, jede Kopeke zweimal umdrehen zu müssen: Das Geld ist eigentlich immer knapp. Im „einfachen Volk" sind deshalb klagende Erörterungen über die schon wieder ge-

▷ Man sollte immer ein paar Geldscheine mit geringem Wert (50 und 100 Rubel) dabei haben – auf große Scheine kann oft nicht rausgegeben werden

Extrainfo 1 (s. S. 11): Am 15. Februar 2013 platzte ein Meteorit in den ganz normalen Alltag der Millionenstadt Tscheljabinsk – und geriet dabei vor viele Videokameras.

stiegenen Preise üblich. Unter Intellektuellen alten Stils (die oft genug auch sehr bescheiden leben) sind solche monetären Dialoge aber verpönt. Weit verbreitet unter Russen ist die Freude am Verprassen, wenn denn mal mehr Geld als nötig da ist – sei es für ein Gelage oder ein gar nicht nötiges Statussymbol. Denn wer weiß, ob diese Rubel morgen noch etwas wert sind – man hat ja so seine Erfahrungen mit Entwertungen und Inflation. Sparsamkeit und Geiz gelten in Russland übrigens als typisch deutsche Eigenschaften.

● **Handeln/Feilschen:** Längere Preispoker gelten Russen als unwürdig. Auf Märkten, bei Taxifahrten oder an Souvenirständen gibt es dennoch oft einem gewissen Preis-Spielraum – erst recht, wenn der Kunde bereits als Tourist erkannt ist. Diesen Aufschlag kann man durch das Nennen eines eigenen, angemessen erscheinenden Preises wieder egalisieren. In der Regel folgt dann schon ein akzeptables Kompromissangebot. Tragen Waren Preisschilder, ist dies ein Zeichen, dass Feilschen nicht angebracht ist. Hier kann man nur zum Ausdruck bringen, man empfände dies als zu teuer. Oft genug geht der Händler dann mit dem Preis herunter.

● **Hochzeit:** In einem Land mit einer Scheidungsrate von über 50 Prozent könnte man eigentlich erwarten, dass die Eheschließung mehr ein formeller Akt ist, um den nicht viel Aufhebens gemacht wird – weit gefehlt! In Russland wird mit einem Aufwand geheiratet, der an feierliche Staatsakte erinnert. Einzelheiten zum „schönsten Tag des Lebens" gibt es im Kapitel „Pompöse Hochzeitsfeiern" ab S. 226.

- **Homosexualität:** Schwule und Lesben haben es in Russland nicht leicht. Seit 2012 gilt ein „Gesetz gegen homosexuelle Propaganda gegenüber Minderjährigen", das das öffentliche Auftreten von sexuellen Minderheiten erheblich einschränkt. Gay-Paraden sind in Russland deshalb faktisch verboten. Dies allein der restriktiven Politik des Kremls zuzuschreiben, wäre allerdings zu kurz gedacht, denn in weiten Teilen der russischen Gesellschaft ist Schwul- oder Lesbisch-Sein immer noch verpönt – offen gezeigte Homosexualität kann auch Aggressionen auslösen. Im Exkurs „Schwule und Lesben in Russland: Wir wollen uns mehr zeigen!" auf S. 222 gibt es ein Interview mit Bewohnerinnen einer großen Lesben-WG in St. Petersburg.

- **Kirche:** Zu Sowjetzeiten ein Tabu, heute voll im Trend: die orthodoxe Kirche. Die Kirchen haben in Russland, das nach dem Zusammenbruch der Sowjetideologie immer noch auf der Suche nach seiner nationalen Identität ist, großen Zulauf. Aber das Land besitzt nicht nur Zwiebeltürme und bärtige Popen – der Vielvölkerstaat hat eine ganze Palette an Glaubensrichtungen zu bieten. Mehr dazu im Kapitel „Religion und Kirche" ab S. 74.

- **Kriminalität:** Russland ist ein relativ sicheres Reiseland – aber nicht frei von Problembereichen. In den Großstädten ist die Gefahr, von professionellen Taschendieben bestohlen zu werden, sehr hoch. Sie arbeiten – oft als Team – bevorzugt in belebten Cafés, Verkehrsmitteln (v. a. der Metro) und an touristischen Brennpunkten (in Museen und Schlossparks, an Sehenswürdigkeiten etc.). Papiere, Geld und teure Technik also minimieren und sicher verstauen! Straßenraub und Überfälle sind in den Stadtzentren sehr selten, doch in düsteren Neubauvierteln oder einsamen Randlagen sollte man abends und nachts Vorsicht walten lassen. Besser einmal öfter ein Taxi bestellen! Mehr zur Kriminalität von Diebstahl bis zur Mafia gibt es ab S. 212.

- **Müll:** Mülltrennung ist für Russen eine rätselhafte westliche Marotte: Bei ihnen kommt nach wie vor alles in eine Tonne. Selbst das zu Sowjetzeiten gut eingespielte System für Pfandflaschen und Papier-Recycling ist kollabiert. Dass die wachsenden Müllberge ein Problem sind, ist zwar auch bekannt, aber über zaghafte Trennungsversuche in einzelnen Kommunen kommt man dabei nicht hinaus. Sauberkeitsfanatiker sind die Russen nur in ihren eigenen vier Wänden: Auf der Straße, aber leider auch in der Natur, lässt man Müll gerne einfach fallen. Das gilt als Kavaliersdelikt. Mehr zum ökologischen (Un-)Bewusstsein im Lande findet sich ab S. 135.

- **Patriotismus und Politik:** Russen schimpfen und klagen gerne über die Zustände in ihrem Land – und bewundern die ihnen vermeintlich perfekt erscheinenden westlichen Länder. Gar nicht mögen sie es aber, wenn ihnen (oder „Mütterchen Russland") von dort Vorschriften, Kritik oder gute Ratschläge entgegenschlagen. Man hat eben seine Sicht der Dinge – so hielten 90 Prozent die Vereinnahmung der Krim 2014 für richtig. Wer über Missstände oder *Putins* Macht reden will (und das darf man), sollte nicht gleich kritisieren, sondern einfach fragen, wie das Gegenüber (oder die russische Gesellschaft) dieses Thema sieht. Dann wird das Gespräch auch interessanter, s. S. 287.

- **Prostitution:** Offiziell ist Prostitution in Russland verboten, aber sie existiert natürlich ist sie sehr weit verbreitet. Offen zur Schau gestellt wird sie weniger, die besonders in den 1990er-Jahren florierenden „Nuttenmeilen" sind so gut wie verschwunden. Dafür gibt es jede Menge als „Partnervermittlung" getarnte Annoncen in Zeitungen und im Internet. In Restaurants und Hotels sind die „Damen der Nacht"

◁ Wir sind das Volk: Petersburger Bürger
bei einer Kulturveranstaltung auf dem Schlossplatz

inzwischen nicht mehr so offensiv wie früher – jedenfalls muss der männliche Gast keine Angst mehr haben, gleich im Foyer eindeutige Angebote zu bekommen oder per Zimmertelefon auf eine „hübsche Begleitung" aufmerksam gemacht zu werden.

● **Pünktlichkeit:** Das Vorurteil „Deutsche sind immer pünktlich!" hält sich in Russland hartnäckig. Ähnlich sieht es mit der sprichwörtlichen Unpünktlichkeit der Einheimischen aus – beides gehört allerdings heute eher ins Reich der Fantasie. Mit dem Einzug der kapitalistischen Regeln hat sich in puncto Verlässlichkeit vieles geändert. Die meisten Menschen halten sich an die verabredete Zeit, wobei eine Verspätung von bis zu 15 Minuten toleriert wird. Russische Züge sind übrigens fast immer pünktlich!

● **Rauchen:** Wie beim Alkoholkonsum liegen die Russen auch beim Verbrauch von Glimmstängeln im internationalen Vergleich an vorderster Front. Ein Drittel der Erwachsenen raucht, das Einstiegsalter ist extrem niedrig. Der Staat versucht mit allen erdenklichen Mitteln, gegen die Nikotinsucht anzugehen. Inzwischen gilt in Russland ein vollständiges Rauchverbot in der Gastronomie sowie in öffentlichen Gebäuden. Zigaretten werden zudem sukzessive teurer. In Kiosken dürfen sie nicht mehr verkauft werden, nur noch in Geschäften – und dort auch nicht sichtbar ausgelegt. In der Regel muss man an der Kasse fragen, wo es auch eine Preisliste gibt. Mehr zum Thema im Abschnitt „Ohne Zigarette geht nichts, oder doch?" ab S. 243.

- **Toiletten:** Das öffentliche Toilettenwesen hat in den letzten Jahren eine grundlegende Erneuerung erlebt und ist durchaus mit westlichen Standards zu vergleichen. Plumpsklos oder Stehtoiletten sind nur noch in der tiefen Provinz auf Bahnhöfen oder an Überland-Bushaltestellen anzutreffen. Allerdings pflegen die Russen einen eher sorglosen Umgang mit allgemein zugänglichen „Häuschen" – die Klobrillen sind nicht immer trocken und mit dem Spülen nimmt man es auch nicht sehr genau. Stehen Toiletten im Unter- oder Erdgeschoss, wird (wegen Verstopfungsgefahr) oft per Aushang darum gebeten, das Toilettenpapier nicht in die Toilette, sondern einen Mülleimer daneben zu werfen. In öffentlichen Gebäuden gibt es zudem oft kein Klopapier in den Kabinen – ein Päckchen Taschentücher sollte man als Notvorrat immer bei sich haben. Dies alles gilt allerdings nur für öffentliche WCs – in Restaurants und in den eigenen vier Wänden herrscht Sauberkeit.
- **Trinkgeld:** Trinkgeld wird in Russland gern genommen, aber wenn dem Gast der Service nicht gefällt, hat er das volle Recht, der Bedienung den Obolus vorzuenthalten. Möchte er diesen aber entrichten, bedient sich der Restaurantbesucher eines kleinen Rituals. Mehr dazu im Abschnitt „Ess- und Trinkkultur" (s. S. 290).
- **Souvenirs:** An Souvenirständen erheben sich wahre Armeen von Großserien-Matrioschkas aus einem Meer von Kühlschrankmagneten. Bedruckte T-Shirts und Tassen gibt es natürlich auch zuhauf. Originellere und authentischere Souvenirs findet man in den Kunsthandwerk-Abteilungen der Kaufhäuser oder in Fachgeschäften. Klassiker des Genres sind filigran bemalte Lackdosen oder Ostereier, blumig-bunte Wolltücher oder Tabletts sowie Porzellan und Holzschnitzereien. Kleine Galerien haben oft günstige originelle Werke lokaler Künstler und Handwerker im Angebot. Vorsicht hingegen mit Antiquitäten: Alle Gegenstände, die vor Ende des Zweiten Weltkriegs entstanden wurden, dürfen nicht ohne Genehmigung ausgeführt werden!
- **Sprache:** Englisch und Deutsch sind die populärsten Fremdsprachen – aber deren Kenntnisse sind ungleich verteilt: Manche Menschen beherrschen sie geradezu perfekt, während die große Masse trotz guter Schulbildung mangels Sprachpraxis kaum einen Satz herausbringt. Russischkenntnisse sind also sehr hilfreich. Als Minimum sollte man das kyrillische Alphabet lernen, um Aufschriften entziffern zu können. Das ist nicht schwer, vielen reicht bereits die Zeit im Flugzeug!

◁ Nicht nur harte Jungs rauchen:
Zigaretten sind in Russland ein weit verbreitetes Suchtmittel

- **Schnäuzen:** Wer sich im Gespräch oder im Restaurant mal schnell die Nase putzen muss, sollte sich dazu auf die Toilette oder in eine stille Ecke verziehen. Das öffentliche Generieren derartiger Geräusche gilt als sehr unfein – ebenso wie lautes Gähnen, Spucken, Rülpsen oder Pupsen.

- **Tod und Friedhof:** Einem Verstorbenen gedenken die Angehörigen und Freunde am 9. und am 40. Tag nach dem Tod – sowie jedes Jahr an dessen Todestag. Das Begräbnisritual ähnelt dem westeuropäischen – mit gewissen Besonderheiten. Mehr dazu auf S. 237. Russische Friedhöfe haben im Übrigen ein Recht auf ewigen Frieden: Einmal angelegte Gräber werden nicht aufgelöst, sondern wuchern zu und verfallen, wenn sich keine Angehörigen mehr um sie kümmern.

- **Verkehrsmittel:** Wer Russland bereisen will, muss viel Geduld mitbringen: Die Distanzen sind im größten Flächenstaat der Erde naturgemäß gewaltig. Und sofern man große Inlandsstrecken nicht mit dem Flieger zurücklegt, ist man auf Zugfahrten angewiesen, die mehrere Tage dauern können. Den gewohnten westlichen Standard gibt es nur in wenigen „Sapsan"-Hochgeschwindigkeitszügen zwischen den Metropolen sowie den Regionalexpressen des Typs „Lastotschka" („Wanderfalke" und „Schwalbe" sind Produkte von Siemens). Üblicherweise fährt man also große Strecken mit altmodischen und langsamen Schlafwagenzügen – und von der Stadt aufs Land mit einer rustikalen „Elektritschka". Welche organisatorischen und sozialen Finessen es im russischen Dreiklassen-Bahnsystem zu beachten gibt, kann man ab S. 269 nachlesen. Unter den innerstädtischen Verkehrsmitteln dominieren in Moskau und St. Petersburg die Metronetze – für Laien kompliziert in der Orientierung, aber einfach in der Benutzung. Ansonsten bilden in den russischen Großstädten Straßenbahnen und Oberleitungsbusse das Rückgrat der Verkehrsinfrastruktur, ergänzt durch kommunale Busse und Sammeltaxis, die sog. „Marschrutki". In der Regel kann man die niedrigen Fahrtkosten immer bar an Bord begleichen und muss sich dabei nicht mit Fahrkartenautomaten herumschlagen. Dafür sind auf die Minute exakte Fahrpläne die Ausnahme, ebenso wie detaillierte Routenpläne in den Fahrzeugen selbst. Bei diesen Fragen hilft nur Kommunikation mit Fahrer, Schaffner oder Mitreisenden – oder in einem Büchergeschäft der Erwerb eines Stadtplans mit Routenschema. Weitere Infos zum Stadtverkehr, auch per Taxi, Fahrrad oder zu Fuß, finden sich ab S. 274.

● **Vegetarier:** In vorsowjetischer Zeit war Vegetarismus in Russland eine akzeptierte und relativ weitverbreitete Lebenseinstellung. Seit Jahrzehnten gilt jedoch eine fleisch- und fischreiche Ernährung als gesunder Standard – von der allenfalls Gläubige während der diversen Fastenzeiten lassen. Tierschützerische oder ökologische Motive für den Fleischverzicht stoßen hingegen weithin auf Unverständnis. Vegetarier haben es deshalb schwer: In vielen Lokalen gibt es bis heute keine fleischlosen Hauptgerichte – und wenig Verständnis seitens der Wirte. Dank des großen Salatangebots, den in Russland populären Pilzgerichten und den meist separat angebotenen Beilagen wird man aber auch als Vegetarier satt. Italienische und indische Restaurants haben meist eine akzeptable vegetarische Auswahl. In den Metropolen gibt es auch rein vegetarische Gastronomie.

◁ Nichts geht mehr: Lange Staus gehören in russischen Innenstädten zum Alltag. Wer schnell vorankommen will, nimmt besser die Metro – oder läuft.

Die geschichtlichen Wurzeln

◁ Hier schlägt Russlands Herz:
ein Spaziergang am Kreml mit Blick auf den Roten Platz (Foto: 003ru-ld)

Ein Blick auf tausend Jahre Geschichte

Was braucht ein Land, das Jahrzehnte lang von einer totalitären Ideologie geprägt war und nun den Übergang in eine freie Gesellschaft übt? Klar – es besinnt sich und **sucht nach neuer Identität.** Dieser Prozess ist kein leichter und unweigerlich führt er zur Aufarbeitung der eigenen Vergangenheit, der Blick wendet sich also zurück in die Geschichte.

Ein Indiz dafür, wie schwierig so etwas sein kann, ist eine 2008 durchgeführte Umfrage im Internet. Gesucht wurde da nach der Persönlichkeit, die Russland am treffendsten repräsentiert, sozusagen dem **personifizierten Symbol** für das Land. Über weite Strecken hatte *Joseph Stalin* die Nase weit vorn, die Umfrage musste sogar neu gestartet werden, um die höchste Peinlichkeit zu umschiffen – der Name des grausamen Diktators *Stalin* wäre ein riesengroßes Armutszeugnis für den Staat im Aufbruch gewesen.

Es siegte schließlich der Nowgoroder **Fürst Alexander Newski,** der im fernen 13. Jahrhundert die Schweden und den Deutschen Ritterorden besiegt hatte und somit für ein unabhängiges und frei bestimmtes Russland steht. Zweiter wurde **Pjotr Stolypin,** der unter dem letzten russischen Zaren Premierminister und vor allem für seine Agrarreformen bekannt war. **Stalin** ließ sich aber nicht arg weit von beiden entfernt auf Platz drei nieder, gefolgt von solchen wichtigen Personen der russischen Geschichte wie *Puschkin, Peter I., Lenin, Dostojewski, Suworow, Mendelejew, Iwan der Schreckliche, Katharina II.* und *Alexander II.*

Dieses bunte Sammelsurium von Zaren, Sowjetführern, Schriftstellern, Heerführern und Wissenschaftlern spiegelt eigentlich ganz wunderbar wider, wie wirr es zugeht in den Köpfen der heutigen Russen, wenn es darum geht, den eigenen Standort zu bestimmen. Verwundern sollte dies nicht, im Gegenteil – angesichts des **schwierigen historischen Erbes** wäre es ein Wunder, wenn es anders wäre.

In die Geschichte soll an dieser Stelle etwas genauer vorgedrungen werden – ganz nach dem allgemein bekannten Motto: „Nur wer die Vergangenheit kennt, kann die Zukunft gestalten!"

▷ Staraja Ladoga am Fluss Wolchow war zur Zeit der Waräger
ein wichtiger Handelsstützpunkt im Norden Russlands

Von Warägern, Byzantinern, Neustädter Kaufleuten und Mongolen

Bezeichnenderweise scheiden sich gleich an den Ursprüngen der russischen Geschichte bis heute die Geister der Historiker. Wurde der erste Staat, die **Kiewer Rus,** tatsächlich von aus Skandinavien herbeigerufenen Kaufleuten gegründet, weil die slawischen Ureinwohner nicht ein und aus wussten, wie sie ihre Zwistigkeiten regeln und ein funktionierendes Staatswesen auf die Beine stellen sollten? Oder war es genau andersherum – übernahmen diese nämlichen **Waräger,** die im 9. Jahrhundert mit Byzanz und dem Orient Handel trieben und deshalb eifrig die Land- und Wasserwege des großen Landes benutzten, in Kiew und Nowgorod eine schon vorhandene staatliche Organisation? Das klingt verdächtig nach der Geschichte von der Henne und dem Ei. Wer war zuerst da – der Waräger *Rjurik* und seine Brüder oder der russische Staat?

Unstrittig ist aber etwas anderes – die Kiewer Rus war der erste Höhepunkt einer russischen Staatlichkeit und blieb es bis ins 12. Jahrhundert. In diese Zeitspanne fällt auch die **Christianisierung,** die der Kiewer *Fürst Wladimir* im Jahre 988 mit der Taufe seines Volkes im Dnjepr vollzog. Die „Erzählung der vergangenen Jahre", die älteste russische Chronik aus dem 11. Jahrhundert, beschreibt den Akt sehr anschaulich:

„Am Morgen kam Wladimir mit Popen der Zarin und denen von Korsun zum Dnjepr, und dort versammelte sich eine Unmenge Menschen. Sie gingen ins Wasser und standen dort, die einen bis zum Hals, die anderen bis zur Brust im Wasser, junges Volk in der Nähe des Ufers; einige hielten Säuglinge auf den Armen, die Erwachsenen schlenderten im Wasser umher, die Popen standen aber da und verrichteten Gebete. Und im Himmel und auf der Erde herrschte Freude über die vielen geretteten Seelen, der Teufel sagte aber: Weh mir! Mich vertreibt man von hier! ... Und ich werde hier nicht mehr herrschen."

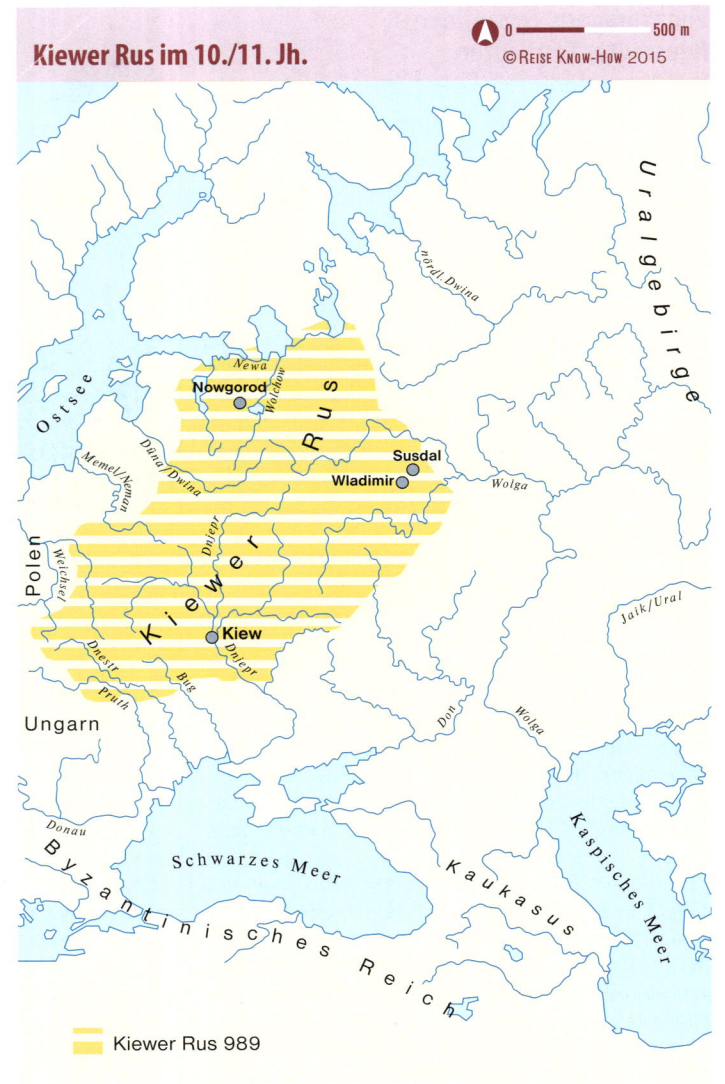

Kiewer Rus im 10./11. Jh.

0 ————— 500 m
© REISE KNOW-HOW 2015

Uralgebirge

Ostsee

Newa

Nowgorod

Wolchow

nördl. Dwina

K i e w e r   R u s

Memel/Njemen

Düna/Dwina

Susdal

Wladimir

Wolga

Polen

Weichsel

Dnjepr

Jaik/Ural

Dnjestr

Kiew

Dnjepr

Bug

Don

Wolga

Pruth

Ungarn

Donau

Schwarzes Meer

Kaukasus

Kaspisches Meer

B y z a n t i n i s c h e s   R e i c h

Kiewer Rus 989

Vor den Slawen: Skythen, Awaren und Chasaren

Die Slawen waren beileibe nicht die ersten, die sich auf dem Gebiet des heutigen europäischen Russland ausbreiteten. Eine Besiedlung lässt sich bereits in der mittleren Altsteinzeit nachweisen. Das erste historisch belegte Volk ist das der **Skythen,** *das zu Zeiten des griechischen Historikers Herodot über ein Reich vom Kaspischen Meer bis zur Donau herrschte. Die einstigen Reiternomaden aus den asiatischen Steppen entwickelten im heutigen Südrussland die erste Hochkultur. Dank archäologischer Funde haben wir eine genaue Vorstellung von der Kunst dieses Volkes – das legendäre Skythengold ist z. B. in der St. Petersburger Eremitage zu bewundern.*

Nach dem Niedergang des Skythenreiches brachen unruhige und instabile Zeiten an. Auf Sarmaten folgten Ostgoten, die wiederum von den Hunnen abgelöst wurden. Die drangen bis nach Westeuropa vor und verschwanden nach 450 n. Chr. genauso schnell, wie sie gekommen waren. In der Folgezeit wechselten sich im südrussischen Raum weitere aus Asien kommende Nomadenvölker ab. Die Awaren stellten zwischen Don und Weichsel gar ein Großreich auf die Beine, das aber nicht von langer Dauer war. Sie mussten dem Turkvolk der Chasaren weichen, das sich auf seinem Höhepunkt um 750 vom Dnjestr bis zum Kaspischen Meer erstreckte. Die Oberschicht der Chasaren ist in erster Linie dadurch in die Geschichte eingegangen, dass sie an der Wende vom 7. zum 8. Jahrhundert zum jüdischen Glauben konvertierte. Historiker nehmen an, dieser ungewöhnliche Schritt sei politisch motiviert gewesen – als Zeichen der Unabhängigkeit sowohl gegenüber Byzanz als auch dem arabischen Kalifat. Die Chasarenherrschaft ging im 10. Jahrhundert zu Ende – daran war unter anderem auch die erstarkte Kiewer Rus Schuld, die mit Unterstützung aus Byzanz schließlich 969 die Chasarenhauptstadt Itil in der Wolgamündung zerstörte.

Bei der Wahl der Konfession soll *Wladimir* übrigens sehr akribisch vorgegangen sein. Die Chronik erzählt, er habe Abgesandte aus Rom, der muslimischen Wolgabulgaren, der jüdischen Chasaren und einen „griechischen Philosophen" aus Konstantinopel kommen lassen, um die Vor- und Nachteile des einen oder anderen Glaubens zu prüfen. Dann sandte er selbst seine Boten aus, die an allen Religionen etwas auszusetzen hatten, nur am **byzantinischen Glauben** nicht. Da hätten sie nicht gewusst, „ob sie im Himmel oder auf der Erde" seien und *Wladimirs* Entscheidung war gefallen. Soweit die schöne Legende – tatsächlich ging es (wie schon immer und überall) mehr um schnöde Machtpolitik und gegenseitige politische Interessen.

Neben Kiew stieg in jener Zeit die **Kaufmannsrepublik Nowgorod** zu Macht und Größe auf. Die „Neue Stadt" gehört in Wahrheit zu den allerältesten Städten des Landes und ist bis heute stolz darauf, einst zum **Bund der Hanse** gezählt zu haben. Schon Jahrhunderte vor der Gründung des glänzenden St. Petersburg fuhren die Schiffe der Hamburger und Lübecker Kaufleute über die Newa in den Ladogasee und von dort über den Fluss Ilmen nach Nowgorod. Sie brachten nicht nur begehrte Waren mit, sondern ebenso den Geist und die in Ansätzen demokratische Bürgerverfassung der mitteleuropäischen Städterepubliken.

Nowgorod konnte sich auch behaupten, als im 13. Jahrhundert der **Mongolensturm** einsetzte. *Batu Khan,* ein Enkel von *Dschingis Khan,* gründete 1240 mit Sarai (ganz in der Nähe des heutigen Wolgograd) die Residenz des als **Goldene Horde** bezeichneten Khanats der mongolischen Reiternomaden. Die Mongolen hatten leichtes Spiel, denn die vielen russischen Fürstentümer waren seit Langem zerstritten und deshalb zu keinem gemeinsamen Widerstand in der Lage. Mehr als die Hälfte der russischen Städte wurde eingenommen, zerstört und geplündert, darunter die Machtzentren Wladimir und Susdal sowie das damals noch wenig bedeutende Moskau.

Die **Herrschaft der Mongolen** (in der russischen Geschichtsschreibung werden sie auch oft als Tataren bezeichnet, was aber unkorrekt ist) zog sich über mehr als 200 Jahre hin und bedeutete für die Rus die fast völlige Isolation von den politischen und kulturellen Entwicklungen in Europa. Dieses Argument wird bis heute angeführt, wenn es darum geht, die **„Rückständigkeit" Russlands** gegenüber der westeuropäischen Zivilisation zu erklären. Im Sinne: Die Mongolen haben die Kontinuität unterbrochen und das Land für zwei Jahrhunderte länger im finsteren Mittelalter verharren lassen.

Wie dem auch sei, die Fürstentümer begannen, sich **mit den neuen Herrschern zu arrangieren.** Wer rechtzeitig die nötigen Abgaben zahlte und sich unterordnete, konnte relativ unbeschadet seine Herrschaft aufrechterhalten. Am besten gelang dies wiederum der Republik Nowgorod: Durch eine kluge Abgabenpolitik, aber auch durch die geografische Lage im Norden und die durchdachte und funktionierende Verwaltung entging

⌃ Schon als Russland im Mittelalter ein Staat wurde, war der Moskauer Kreml das Machtzentrum. Daran hat sich bis heute nichts geändert.

Porträt: Iwan der Schreckliche und sein Terrorregime

Die schillerndste Figur des Moskowiter Großreiches war ohne Zweifel Zar Iwan IV., besser bekannt als Iwan der Schreckliche. Unter ihm erreichte das Moskowiterreich den Zenit seiner Macht. Bis heute gilt er als Symbol für eine grausame russische Selbstherrschaft, die ihren Weg mit Leichen pflasterte und vor keinem Verbrechen zurückschreckte.

Dabei hatte die Herrschaft Iwans 1547 sehr vielversprechend begonnen. Die ersten Jahre waren geprägt von Reformversuchen, die sich in der Modernisierung der Zentralverwaltung und der Herausgabe einer neuen Gesetzessammlung niederschlugen, die zur Vereinheitlichung des Reiches beitragen sollten. Mit der Eroberung der Khanate von Kasan und Astrachan (1552 und 1556) und der Expansion nach Sibirien begann die Ausweitung des Landes auf nichtslawische Gebiete. Russland wurde zu einem Imperium.

Die anfängliche Reformpolitik wandelte sich jedoch in ein Terrorregime. Die Gründe dafür liegen auch in Iwans schrecklicher Kindheit, als er unfreiwilliger Zeuge der blutigen Machtkämpfe der Bojaren, des russischen Hochadels jener Zeit, wurde. Er selbst bezeichnete seine eigene Kindheit später als „Zeit der Erniedrigungen und Kränkungen". Diese Erfahrungen bescherten dem hochintelligenten, belesenen und mit einem scharfen Verstand ausgestatteten Iwan ein krankhaftes Misstrauen. Überall witterte er Verrat, sein ganzer Hass galt den Bojaren. Um mit ihnen abzurechnen, schuf er einen als „Opritschnina" bezeichneten Parallelstaat (wörtlich bedeutet der Begriff „Absonderung" und meinte den abgesonderten Teil des

Nowgorod dem Schicksal der meisten russischen Städte und bewahrte seine Unabhängigkeit.

Eine Ironie der russischen Geschichte ist, dass Nowgorod seinen **freiheitlichen Status** weder an Mongolen noch eroberungswütige Schweden oder den machthungrigen Deutschen Ritterorden verlor. Nein, sein Freigeist setzte Nowgorod sehr bald schon der Konkurrenz innerhalb des Landes aus und der **Untergang** kam durch die eigenen Landsleute, genauer gesagt: durch Moskau.

„Bruder, komm zu mir nach Moskau!"

„Jeder russische Mensch fühlt,
wenn er auf Moskau blickt, dass es seine Mutter ist."
Lew Tolstoi

Erbes für die Witwe). Auf diesem Territorium nördlich von Moskau wüteten die „Opritschniki", eine dem Zaren bedingungslos ergebene Söldnertruppe, die Bojaren enteignete und viele von ihnen ermordete. Die Schreckensherrschaft der Opritschniki währte so lange, bis Iwans Verfolgungswahn sich gegen sie selbst wandte.

Aus dieser Zeit stammt auch der Beiname „der Schreckliche", der im Übrigen ungenau ins Deutsche übersetzt ist. Das russische Wort „grosny" bedeutet eher bedrohlich oder streng, die deutsche Variante „schrecklich" ist bereits interpretationsbeladen, auch wenn sie den Kern der Sache ziemlich genau trifft. Ein weiterer Höhepunkt der Tyrannei war die im Jahr 1570 stattfindende Strafexpedition gegen Nowgorod, bei der die einstige blühende Städterepublik Tausende ihrer Bürger verlor. Auch hier lösten die Wahnvorstellungen des Zaren das Gemetzel aus: Er verdächtigte die Nowgoroder der Sympathie für Polen-Litauen, gegen das Russland damals Krieg führte.

Je älter Iwan IV. wurde, desto schlimmer wurde sein Zwang. Er gipfelte 1582 in der Ermordung des eigenen Sohnes und Thronfolgers Iwan. Bei einem Streit erschlug der aufbrausende und despotische Zar den Sohn mit einer Eisenstange. Diese letzte große Tragödie im Leben des „Schrecklichen" thematisiert ein berühmtes Gemälde des russischen realistischen Malers Ilja Repin.

Iwan IV. starb nur zwei Jahre später und hinterließ ein völlig zerrüttetes Land. Die bald einsetzende „Zeit der Wirren", in der die Herrschaft des Rurikiden-Geschlechts auf dem russischen Thron endete, war da nur eine logische Folge.

Was der berühmte russische Romancier da sagt, mag heute etwas antiquiert klingen. Viele Russen empfinden ihre **Hauptstadt Moskau** aktuell mehr als allesfressenden Moloch, der so viel Macht und Geld wie nur möglich an sich reißt. Unumstößlich ist jedoch die Tatsache: Von Moskau wird das Riesenreich gelenkt, hier werden Trends gesetzt und Gesetze erlassen. Im äußerst **zentralistisch** organisierten Russland gehen sogar die Bahnhofsuhren im hintersten Sibirien nach Moskauer Zeit. Das war natürlich nicht immer so. Auch Moskau fing in grauen Urzeiten als Dorf an und machte eine lange Entwicklung durch, bevor es sich in die Geschicke des Reiches einmischte und schließlich die Macht im Land übernahm. Eine schöne **Legende** besagt: Alles begann mit einer Einladung. Im Jahre 1147 fordert Fürst *Juri von Susdal* seinen Verbündeten *Swjatoslaw* auf: „Komm, Bruder, zu mir nach Moskau!" Dort deckt er ihm und seiner Gefolgschaft reich den Tisch, zwei Tage lang wird kräftig gefeiert. Dieses in einer Chro-

Porträt: Peter der Große krempelt Russland um

Der Mann, der Russland auf den Weg zu einer europäischen Großmacht schickte, hatte seinen Erneuerungswillen aus schrecklichen Kindheitserfahrungen geschöpft. Als zehnjähriger Junge musste er mit ansehen, wie seine Verwandten beim Aufstand der Strelitzen (Angehörige der Schützenregimenter) im Moskauer Kreml einen qualvollen Tod starben. Im Grunde genommen war es dieses grauenhafte Erlebnis, das die Basis legte für die rigorose Reformpolitik Peters I. In gewisser Weise ist sein Werdegang dem Iwans des Schrecklichen ähnlich, nur wählte Peter einen anderen Ausweg aus seinem Kindheitsunglück – während der „schreckliche" Zar mehr und mehr dem Wahn verfiel und sein Land letztendlich in den Ruin trieb, setzte sein Nachfahre auf dem Thron seine ganze Energie für eine umfassende Neuerung und Modernisierung ein, die Russland schlussendlich in das Konzert der europäischen Mächte führte. Die Methoden des einen wie des anderen waren allerdings nicht so weit voneinander entfernt – auch Peter war rigoros, rücksichtslos und zuweilen grausam. Alles, was seinem „Traum vom erneuerten Russland" im Weg stand, musste weichen, wenn nötig unter Anwendung nackter Gewalt.

Ein entscheidender Charakterzug des Zaren war seine Wissbegier. Schon als Jugendlicher entdeckte er die Moskauer „deutsche Vorstadt" für sich, eine abgesonderte Ausländersiedlung. Dort begegnete ihm viel Neues, gerade auch in technischer Hinsicht. Er lernte Segeln und die Grundzüge des Schiffbaus und anderer Handwerke. Hier wurde sozusagen der Grundstein für den Bau der ersten russischen Flotte gelegt, mit der später gegen Schweden der Zugang zur Ostsee erkämpft und die Gründung der neuen Festung und Hafenstadt St. Petersburg erzwungen wurde. Die „Deutschensiedlung" war in gewisser Weise auch der Prototyp für Peters neue Stadt, in der westliche Architektur und Lebensweise vorherrschen sollten.

Bevor es aber so weit war, tat der junge Zar etwas nie Dagewesenes: 1697 begab er sich (inkognito unter dem Namen Pjotr Michailow) mit der sogenannten „Großen Gesandtschaft" auf eine lange Reise durch Westeuropa, die anderthalb Jahre dauerte. Neben politischen Interessen – der Zar wollte sich einen Überblick über die Kräfteverhältnisse in Europa verschaffen und daraus Konsequenzen für die eigene Strategie und Taktik ziehen – hatte Peter ganz offensichtlich maritime Ziele: Beseelt von seiner unbändigen Leidenschaft für die Seefahrt, wollte er den Schiffbau sozusagen an den Urquellen studieren. In Holland und England arbeitete er auf den Werften und warb nebenbei ausländische Fachkräfte für den Bau seiner eigenen Flotte an, der zu dieser Zeit schon in vollem Gange war.

122ru

Alle Initiativen und Neuerungen des „großen Zaren", der sich 1721 zum ersten russischen Kaiser krönen ließ, waren bestimmt von Leidenschaft, Experimentierfreude und Drang zum Innovativen. Der von dem Wunsch nach Europäisierung seines rückständigen Landes besessene Zar schnitt seinen Untertanen im wortwörtlichen Sinne die Bärte ab und zog ihnen zuweilen auch die Zähne, hatte er sich doch aus seiner ungestümen Liebe für Handwerke jeder Art heraus auch die zahnärztliche Kunst angeeignet. Er verordnete seinen Zeitgenossen Kleider europäischen Schnitts und zwang die Einwohner der jungen Hauptstadt St. Petersburg, sich auf Booten fortzubewegen.

Mit den „Kollegien" gründete er eine Vorform der Fachministerien, das gesamte Steuersystem wurde reformiert. Unter Peter I. wurden die Akademie der Wissenschaften und das erste russische Museum gegründet. Die „Rangtabelle" zur Verleihung von Militär- und Zivilrängen nach persönlichem Verdienst, und nicht nach Abstammung, führte das Leistungsprinzip ein. Die Industrialisierung wurde vorangetrieben, Handwerker wurden in Innungen und Kaufleute in Gilden zusammengefasst.

Geradezu legendär war Peters Hang zum Feiern. Selbst dem Trinken sogar nicht abgeneigt, zwang er Besucher seiner „Assembleen", die sich irgendetwas zu Schulden kommen ließen, einen „Strafpokal" mit Wodka zu leeren. Die Gelage endeten oft nicht eher, als bis alle Gäste besinnungslos betrunken unter den Tischen lagen.

Ein etwas paradoxer Zug des Zaren war eine Platzangst der besonderen Art - trotz seiner Körpergröße von über zwei Metern konnte er nicht in hohen und großen Räumen leben. Obwohl er die engen und niedrigen Gemächer im Moskauer Kreml so sehr gehasst hatte, schuf er sich sein Leben lang ähnliche Wohnverhältnisse. Während hohe Gäste in der neuen Hauptstadt im Prunkpalast des Fürsten Menschikow an der Newa empfangen wurden, besaß Peter keine eigene Galaresidenz. Bis heute ist in St. Petersburg seine erste Behausung erhalten: Von dem bescheidenen Holzhäuschen mit drei niedrigen Kammern aus lenkte er die erste Bauphase der künftigen imperialen Hauptstadt.

nik festgehaltene feuchtfröhliche Ereignis gilt bis heute als **Gründungstag** von Moskau.

Das damals noch eher unscheinbare Moskau wurde von den **Mongolen** mehrfach erobert und gebrandschatzt. Doch das von dem machthungrigen *Juri Dolguruki* („Langhand") in die Annalen der russischen Geschichte beförderte Dorf lag strategisch günstig an der Kreuzung mehrerer Landstraßen und am Moskwa-Fluss. So wurde es zum Zentrum der bald mächtig einsetzenden „Sammlung des russischen Landes".

Die Moskauer Herrscher verstanden es am besten, die Mongolen durch eine **kluge Tributpolitik** milde zu stimmen. Damit waren die Hände frei für die eigenen Eroberungspläne innerhalb des Landes und letztendlich auch für die **Überwindung der Fremdherrschaft.** Ein erster Meilenstein auf diesem Weg war 1380 Fürst *Dmitris* **Schlacht auf dem Schnepfenfeld,** die den Niedergang des Khanats der Goldenen Horde einleitete. Fast genau hundert Jahre später stellte Moskau die Tributzahlungen ein. Der letzte Widerstand der Mongolen wurde im legendären Großen Gegenüberstehen am Fluss Ugra gebrochen, als sich die beiden Heere wochenlang belauerten und die Eindringlinge schließlich kampflos abzogen.

In diese Jahre fällt auch die Eroberung des Freistaats Nowgorod. Der Moskauer **Fürst Iwan III.** vollendete faktisch die **Einigung Russlands.** Er **nahm den Titel Zar an** und erklärte seine Hauptstadt Moskau in Nachfolge von Byzanz zum **Dritten Rom.** Unter *Iwan III.* bekam der heute in der ganzen Welt bekannte Kreml seine goldenen Kathedralen, für deren Bau er Meister aus Italien berief – zum ersten Mal in der russischen Geschichte verrichteten damals ausländische Architekten in Russland ihr Werk.

St. Petersburg: Russland öffnet ein Fenster nach Europa

„Hier hau'n wir, wie's Natur uns weist,
Das Fenster nach Europa dreist,
Um fest am Meere Fuß zu fassen ..."
Alexander Puschkin

Die erneute Konsolidierung des Landes begann nach 1613, als **Michail Romanow** von einer Reichsversammlung zum Zaren gewählt wurde. Damit begann die 300-jährige Herrschaft dieses Geschlechts, die 1917 mit der Februarrevolution und schließlich der Machtübernahme der Bolschewiki enden sollte.

Das 17. Jahrhundert mit seiner **Kirchenspaltung** und **Armeereform** war geprägt von dem Kampf der alten und neuen Kräfte, der auf die Frage hinaus lief, ob es eine Annäherung an den Westen geben oder man besser an

Extrainfo 2 (s. S. 11): Stimmungsbilder aus der eleganten Metropole St. Petersburg

den eigenen Traditionen und Gepflogenheiten festhalten sollte. Den Sieg errangen die Reformer. Sie bereiteten damit einem Mann den Weg, der Russland ein für alle Mal aus dem Mittelalter reißen sollte – **Zar Peter I.**

Seine radikale Reformpolitik fand ihr Sinnbild in der 1703 erfolgten **Gründung der neuen Hauptstadt St. Petersburg** – damit wollte Peter den „muffigen und dunklen Gemächern" im Moskauer Kreml entfliehen und seinem Land den Weg gen Westen weisen – eben ganz so, wie *Alexander Puschkin* es in den oben angeführten Zeilen formulierte.

St. Petersburg wurde aus der Notwendigkeit heraus geboren, einen **Zugang zur Ostsee** zu bekommen, der im Laufe der vorhergehenden Kriege gegen Schweden verloren gegangen war. Zudem brauchte der junge Zar einen Ort für einen vollständigen Neuanfang, unbeschwert von den Hypotheken der Vergangenheit.

Das **sumpfige Newa-Delta,** in dem nicht viel mehr zu finden war als ein paar finnische Dörfer und die alte schwedische Festung **Nyenschanz,** war vielleicht ideal für einen radikalen Neustart, bot jedoch denkbar schlechte Voraussetzungen für die Anlage einer Großsiedlung. Es entspricht den Charaktereigenschaften des Zaren (siehe Exkurs S. 36), dass er sein Projekt in nicht einmal einem Vierteljahrhundert auf die Beine stellte und ihm Leben einhauchte – nach *Peters* Tod wurde die im Volk gehasste Neugründung nicht „zu einer Wüste", wie ihr oft prophezeit worden war, sondern entwickelte sich rasant weiter, um schließlich zu einer der **angesehensten und einflussreichsten europäischen Metropolen** zu werden.

In der neuen Hauptstadt des russischen Kaiserreiches wurden zwei Jahrhunderte lang europäische Geschicke entschieden – Russland war aus dem Konzert der europäischen Großmächte nicht mehr wegzudenken. Zu den **Symbolen des imperialen St. Petersburg** zählte ohne Zweifel die „deutsche Kaiserin" *Katharina II.* – sie prägte die gesamte zweite Hälfte des 18. Jahrhunderts (siehe Exkurs S. 40).

⌃ Russische Weite trifft auf Europas Ostsee: das Gesamtkunstwerk St. Petersburg

Porträt: Katharina die Große – die deutsche Zarin

Die dritte große Persönlichkeit auf dem russischen Thron war die deutsche Prinzessin Sophie Auguste Friederike von Anhalt-Zerbst, die 1762 als Katharina II. infolge einer Palastrevolte die Macht an sich riss. Sie stürzte Peter III., ihren eigenen Gatten, der als Sohn des Herzogs von Holstein und einer Tochter Peters I. zur Hälfte Deutscher war. Seit Peter dem Großen suchte sich die russische Monarchie die Ehefrauen für die Thronfolger ausschließlich in Westeuropa und dort zumeist in einem der unzähligen deutschen Kleinstaaten. So kam es, dass die Romanows bereits unter Katharina II. nur noch wenig russisches Blut in ihren Adern hatten.

Katharina war 1745 nach Russland gekommen und hatte sich schnell an das russische Hofleben angepasst. Sie lernte Russisch, war geistig wach und offen und sehr wissbegierig – im Gegensatz zu ihrem Mann, der ausgesprochen infantil wirkte und, erzogen im Geiste des preußischen Drills, einen ausgeprägten Widerwillen gegen alles Russische empfand. Die Ehe war unglücklich und es ist nicht auszuschließen, dass Katharina mitverantwortlich war für Peters frühen Tod. Zumindest ließ sie ihren Geliebten, den Grafen Grigori Orlow, mit dessen Hilfe sie überhaupt nur auf den Thron gelangt war, frei walten. Unter bis heute ungeklärten Umständen fand Peter eine Woche nach seiner Entmachtung durch eine Palastrevolte plötzlich den Tod. Offensichtlich hatten die Brüder Orlow hier ihre Finger im Spiel.

Katharina interessierte sich schon früh für die Schriften der französischen Aufklärer, später korrespondierte sie ausgiebig mit Voltaire und Diderot. Bei Letztgenanntem gab sie sogar den Entwurf zu einer modernen Bildungsreform in Auftrag, den sie dann jedoch als „verfrüht" für ihr Riesenreich zu den Akten legte. Immerhin brachte sie den Aufbau eines Primärschulsystems auf den Weg.

Katharina verstand sich als „aufgeklärte" Monarchin, war im Grunde jedoch tief verwurzelt in den damals üblichen Vorstellungen von Absolutismus und Selbstherrschaft. In Bezug auf Belesenheit und Bildung konnte sie es allerdings mit ihrem großen Vorbild, Peter I., aufnehmen. Niemals zuvor hatte es in Russland solch eine intellektuelle Herrscherin gegeben.

Unter Katharina erfolgte die Aufteilung Polens mit Österreich und Preußen. Nach der dritten Teilung verschwand Polen 1795 von der Landkarte Europas. Die Zarin führte zwei Kriege gegen die Türken und verleibte die Halbinsel Krim Russland ein.

▷ Auch auf dem Denkmalssockel steht sie im Kreise ihrer vielen Favoriten: Zarin Katharina II.

Bis heute weit bekannt sind Katharinas vielfältige amouröse Abenteuer – an die 20 Liebhaber hat sie gehabt, darunter Fürst Grigori Potemkin, der für sie die Krim eroberte. Ihm hat die Welt das geflügelte Wort von den „Potemkinschen Dörfern" zu verdanken: Als Katharina 1783 die gerade eroberte Krim besuchte, soll er dort Dorfattrappen aufgestellt haben, um der Kaiserin eine rege Bautätigkeit vorzugaukeln.

Der kunstbeflissene Teil der Menschheit sieht in der „großen Zarin" vor allem die Gründerin eines Museums, das bis heute zu den bekanntesten und größten der Welt gehört: die Eremitage in St. Petersburg. 1764 begann Katharina mit dem Sammeln von Kunstwerken, die sie in einem eigens erbauten Seitenflügel des Winterpalastes unterbrachte. Dort veranstaltete sie die sogenannten „Eremitagen": fröhliche Zusammenkünfte im engsten Freundeskreis. Diese „Partys" hatten nicht viel gemein mit der ursprünglichen Bedeutung des Wortes (Eremitage ist französisch für „Einsiedelei"), war Katharina zuweilen doch sehr allein mit ihren Bildern: „Nur die Mäuse und ich erfreuen sich an meinen Sammlungen", schrieb sie einst in einem Brief.

PR-I910

Russland im 18./19. Jh.

0 ———— 500 m
© REISE KNOW-HOW 2015

Finnland
1809

Archangelsk

nördl. Dwina

U r a l

St. Petersburg

Newa

Wolchow

Liwland
1721

Nowgorod

Jaroslawl

Nischni-
Nowgorod

Kasan

Ostsee

Kurland

Königsbg.

Memel Njemen

Düna Dwina

1772

Moskau

Wolga

Litauen

Dnjepr

Smolensk

Tula

1795

Weißrussland

Weichsel

P o l e n

1793

Wolhynien

Kiew

Dnjepr

Ural (Jaik)

Kleine Horde
der Kasachen

Dnjestr

Bug

1784

Don

Wolga

Pruth

Bessarabien

Moldau

1783 Krim-
Khanat

Asow

1783

Astrachan

Krim

K a u k a s u s

Donau

S c h w a r z e s   M e e r

Kaspisches Meer

O s m a n i s c h e s   R e i c h

1801-
1859

	Russland 1689
	von Schweden
	durch die Teilungen Polens (1772, 1793, 1795) erworben
	von Türkei, Kaukasien u. Transkaspien

Faszinierend war die Stadt des Heiligen Petrus nicht nur in machtpolitischer Hinsicht. Sie entwickelte sich in kürzester Zeit zu einer **Hochburg architektonischer Meisterleistungen.** Ihre ausgezeichneten Barockbauten, die klassizistischen Ensembles und Jugendstilpaläste übten große Faszination aus – bis zum jähen Ende der Monarchie in Russland im Jahre 1917 war die russische Hauptstadt ein Anziehungspunkt für ganz Europa.

Nach der Oktoberrevolution geriet die Stadt, die zweimal ihren Namen wechseln musste (1914 in Petrograd und 1924 in Leningrad), auf das **Abstellgleis der Geschichte.** Von nun an war wieder Moskau an der Macht. Erst mit der Wende durch die Perestroika und den anschließenden Zerfall der Sowjetunion trat die erneut mit ihrem historischen Namen versehene Stadt wieder in die Weltöffentlichkeit ein. Seit die gebürtigen Petersburger *Wladimir Putin* und *Dmitri Medwedew* an der Spitze Russlands stehen, wächst auch das politische Gewicht der „Nördlichen Hauptstadt" wieder – sehr zum Leidwesen Moskaus. Die **Konkurrenz der beiden wichtigsten russischen Städte** ist so alt wie die jüngere der beiden Metropolen – mehr als 300 Jahre zieht sie sich wie ein roter Faden durch die russische Geschichte, ohne jemals an Aktualität verloren zu haben.

Von Napoleon bis zum Niedergang – Russland bis zur Oktoberrevolution

„Ich übergebe Dir das Kommando nicht in völliger Ordnung ..."
Nikolaus I.

Diese Worte von Kaiser *Nikolaus I.* an seinen Sohn und Nachfolger *Alexander* sprechen Bände. Als hätte der Zar bereits 1855 eine dunkle Ahnung davon gehabt, wohin Russlands Weg im Endeffekt führen sollte – nämlich in das **Chaos von Kriegen und Revolutionen** und den (letztlich erfolglosen) Versuch, eine „Diktatur des Proletariats" zu errichten.

Dabei hatte das letzte Jahrhundert der Zarenherrschaft mit einem grandiosen Sieg begonnen. 1812 war **Napoleon mit seiner „Grande Armée"** in Russland eingezogen und bis Moskau gekommen. Die Russen gaben ihre alte Hauptstadt kampflos auf, aber der Brand, der kurz nach dem Einmarsch der Franzosen in der verlassenen Stadt ausbrach, zwang die Eroberer zum **Rückzug.** Bis heute ist nicht mit Sicherheit geklärt, ob das Feuer zufällig entstand oder bewusst gelegt wurde. Von 575.000 Mann kehrten im Dezember gerade einmal 30.000 über die Grenze zurück. **Zar Alexander I.,** ein Enkel der „großen Katharina", setzte nach und zog schließlich als „Befreier Europas" 1814 in Paris ein.

017ru-ld

Der Krieg gegen *Napoleon* führte zu einer mächtigen patriotischen Konsolidierung im Lande. Er ging als **„Vaterländischer Krieg"** in die Geschichte ein. Spätestens seit 1812 war klar: Russland ist in einem konventionellen Landkrieg nicht zu besiegen. 130 Jahre danach gab es trotz dieser Binsenweisheit einen zweiten Versuch der Eroberung. Ergebnis und Name der Kampagne waren sich im Endeffekt sehr ähnlich – Nazideutschland wurde zerschlagen und das Gedenken an den „Großen Vaterländischen Krieg", auf den später (s. Kapitel „Der große Vaterländische Krieg") noch genauer eingegangen wird, ist bis heute jedem Russen heilig.

Alexanders triumphaler **Einzug in Paris** führte 1825 zum **ersten revolutionären Aufbegehren gegen die russische Autokratie.** Das mag paradox klingen, ist es aber nicht. Die russischen Offiziere hatten in Westeuropa freiheitliche Luft geschnuppert und wollten nun zu Hause diese Ideale in die Tat umsetzen. Sie forderten Reformen – die Leibeigenschaft sollte abgeschafft und eine konstitutionelle Monarchie installiert werden. Als *Alexander I.* im Dezember 1825 plötzlich starb, nutzten sie das entstandene Machtvakuum und führten ihre Regimenter auf den St. Petersburger Senatsplatz. Der neue **Zar Nikolaus I.** zögerte nicht und ließ das **Aufbegehren der Dekabristen** (von *dekabr* = Dezember) in einem Kugelhagel untergehen.

Der gescheiterte Versuch einer gewaltsamen Erneuerung des Landes zog eine Epoche der Restauration nach sich. Der Dekabristen-Aufstand prägte die gesamte Herrschaftszeit von *Nikolaus I.* Historiker haben seine Regierung als „Polizeiregime" und ihn selbst als „Gendarm Europas"

⌃ An der Stelle, wo Zar Alexander II. ermordet wurde, errichtete man in St. Petersburg diese vom Volk „Erlöser auf dem Blut" genannte Kirche im neo-altrussischen Stil

bezeichnet. Ideologisch gipfelte der Konservatismus der Epoche in den propagierten drei „geistigen Säulen" des Staates: **„Orthodoxie, Autokratie und volksverbundener Patriotismus."**

Alexander II. übernahm 1855 ein weitgehend **zerrüttetes Land** – Russland hatte auf der Krim gerade eine vernichtende militärische Niederlage gegen England, Italien und Frankreich hinnehmen müssen und lag wirtschaftlich und moralisch am Boden.

Alexander machte sich dann endlich an das, was für die russische Staatlichkeit inzwischen zur Überlebensfrage geworden war: **Im Februar 1861 hob er die Leibeigenschaft auf.** Er wurde als „Zar-Befreier" bejubelt, aber die **große Sozialreform war halbherzig** und blieb in den Anfängen stecken. Sie heizte die Unzufriedenheit im Weiteren nur noch mehr an. Die Bauern waren nun zwar frei, aber auch so gut wie mittellos, denn sie mussten das meiste Land, das sie bestellen wollten, dem Grundbesitzer, ihrem einstigen Herrn, abkaufen. Die alte (körperliche) Abhängigkeit ging somit in eine neue (finanzielle) über.

Dass ausgerechnet der „Reformer" *Alexander II.* 1881 einem **Terroranschlag** zum Opfer fiel, ist eine böse Ironie der Geschichte. In Russland wurde seit Jahrzehnten leidenschaftlich diskutiert, **welcher der bessere Weg für das Land sei:** Sollte man sich nach **westlichem Vorbild** entwickeln (die Position der „Westler") oder sich an den **eigenen Traditionen** orientieren (Standpunkt der „Slawophilen")? Der repressive Staatsapparat ließ oppositionelle Strömungen verschiedenster Couleur immer weiter an Kraft gewinnen. Die Versuche, etwas im verknöcherten, erstarrten System zu ändern, waren vielfältig. Da gab es die **„Narodniki"** (von *narod* = Volk), die „ins Volk gingen", um unter den Bauern Bildung und politische Emanzipation zu verbreiten. Enttäuscht von der Ineffizienz dieser Versuche, machten viele **Intelligenzler** einen radikalen Schritt und wählten den Terror als Mittel im Kampf gegen die Autokratie. Die Gruppe **„Volkswille"** hatte sich die **Ermordung des Zaren** explizit zum Ziel gesetzt. Am 1. März 1881 führten sie ihre Pläne aus, als eine Bombe den Zaren tödlich verletzte. Sechs Attentate hatte dieser bis dahin unbeschadet überlebt, das siebte wurde ihm zum Verhängnis.

Doch nicht der Terror brachte das Riesenreich schließlich zum Einstürzen, sondern eine kleine Gruppe von **„Berufsrevolutionären",** die sich für den **marxistischen Weg** entschlossen hatte. Ihre Entstehung verdankte sie der damals im Zuge der Industrialisierung immer größer werdenden Arbeiterklasse. Der junge Rechtsanwalt *Wladimir Uljanow* (siehe Exkurs S. 46), der sich das Pseudonym **„Lenin"** zulegte, war der Kopf der neuen Partei, die sich 1898 zur **„Russischen Sozialdemokratischen Arbeiterpartei"** (RSDRP) formiert hatte. 1903 kam es zur Spaltung, denn *Lenin*

Porträt: Lenin –
der unsterbliche Führer der Weltrevolution

Wladimir Uljanow (Lenin), der Gründer des Sowjetstaates, war alles andere als ein stattlicher Mann - von kleiner Körpergröße, schon sehr früh zur Kahlköpfigkeit neigend und zudem mit einem Sprachfehler ausgestattet (er konnte das im Russischen so schön rollende „R" nicht aussprechen), für den er sicher in der Schule gehänselt worden war. Alles in allem also eher ein klassischer „Loser", wie man heute sagen würde. Aber vielleicht gerade deshalb besaß er einen wahrhaft eisernen Charakter und ein fanatisches, um nicht zu sagen besessenes, Streben nach der Durchsetzung seines Ziels. Und das war nicht mehr und nicht weniger als die Auslösung der Weltrevolution und die Diktatur des Proletariats. Dass daraus eine totalitäre Parteiherrschaft in einem einzelnen Land werden würde, war so von Lenin sicher nicht geplant gewesen. Aber angesichts seiner in vielen Schriften formulierten Grundpositionen muss es zurückblickend auch nicht verwundern, dass die Dinge schließlich so kamen, wie sie kamen.

Eine straff organisierte Kampfgruppe von Berufsrevolutionären sollte die Arbeiter befreien, schwebte Lenin vor. Diese Theorie hatte er aus seiner intensiven Marx-Lektüre heraus entwickelt - keine sozialdemokratische Massenpartei nach westeuropäischem Muster sollte es sein, sondern eine disziplinierte Kaderpartei war Lenins Ideal. Und sein geradezu perfekt ausgebildeter Machtinstinkt ließ ihn diese Idee zur Verwirklichung bringen.

Wie wird der Sohn einer gebildeten, wohlhabenden und hinreichend liberal gesinnten Familie zu einem machthungrigen Extremisten? Wladimir Uljanow, geboren 1870 in Simbirsk an der Wolga, wurde geprägt durch die Hinrichtung seines älteren Bruders Alexander im Jahre 1887. Als Mitglied der Terrororganisation „Volkswille" war dieser an einem missglückten Attentat auf Zar Alexander III. beteiligt gewesen. Das Ereignis bescherte dem jungen Wladimir einen erbitterten Hass auf das herrschende politische System und die soziale Ordnung und prägte seinen weiteren Lebensweg in entscheidender Weise.

Wegen „revolutionärer Umtriebe" musste er die Universität in Kasan vorzeitig verlassen, seinen Jura-Abschluss machte er 1891 als Externer an der St. Petersburger Uni. Dort ließ er sich 1893 nieder, aber das Glück, in der Hauptstadt ganz dicht dran zu sein „an der Basis", war nicht von

▶ In der Sowjetunion wurde er wie eine Gottheit verehrt, heute werden Lenins Büsten wenig respektvoll ausgemustert

langer Dauer. 1896 musste der junge Revolutionär nach Sibirien in die Verbannung. Dort nahm er dann auch den Decknamen „Lenin" an, dessen Ursprung bis heute nicht geklärt ist. „Von der Lena" könnte er bedeuten, aber seine Verschickung saß er in Suschenskoje am Jenissej ab. Das „Absitzen" war übrigens sehr fruchtbar - Lenin bildete sich in revolutionärer Theorie weiter und verfasste eigene richtungsweisende Schriften.

Als er 1900 nach St. Petersburg zurückkam, schloss er sich der zwei Jahre zuvor gegründeten „Russischen Sozialdemokratischen Arbeiterpartei" an. Aber auch dieser Aufenthalt in der Hauptstadt war von kurzer Dauer - die zaristische Geheimpolizei war dem sofort wieder für die Revolution aktiven Lenin sehr schnell auf der Spur. Überhaupt verbrachte Lenin den größten Teil seines erwachsenen Lebens im Exil in Westeuropa, vor allem in der Schweiz. Die Sowjetlegende darüber, dass in Leningrad „jeder Stein Lenin kennt", ist also - gelinde gesagt - eine Übertreibung. Auch die 120 (!) stattlichen Lenin-Gedenktafeln, die es heute noch an St. Petersburger Hauswänden zu bewundern gibt, führen in die Irre - Lenin wohnte nie lange in der Newa-Metropole, besuchte aber jedes Mal eine Unmenge illegaler Versammlungen in Privatwohnungen und zog von einer konspirativen Adresse zur anderen. Und als er 1917 endlich die Macht im Land übernahm, hatte er nichts Besseres zu tun, als nach wenigen Monaten mit seiner ganzen Mannschaft nach Moskau umzuziehen.

Lenins spektakulärste Rückkehr nach Petrograd (so hieß St. Petersburg seit August 1914, als mit Beginn des Krieges gegen Deutschland der deutsche Name der russischen Hauptstadt aus dem Gebrauch verschwinden musste) erfolgte im April 1917. Der Zarismus war inzwischen gestürzt,

Russland wurde von einer zögerlichen provisorischen Regierung gelenkt. Lenin witterte endlich Morgenluft, die Machtübernahme seiner Kampfpartei rückte in den Bereich des Möglichen.

Lenin wurde „von jubelnden Massen am Finnländischen Bahnhof empfangen und hielt von einem Panzerwagen aus eine flammende Rede" - so oder so ähnlich wurde der Moment später in den sowjetischen Annalen glorifiziert. Weniger glorreich war aber, wie diese Ankunft „in Petrograd im siebzehner Jahr" (so heißt es z. B. in einem alten DDR-Lied) überhaupt ermöglicht wurde. Lenins Rückkehr wurde nämlich - modern ausgedrückt - vom deutschen Kaiserreich „gesponsert". Deutschland ließ Lenin und seine Genossen in einem versiegelten Eisenbahnwagen durchs Land Richtung Schweden fahren. Ein Treppenwitz der Geschichte? Durchaus, aber in Berlin glaubte man, damit in Russland „eine friedensbereite Unordnung zu schaffen". Lenin hatte sich den Leitsatz auf die Fahnen geschrieben, Russland aus dem Krieg herauszuziehen, und Deutschland brauchte genau das, um sich auf die Kämpfe an der Westfront konzentrieren zu können. Der „Pakt mit dem Teufel" - dem politischen Erzfeind - schien zunächst zu klappen, als der junge Sowjetstaat im Januar 1918 in Brest seinen Austritt aus den Kampfhandlungen erklärte. Dass Deutschland den Krieg schon im November desselben Jahres ebenfalls verloren hatte, steht auf einem ganz anderen Blatt geschrieben.

Lenin & Co. setzten ihrerseits ihr Vorhaben um und ergriffen im November 1917 die Macht - oder besser: Sie sammelten sie förmlich von der Straße auf, denn die provisorische Regierung war mit ihrem Latein am Ende. Kriegsmüdigkeit, Hunger und die ungelöste Frage der Landverteilung entsprachen genau Lenins Losungen von „Frieden! Land! Brot!" Von nun an hatte die Partei die Macht, auf die ihr Führer so zielstrebig und rücksichtslos hingearbeitet hatte.

Lenin selbst hatte da nur noch wenige Jahre zu leben. 1918 wurde ein Attentat auf ihn verübt, ab 1920 litt er an (vermutlich erblich bedingter) Gehirnverkalkung. 1922 und 1923 erlitt er Schlaganfälle, vom zweiten erholte er sich nicht mehr und starb infolge eines dritten am 21. Januar 1924, gerade erst 54 Jahre alt. In seinem „politischen Testament" hatte Lenin Anfang 1923 vor Stalin gewarnt und dessen Entmachtung als Generalsekretär der Partei gefordert. Zu spät - der zweite Schlaganfall setzte den Parteiführer außer Gefecht und war für Stalin die Rettung. Wer weiß, wie die weitere Geschichte der Sowjetunion sonst verlaufen wäre ...

▷ Lenin galt als guter Redner, der die Massen begeistern konnte

Lenin wurde derweil einbalsamiert und in ein Mausoleum auf dem Roten Platz verbracht. Was schon zu Lebzeiten begonnen hatte, trieb jetzt die bizarrsten Blüten – die absolute Verehrung und Vergötzung des Revolutionsführers. Ein Personenkult wurde zelebriert, der später um Stalin noch potenziert werden sollte. Während Stalins Vergötterung jedoch 1956 vorbei war, hielt die Lenin-Glorifizierung noch bis kurz vor Ende der Sowjetunion an.

Kein anderer als Lenin hatte einst formuliert: „Religion ist Opium für das Volk!" Und nun verkehrte sich der militante Atheismus der Kommunisten in das genaue Gegenteil. Lenin wurde zur Ikone, zum Gottersatz, zum neuen Gott. „Zwei sind im Zimmer – Lenin und ich, er als Foto an weißer Wand", schrieb Wladimir Majakowski, der „Dichter der Revolution", 1929 in seinem „Zwiegespräch mit dem Genossen Lenin". Das „Foto an weißer Wand" gleicht hier einem Heiligenbild, vor das in einer Art „Gebet" alle Sorgen und Nöte gebracht werden. Von Majakowski stammt auch die beliebte Sowjetlosung: „Lenin lebte, Lenin lebt, Lenin wird immer leben!" Wer kann das, wenn nicht Gott? Lenin sollte unsterblich sein und ist es im Grunde tatsächlich – solange seine einbalsamierte Leiche zum öffentlichen Beschauen im Mausoleum liegt und keine Ruhe in der Friedhofserde findet.

Dass auf der Landkarte plötzlich ein Ort namens „Leningrad" auftaucht, ist schon nicht mehr ungewöhnlich (wenn man außer Acht lässt, dass es ausgerechnet die Stadt an der Newa ist, die erneut den Namen wechseln musste ...). Jede sowjetische Siedlung, die größer war als ein Dorf mit nummerierten Häusern, bekam eine Lenin-Straße, einen Lenin-Prospekt und/ oder einen Lenin-Platz. In der russischen Provinz ist diese Umbenennungswut bis heute nachvollziehbar.

bestand auf dem Modell einer straffen Organisation von Profis, die eine sozialistische Umwälzung herbeiführen sollten. Seine Opponenten traten für die „klassische" Variante der Umgestaltung durch eine Massenpartei ein. Da *Lenins* Fraktion bei der Abstimmung die Mehrheit hatte, bekam sie den Namenszusatz **„Bolschewiki"** („Mehrheitler").

Die Weltbühne betrat *Lenins* Truppe aber erst im Herbst 1917. Dieser Umsturz ging als **„Oktoberrevolution"** in die Annalen ein. Es war im Grunde bereits die dritte russische Revolution. Die erste datiert in das Jahr 1905, Auslöser war der verlorene Krieg gegen Japan im Fernen Osten. Den hatte die Regierung von *Nikolaus II.* als Mittel nutzen wollen, um die immer stärker werdenden inneren Spannungen abzubauen. Der geplante „kleine, siegreiche Krieg" (Innenminister *Plewe*) geriet aber zu einem Fiasko und bescherte Russland im September 1905 einen **erniedrigenden Friedensvertrag.** Zu Beginn des Jahres hatte die Polizei in St. Petersburg eine friedliche Demonstration von Arbeitern zusammengeschossen (der sogenannte **„Blutsonntag").** Im Sommer kam es in Baku am Kaspischen Meer zu **Pogromen,** in Odessa **meuterten die Matrosen,** im Baltikum **erhoben sich die Bauern gegen die Großgrundbesitzer.** Die schmachvolle **Niederlage gegen Japan** brachte das Fass zum Überlaufen – im Oktober 1905 legte ein **Generalstreik** das Land lahm. In Moskau und St. Petersburg bildeten sich die ersten **Sowjets** (Arbeiterräte). Der Zar lenkte ein und versprach bürgerliche Freiheiten sowie die Einrichtung eines Parlaments – die **Staatsduma.**

Alle Maßnahmen blieben allerdings halbherzig. Der Zar war keineswegs gewillt, seine Alleinherrschaft aufzugeben. Die Duma konnte kaum fruchtbar arbeiten, die versprochene Verfassung blieb Theorie. Als sich die anfänglichen **Erfolge im Ersten Weltkrieg** verflüchtigten, offenbarte sich die völlige Unfähigkeit der Staatsführung, die Wirtschaft am Funktionieren zu halten. Die Lebensmittelversorgung brach zusammen, in den Städten kam es zu Streikms und schließlich zu heftigen Straßenkämpfen. Am 3. März 1917 war **Nikolaus** gezwungen, **auf den Thron zu verzichten.**

Die zweite russische Revolution, die **„Februarrevolution",** führte zur Bildung einer **provisorischen Regierung,** der es jedoch nicht gelang, die drängenden Probleme energisch anzugeben. Zwar waren nun alle demokratischen Freiheiten gewährt, aber es wurde nichts getan, um die existenziellen Nöte der Arbeiter zu lindern oder die Landverteilung an die Bauern voranzutreiben. Zudem blieb das Wichtigste unerledigt: das Ausscheiden aus dem so gut wie verlorenen Krieg. Im Sommer 1917 kam es zu **Massendesertionen aus den Schützengräben.**

Die Unzufriedenheit wuchs weiter an und in das entstehende Machtvakuum drängten die **Bolschewiki** vor. In der Nacht zum 25. Oktober (nach der modernen Zeitrechnung 7. November) verhafteten sie in Petrograd (so hieß St. Petersburg seit 1914) im Winterpalast die letzten Mitglieder der provisorischen Regierung und übernahmen die Macht. Der zu Sowjetzeiten pathetisch als „Große sozialistische Oktoberrevolution" betitelte Coup war dabei in Wahrheit ein **kurzer Sprint über eine Hintertreppe des Winterpalastes** in das ehemalige Speisezimmer der Zarenfamilie. Das spektakuläre Szenario aus *Eisensteins* weltberühmtem Film „Oktober" mit den das große Haupttor des Palastes stürmenden Massen ist nichts anderes als ein der regen Fantasie des großen Regisseurs entsprungenes Wunschbild.

70 Jahre unter pseudokommunistischer Herrschaft

„Kommunismus –
das ist Sowjetmacht plus Elektrifizierung des ganzen Landes."
W. Lenin

Abschied von der Weltrevolution

Für die folgenden 70 Jahre verschwand Russland hinter dem Stacheldraht einer **kommunistischen Diktatur,** die das Land von der Außenwelt abkoppelte und es über weite Strecken mit unerbittlicher Härte regierte. Der Begriff vom **„Eisernen Vorhang"** tauchte zwar erst nach dem Zweiten Weltkrieg auf, er hätte allerdings auch schon in der Zeit davor gelten können.

Die Versprechen, das Proletariat zu befreien und den Bauern Land zu geben, wurden niemals eingelöst. Das lag sicher nicht nur daran, dass Russland sofort nach der Machtübernahme der Bolschewiki **im Chaos eines erbitterten Bürgerkrieges** versank. *Lenin* mit seiner elitären Kaderpartei-Theorie hätte auch ohne den grausamen Kampf zwischen „Rot" und „Weiß" (so wurden die Gegner des neuen Regimes bezeichnet) kaum einen freiheitlichen und menschlichen Sozialismus zugelassen.

Mit dem Ausbruch des Bürgerkrieges kam es statt des geplanten „Übergangs vom Kapitalismus zum Sozialismus" zum **„Kriegskommunismus".** Die Verwirklichung der kommunistischen Ziele wurde den herrschenden Verhältnissen untergeordnet. Konkret bedeutete dies eine **Versorgungsdiktatur** mit totaler Kontrolle über die Fabriken und Zwangsrequirierung von Nahrungsmitteln bei den Bauern. Erst 1921, als der Bürgerkrieg siegreich beendet war und die Widerstände in der Bevölkerung immer gefährlicher wurden, lenkte die Sowjetregierung ein und ließ mit der **NÖP (Neue Ökonomische Politik)** wieder privates Unternehmertum und einen freien Binnenhandel zu. Dieser Schritt zurück (aus kommunistischer Sicht) rettete *Lenin* und der Partei im Grunde genommen das Leben – die partielle Rückkehr zur kapitalistischen Wirtschaftsweise bedeutete das Ende des Hungers und damit der Unzufriedenheit breitester Bevölkerungsschichten. Das Land blühte auf und war 1924, als die **„Union der Sozialistischen Sowjetrepubliken" (UdSSR)** gegründet wurde, ein durchaus lebensfähiger Staat. Nur die so ersehnte und angestrebte **„Weltrevolution"** war auf der Strecke geblieben. Zu dem erhofften Dominoeffekt – nach russischem Vorbild würden sich die Arbeiter in anderen europäischen Ländern (und allen voran in Deutschland!) erheben und ihre „Sowjetrepubliken" errichten – war es nicht gekommen. Als logische Konsequenz trat *Stalins* Theorie von der Möglichkeit, den **Sozialismus in einem einzelnen Staat** aufzubauen, ihren Siegeszug an. *Lenin,* der dieser Theorie widersprochen hatte, war tot, und *Stalin* schaltete in der Folgezeit alle seine Widersacher aus, auch und gerade *Leo Trotzki,* den erbittertsten Gegner der Ein-Land-Theorie und persönlichen Todfeind *Stalins.*

Das Jahr 1924 war in vielerlei Hinsicht schicksalsträchtig. Nach *Lenins* Tod begann der **endgültige Machtaufstieg Stalins;** die erste **Verfassung** wurde angenommen und die **Staatsbildung** vollzogen. Ein weiterer wichtiger Aspekt: Die Sowjetunion konnte endlich **die internationale Isolierung durchbrechen,** in der das Land seit der siegreichen Oktoberrevolution gesteckt hatte. Im Laufe des Jahres erkannten u. a. England, Italien, Österreich und Frankreich die UdSSR an. Mit Deutschland, dem zweiten großen Verlierer des Ersten Weltkriegs, war die Wiederaufnahme von Beziehungen einerseits leichter, weil das Land in einer ähnlichen Isolation verharrte und als Kriegsschuldiger damals noch international geächtet war. Andererseits war es gerade das sozial brodelnde Deutschland, wo Moskau eine kommunistische Revolution und die Errichtung des nächsten „Sowjetstaates" erwartete. Als dies nicht eintraf, ging die Sowjetunion mehr und mehr zu einer **„Realpolitik"** über und kehrte zur klassischen Diplomatie zurück.

Das „Anfachen des Feuers der Weltrevolution", das sich die von Moskau eingesetzte **Komintern** (Kommunistische Internationale) auf die Fahnen geschrieben hatte, wich einer rationalen Außenpolitik. Deren oberstes Gebot war es, dem „ersten sozialistischen Staat der Welt", der wie eine Insel „im feindlichen Meer" kapitalistischer Hegemonie schwamm, das Überleben zu sichern. Wie gut es sich dabei mit dem „Klassenfeind" auskommen ließ, zeigt anschaulich die **geheime militärische Zusammenarbeit mit der Weimarer Republik,** die schon Anfang der 1920er-Jahre aufgenommen worden war. Die Reichswehr unterhielt in Russland Flieger-, Panzer- und Gaskampftruppen und umging damit die Beschränkungen des Versailler Vertrags. Die Sowjetunion profitierte ihrerseits vom deutschen militärischen Know-how, das ihr beim Aufbau einer modernen Armee zugutekam.

Von Fünfjahresplänen, Kolchosen und Kulaken

Das kapitalistische Intermezzo der NÖP währte nicht lange. In Moskau war man keineswegs gewillt, das Ziel – den Kommunismus – ad acta zu legen. Und Kommunismus war nach einem legendären Ausspruch *Lenins* nichts anderes als „Sowjetmacht plus Elektrifizierung des ganzen Landes". Dahinter steckte das, was Russland am meisten fehlte – eine starke und moderne Industrie. Was Russland als **klassisches Agrarland** 1917 angezettelt hatte, widersprach grundsätzlich der Marxschen Lehre: Ohne Industrie kein Proletariat, ohne Proletariat keine Revolution. Also galt es, das gigantische bäuerliche Land, das nur in wenigen Großstädten eine adäquate und sozusagen Marxismus-taugliche industrielle Entwicklung vorzuweisen hatte, durch eine gezielte **Industrialisierung** in den „marxistischen Normalzustand" zu versetzen.

Mithilfe von **Fünfjahresplänen** wurde ab 1928 der **Aufbau einer funktionstüchtigen Schwerindustrie** vorangetrieben. Streng zentralistisch gelenkt und unter totaler Kontrolle der Partei, wurden im Ural und weiter ostwärts ganze Industriestädte aus dem Boden gestampft. Die **Arbeitsbedingungen** waren äußerst hart und die **Lebensbedingungen** unter jeder Würde. Während die Industriebetriebe wuchsen und wuchsen, hausten die Arbeiter unter erbärmlichsten Bedingungen in Baracken und Lehmhütten. Alle Mittel flossen in die Industrie, um ein menschenwürdiges Leben für die zu Industriesklaven abgestempelten Menschen kümmerte sich niemand.

⌃ Produktion von original russischen Filzstiefeln („walenki") in Wyschni Wolotschok

Mit der forcierten Industrialisierung ging die **Kollektivierung der Landwirtschaft** einher. Die Sowjetunion musste verstärkt Getreide exportieren, um Industrieausrüstungen einführen zu können und die Bevölkerung der neuen Städte mit Lebensmitteln zu versorgen. Die private Landwirtschaft gab dies nicht her. Die Folge war eine mit äußerster Grausamkeit durchgesetzte **Zwangskollektivierung.** Klein- und Mittelbauern wurden in die nun entstehenden **Kolchosen** (Kollektivwirtschaften) gezwungen. Die **Kulaken** (Großbauern) wurden „als Klasse liquidiert", um es im damaligen Sprachusus auszudrücken. Konkret hieß das: Enteignung, Deportation oder Ermordung wegen „konterrevolutionärer Tätigkeit".

Die gewaltsame Verstaatlichung der Landwirtschaft – *Stalin* bezeichnete sie stolz als „Revolution von oben", man könnte aber auch von der Vernichtung eines ganzen Produktionssystems sprechen – hatte schlimme Folgen. Die grundlegende Umstrukturierung der Landwirtschaft ließ die Produktion zunächst völlig zusammenbrechen. 1932/33 kam es zu einer **verheerenden Hungersnot,** der Millionen Menschen zum Opfer fielen.

Das **Kolchossystem** blieb bis zum Ende der Sowjetunion bestimmend. Gut funktioniert hat es nie, was nicht verwundern sollte – unter Zwang für ein abstraktes „Gemeinschaftswesen" zu arbeiten, spornt niemanden zu Engagement und guter Leistung an. Auf dem Lande und in den Provinzstädten herrschte jahrzehntelang **Mangelwirtschaft.** Die Menschen fuhren zu Hamsterkäufen in die Großstädte, die generell besser versorgt wurden (auch um vor dem Ausland das Gesicht zu wahren ...). Bezeichnend: Das meiste gab die eigene Parzelle her, die jeder Kolchosbauer unterhalten durfte. Ohne diese „kleine Freiheit" wären die Städte nicht in den Genuss der bunten und gut bestückten (wenn auch teuren) **Kolchosmärkte** gekommen. Und wer weiß: Vielleicht wäre das ganze Sowjetsystem ohne sie schon viel früher als Anfang der 1990er-Jahre zusammengebrochen.

Die großen Säuberungen – Stalins Terror

Gewalt und Zwang sowie die Missachtung des einzelnen menschlichen Lebens ziehen sich wie ein roter Faden durch die russische und sowjetische Geschichte. Nicht zufällig entstand die **Tscheka** (Außerordentliche Kommission zum Kampf gegen Konterrevolution und Sabotage) nur einen Monat nach der Machtergreifung der Bolschewiki. Die **neue Geheimpolizei** war nicht zimperlich und verurteilte zum Tode, ohne nach Schuld oder Unschuld zu fragen. Es reichte, wenn der Betroffene die „falsche" Herkunft und Bildung besaß, also ein „Feind der Arbeiterklasse" war.

▷ Zeugnis der Stalin-Zeit: ein Lagerfriedhof im polaren Workuta

020ru-id

Der im Bürgerkrieg praktizierte **„rote Terror"** (sogar die Zeitung der Tscheka trug diesen Namen!) legte die Grundlage für ein **Gewaltregime,** das unter *Stalin* in den 1930er-Jahren seinen absoluten Höhepunkt fand. Wie ein rollender Schneeball nahm es immer größere Ausmaße an. Zuerst richtete sich der **Kampf gegen „Konterrevolutionäre" und „Ehemalige",** dann wurde nach und nach jede oppositionelle Aktivität in der Partei selbst zum Schweigen gebracht. Der Kollektivierung fielen Millionen Menschen zum Opfer, in den Städten kam es zur **„Säuberung" von „sozial fremden Elementen".**

Der Auslöser für den völlig enthemmten Terror gegen das eigene Volk war letztlich die **Ermordung des Leningrader Parteisekretärs Sergej Kirow** am 1. Dezember 1934. Vieles spricht dafür, dass *Stalin* selbst den Mordbefehl gegeben hatte, um eine Legitimation für die endgültige Vernichtung seiner Feinde zu bekommen. In **„Schauprozessen"** wurden die „Bolschewiki der ersten Stunde" *Sinowjew, Kamenew, Bucharin* und *Rykow* zum Tode verurteilt, weil sie angeblich Anschläge auf *Stalin* geplant hatten und Agenten ausländischer Geheimdienste gewesen sein sollten.

1937 hatte sich der Terror bereits auf das ganze Land ausgebreitet. Überall wurde nach **„Volksfeinden", „Spionen"** und **„Saboteuren"** gesucht. Es herrschte eine Atmosphäre ständiger Angst vor Denunziationen. Wenn heute ein Nachbar oder Arbeitskollege verschwand, konnte man

Porträt: Stalin – Vater des Volkes und Massenmörder

Wer war dieser monströse Diktator? Wo kam er her, was hat ihn geprägt, wie verlief sein Leben? Alles fing eigentlich ganz harmlos an: Geboren 1879 im georgischen Gori in einer einfachen Familie (der Vater war Schuhmacher), besuchte Josef Dschugaschwili 1894 bis 1899 das Priesterseminar in Tiflis. Dort wurde er allerdings unehrenhaft vor die Tür gesetzt, weil er zum Schluss mehr die Revolution als die Bibel im Kopf hatte. Damals war er bereits Mitglied der RSDRP. Es folgten Verhaftungen und Verbannungen. 1912 legte er sich den Kampfnamen Stalin zu, zu übersetzen als „der Stählerne". Nomen est omen - das Stahlharte sollte ihm ein Leben lang Wegbegleiter sein. Eigentlich ging er den typischen Weg eines Revolutionärs im spätzaristischen Russland, nur war er - anders als Lenin, Trotzki u. a. - kein Intellektueller, der im Ausland studiert hat, sondern eher ein „Mann der Tat", dazu der ziemlich groben Tat. Legenden sagen, er habe zur Aufbesserung der Parteikasse auch vor Banküberfällen nicht zurückgeschreckt.

1922 wurde Stalin Generalsekretär der Partei. Nach Lenins Tod machte er sich an die systematische Vernichtung der ehemaligen Kampfgenossen, die für ihn nun Gegner und Todfeinde im Kampf um die absolute Macht geworden waren. Spätestens ab 1939 war er uneingeschränkter Herrscher der Sowjetunion. Im Zweiten Weltkrieg stellte sich der Generalissimus und Marschall zudem an die Spitze der Roten Armee. Nach dem siegreichen Abschluss des Krieges gab es keinen Menschen auf der Welt, der ihm an Machtvolumen gleich gekommen wäre. Das Land hielt er bis zu seinem Tode in Angst und Schrecken und wäre er nicht im März 1953 gestorben, wäre vermutlich eine weitere vernichtende Säuberungswelle angerollt.

Stalin litt an pathologischem Misstrauen gegen alle, die ihn umgaben, und ähnelt darin in gewisser Weise seinem großen Vorfahren, dem Zaren Iwan, der den Beinamen „der Schreckliche" trug. Der „Stählerne" stand dem Moskowiter Zaren in seiner Grausamkeit in nichts nach, nur hatten sich die Zeiten geändert, und statt Zehntausender wurden jetzt Millionen Menschen vernichtet.

121ru

Ein weiterer Charakterzug des Diktators war der Hang zu gigantomanischen, größenwahnsinnigen Plänen. Das wahnsinnige und völlig unrealisierbare Vorhaben, die Strömung der sibirischen Flüsse Ob und

Jenissej zur Bewässerung der Felder in Mittelasien umzudrehen, stammte von ihm (und nicht von Chruschtschow, wie viele bis heute denken). Das (geknechtete, verängstigte, in Armut lebende) Volk betete Stalin dennoch an und vergötterte ihn. Wenn Lenin erst nach seinem Tode zur Ikone wurde, so war es Stalin schon zu Lebzeiten. Ähnlich wie Hitler zeigte er sich gerne auf Fotos und in den Kinochroniken mit Kindern auf dem Arm und nicht umsonst lautete eine der beliebtesten Lobhudeleien der 1930er-Jahre: „Danke dem Genossen Stalin für unsere glückliche Kindheit!" Bezeichnend ist auch, dass viele Menschen weinten, als sie vom Tod des (neben Hitler) schlimmsten Tyrannen des 20. Jahrhunderts erfuhren. Bei seiner Beisetzung an der Kremlmauer kam es am 9. März 1953 zu einem furchtbaren Gedränge, in dem viele Menschen ums Leben kamen.

Von vielen Kommunisten und Intellektuellen im Westen wurde Stalin jahrzehntelang als der allein Schuldige am Scheitern der kommunistischen Ideale angesehen. Sogar Trotzki suchte den Fehler in der Person, nicht im System. Dabei stieg Stalin lediglich auf der Leiter empor, die Lenin aufgestellt hatte, um es bildlich auszudrücken. Er hatte die Elitepartei beworben und aufgebaut und die Herrschaft der Kader über die Basis propagiert. Das leninsche Grundsystem leitete die Entwicklung zum Totalitarismus ein und die schweren Zeitumstände taten das Ihrige dazu. Aus Lenins Konzept konnte eben nur eine Diktatur erwachsen, die sich zwar als eine proletarische bezeichnete, dies aber niemals war. Wie es ohne Bürgerkrieg und internationale Isolierung gelaufen wäre, sei dahingestellt. Diese Frage ist allein deshalb vergeblich, weil die Geschichte eben keinen Konjunktiv kennt.

Heute wird Stalin in gewissen Kreisen wieder (oder immer noch) verehrt. Für die russischen Kommunisten ist er eine Symbolfigur, bei ihren Umzügen zum 1. Mai oder zum turnusmäßigen „Tag der Oktoberrevolution" am 7. November führen sie sein Konterfei gerne mit. In der Öffentlichkeit wird kontrovers diskutiert, ob Stalin-Porträts bei gewissen Anlässen salonfähig sind oder nicht. Darf in Moskau in einer Metrostation eine Stalin-Büste aufgestellt werden, weil dies die originalgetreue Restaurierung des Vestibüls erfordert? Dürfen bei großen Jahrestagen, wie unlängst dem 65. Jahrestag des Sieges im Großen Vaterländischen Krieg, Tafeln mit dem Bildnis des Generalissimus aufgestellt werden? Und ist es zulässig, dass aus demselben Anlass Stadtbusse mit dem Bild des schnauzbärtigen Diktators an der Bordwand auf die Linie gehen?

Eines zeigt die Kontroverse ohne Zweifel: Stalin ist seit Jahrzehnten tot, aber sein Geist lebt auch in der neuen russischen Gesellschaft immer noch fort. Dafür gibt es mindestens zwei Gründe: Chruschtschows Entstalinisierung ab 1956 war halbherzig und genauso war auch die Abrechnung nach dem Ende der kommunistischen Herrschaft ab 1991.

morgen selbst dran sein. Die Verhaftungen erfolgten meist in der Nacht. Später beschrieben viele Menschen die nächtlichen Szenen: das Vorfahren der Polizeiautos (**schwarze Raben** hießen sie im Volksmund), das Klingeln an der Tür, die Durchsuchungen in den Zimmern, das Abführen des „Verbrechers" ... Über das ganze Land legte sich ein lähmendes Entsetzen.

1937 und 1938 **verschwanden 800.000 Menschen** in Arbeitslagern (dem **Gulag,** sogenannt nach der Abkürzung für die zentrale Lagerverwaltung). 760.000 Menschen wurden ermordet oder starben in der Verschickung in den unwirtlichen Randgebieten des Landes oder auf dem Weg dorthin. Im Oktober 1938 **stoppte Stalin die Terrormaschine,** vielleicht nur deshalb, weil er einsah: Wenn es so weiterginge, würde er bald niemanden haben, über den er seine diabolische Macht ausüben könnte.

Der Große Vaterländische Krieg

Nach den Erschütterungen der 1930er-Jahre wäre eine ruhige Phase der Gesundung und des Kräfteschöpfens nötig gewesen. Es sollte aber noch schlimmer kommen – am 22. Juni 1941 **überfiel Hitlerdeutschland die Sowjetunion** und es begann der brutalste Krieg, der jemals in Europa ausgetragen wurde.

Dabei hatte sich die Sowjetunion von dem **Hitler-Stalin-Pakt von 1939** und insbesondere mit dessen (damals geheimem) Zusatzprotokoll, mit dem die beiden Diktatoren Osteuropa in Einflusssphären aufteilten, einen Aufschub des als unvermeidlich eingeschätzten Kriegsausbruchs versprochen – und diesen auch bekommen. Allein war aller Aufschub im Endeffekt von wenig Nutzen, weil *Stalin* sämtliche Warnungen in den Wind geschlagen hatte, die den kurz bevorstehenden **Einmarsch der Wehrmacht** voraussagten. Staragent *Richard Sorge* hatte aus Tokio sogar den genauen Termin gefunkt: Am 22. Juni „in aller Frühe" – *Stalin* reagierte nicht. Die Folge: In den ersten Tagen und Wochen drang die Wehrmacht tief ins Land ein, Hunderttausende Soldaten der Roten Armee gerieten in deutsche Gefangenschaft. Zum Überraschungseffekt des Angriffs gesellten sich unnötige Durchhaltebefehle, sodass ganze Armeeteile eingekesselt werden konnten. Auch der Mangel an erfahrenen Offizieren im während der Säuberungen stark dezimierten Corps tat sein Übriges.

Wenn der Krieg aus deutscher Sicht als **„Russlandfeldzug"** bezeichnet wurde (militärischer Schlüsselname in der Vorbereitung: „Unternehmen Barbarossa"), so hieß er in der Sowjetunion vom ersten Tag an **„Großer Vaterländischer Krieg"** – in Anlehnung an den Widerstand gegen den Feldzug *Napoleons* von 1812. *Hitler* hatte seinen „Feldzug" nicht vom Zaun gebrochen, ganz im Gegenteil. Bereits 1924 hatte er in seinem Buch „Mein Kampf" seine Ziele formuliert: den „Lebensraum im Osten" und

„Die Zukunft der Stadt St. Petersburg"

Das Oberkommando der Wehrmacht (OKW) gab am 23. September 1941 die „Geheime Weisung Nr. Ia 1601/41 (Die Zukunft der Stadt Petersburg)" heraus, in der es hieß:

„Der Führer ist entschlossen, die Stadt Petersburg vom Erdboden verschwinden zu lassen. Es besteht nach der Niederwerfung Sowjetrusslands keinerlei Interesse an dem Fortbestand dieser Großsiedlung. Auch Finnland hat gleicherweise kein Interesse an dem Weiterbestehen der Stadt unmittelbar an seinen neuen Grenzen bekundet.

Die ursprünglichen Forderungen der Marine auf Schonung der Werft-, Hafen- und sonstigen marinewichtigen Anlagen sind dem OKW bekannt, ihre Erfüllung jedoch angesichts der Grundlinie des Vorgehens gegen Petersburg nicht möglich.

Es ist beabsichtigt, die Stadt eng einzuschließen und durch Beschuss und mit Artillerie aller Kaliber und laufendem Lufteinsatz dem Erdboden gleichzumachen.

Sich aus der Lage in der Stadt ergebende Bitten um Übergabe werden abgeschlagen werden, da das Problem des Verbleibens und der Ernährung der Bevölkerung von uns nicht gelöst werden kann und soll. Ein Interesse an der Erhaltung auch nur eines Teiles dieser großstädtischen Bevölkerung besteht in diesem Existenzkrieg unsererseits nicht ..."

die „Vernichtung des slawischen Untermenschen". Für ihn war es kein herkömmlicher Waffengang, sondern ein **rassenbiologisch motivierter Vernichtungskrieg** der „arischen Herrenrasse" gegen das „jüdisch-bolschewistisch gelenkte Sklavenvolk".

Dabei waren viele einfache Menschen in den Westgebieten der Sowjetunion zunächst mit offenen Armen auf die Eroberer zugegangen. Sie erhofften sich die Befreiung vom stalinschen Terrorregime, mussten aber sehr bald einsehen: Die Brutalität der Hitlerschergen der SS war noch schlimmer. Die Juden in den von Deutschen besetzten Gebieten wurden fast vollständig ausgerottet, der **Kommissarbefehl** (Erschießung aller politischen Kommissare der Roten Armee ohne Gerichtsverhandlung) fand schnell auch „unschuldige" Opfer.

Hitlers **„Blitzkrieg"** („In sechs Wochen ist der Krieg vorbei!", hatte er getönt) blieb schließlich vor Leningrad und Moskau stecken. Und es war nicht nur „General Winter", der den deutschen Verbänden Einhalt gebot. Die **Wehrmacht war auf einen langen Feldzug nicht eingerichtet** gewesen, weder materiell noch ideell. Die Sowjets aber hatten es geschafft, die größten und wichtigsten Industrieanlagen nach Osten in den Ural und weiter auszulagern, und begannen allmählich, die horrenden Verluste der ersten Kriegsmonate wettzumachen. Das Volk konsolidierte sich um seine Führung, *Stalins* Rückgriff auf die historischen Werte Russlands zeigte die erhofften Früchte. Heerführer wie *Alexander Newski, Suworow* oder *Kutusow* waren wieder Helden und die orthodoxe Kirche war nach jahrzehntelanger Verfolgung wieder hoffähig. Der bereits in den 1930er-Jahren propagierte **Sowjetpatriotismus** kam zu seiner höchsten Blüte.

Hitlerdeutschland konnte im Laufe des Jahres 1942 erneut an Terrain gewinnen, aber das so hart erkämpfte und schließlich eroberte **Stalingrad** erwies sich als **tödliche Falle.** Als die Reste der **deutschen Armee** im Februar 1943 kapitulierten, waren Hunderttausende Wehrmachtsangehörige ums Leben gekommen oder in Gefangenschaft geraten. Dies war der **Wendepunkt,** auch der psychologische: Von nun an wuchs die **Offensive der Roten Armee** von Monat zu Monat, für die Wehrmacht hieß es nur noch „Marsch zurück!" Den Schlusspunkt setzte die Eroberung Berlins durch die Rote Armee, das Hissen der Sowjetfahne auf dem zerstörten Reichstag und die **bedingungslose Kapitulation** „Großdeutschlands" am 8./9. Mai 1945. (Die unterschiedlichen Daten sind auf die zweistündige Zeitverschiebung zurückzuführen – als die Urkunde am späten Abend des 8. Mai 1945 in Berlin unterzeichnet wurde, war in der sowjetischen Hauptstadt schon der 9. Mai angebrochen.) Die Sowjetunion verlor in diesem Vernichtungskrieg etwa **27 Mio. Menschen,** wie neueste Untersuchungen ergaben. Allein bis zu einer Million Menschen starben während der mehr als zwei Jahre dauernden Belagerung von Leningrad. Hitler

wollte die Stadt **aushungern** und den Rest der vor Kriegsbeginn fast drei Millionen Bürger dann ins Landesinnere vertreiben. Ein ähnliches Schicksal hatte er für Moskau vorgesehen. Zum Glück konnten diese kranken Fantasien nicht in die Realität umgesetzt werden.

Die Gräuel, die von Deutschen in der Sowjetunion angerichtet wurden, schlugen schließlich auf Deutschland zurück. Beim Einmarsch der Roten Armee und in den ersten Monaten der Besatzungszeit in Ostdeutschland kam es zu massenhaften Vergewaltigungen deutscher Frauen. Aber es waren nicht nur die Bestialitäten der Deutschen, die zu **Gewaltexzessen** führten. Die Sowjetmenschen, die alles gaben, um den Sieg gegen die Wehrmacht zu erringen, waren während des gesamten Krieges weiterhin **Repressionen und Demütigungen** ausgesetzt. Selbst im Hungerwinter 1941/42 wütete die stalinsche Geheimpolizei im belagerten Leningrad, suchte und fand „Spione" und „Volksfeinde". Die Soldaten wurden oft wie Kanonenfutter in die Schlachten geschickt, hinter der Angriffslinie standen die eigenen Leute, bereit, jeden zu erschießen, der nicht in den sicheren Tod laufen wollte. Die **tödliche Bedrohung,** der die Rotarmisten vier Jahre lang von außen wie von innen ausgesetzt waren, ließ zu Kriegsende dieses ungeheure, aufgestaute Gewaltpotenzial zum Ausbruch kommen.

Und als der Krieg aus war, wurden viele der heimkehrenden Kriegsgefangenen erneut in Lager gesteckt – *Stalin* hatte noch 1941 die Losung ausgegeben: **„Ein sowjetischer Soldat ergibt sich nicht!"** Gefangennahme wurde mit Feigheit und Vaterlandsverrat gleichgesetzt. Hunderttausende gerieten in sogenannte Filtrationslager, viele von ihnen anschließend in Wiederaufbaubataillone oder in den Gulag.

Von Tauwetter über Stagnation zu Perestroika

Mit dem bulligen, hemdsärmeligen **Nikita Chruschtschow,** der aus einem Machtkampf nach *Stalins* Tod als Sieger hervorging und die Geschicke der Sowjetunion bis 1964 leitete, verbindet sich in der Welt vor allem das Verdienst, den **Personenkult Stalins gebrochen** zu haben. 1956 leitete er mit seiner berühmten Geheimrede auf dem XX. Parteitag der KPdSU die **Entstalinisierung** ein. In der Sowjetunion begann eine Periode der **Amnestie und Rehabilitierung** von Millionen Gefangenen. Kunst und Literatur blühten unter den liberaleren Vorzeichen auf und es mag nicht verwundern, dass der gesamte Zeitabschnitt nach dem Titel eines Romans des Schriftstellers *Ilja Ehrenburg* den Namen **„Tauwetter"** erhielt.

◁ Auch eine Kriegsfolge: ein erst in nachsowjetischer Zeit angelegter deutscher Soldatenfriedhof bei St. Petersburg

Chruschtschow war allerdings ein Kommunist alter leninscher Schule und beabsichtigte keineswegs, vom autoritären Führungsstil abzuweichen oder gar die Abweichung von der „Generallinie der Partei" zuzulassen. Seine Abkehr von *Stalin* blieb deshalb halbherzig und das Tauwetter nur von kurzer Dauer.

Chruschtschow war ein Mann der markigen Worte und Taten. Wenn ihm etwas nicht passte, konnte er sehr grob werden. **Legendär ist die Geschichte von der UNO und dem Schuh:** 1960 ließ sich der KPdSU-Chef dazu hinreißen, vor der UN-Generalversammlung einen Schuh auszuziehen und damit das Rednerpult zu bearbeiten. Was ihn in solche Rage versetzt hatte, war die sowjetkritische Rede eines philippinischen UN-Vertreters. In den letzten Jahren wird die Authentizität des Vorfalls aber immer mehr in Zweifel gezogen. So verwies *Chruschtschows* in den USA lebender Sohn ihn ins Reich der Legenden. Dorthin könnte auch der Hinweis gehören, der Sitzungsleiter habe damals bei dem Versuch, die Ruhe im Saal wiederherzustellen, sein Hämmerchen zerbrochen ...

Der Generalsekretär liebte die **Utopie,** eines seiner liebsten Kinder war das **Weltraumprogramm.** Tatsächlich gelang es der Sowjetunion unter *Chruschtschow,* den ersten Sputnik in eine Erdumlaufbahn zu schießen (1957) und mit *Juri Gagarin* 1961 den ersten Menschen ins All zu bringen. Die horrenden Summen, die für den **Rüstungswettlauf gegen die USA** und den Kosmos aufgebracht wurden, fehlten allerdings an anderen Stellen. *Chruschtschows* **Traum vom „Konsumparadies UdSSR"** blieb jedenfalls in den Anfängen stecken – nicht zuletzt wegen der völligen Uneffektivität der herrschenden Planwirtschaft.

Auch seine groß angelegten **landwirtschaftlichen Kampagnen,** in Mittelasien und Südsibirien riesige Neulandflächen urbar zu machen und im ganzen Land Mais anzubauen, mussten scheitern und taten es auch.. *Chruschtschow* war ein **großer Träumer** – er wollte „Amerika einholen und überholen". Für 1981 versprach er der Sowjetunion den „höchsten Lebensstandard in der Welt" und „das Leben im Kommunismus".

Bei all ihren Ungereimtheiten und Widersprüchen erlaubte die Ära *Chruschtschow* den Sowjetmenschen aber nach Jahrzehnten des Lebens in Angst und Schrecken ein tiefes Aufatmen. Niemand musste mehr elementar um sein nacktes Leben bangen. Der **neue, freiere Geist in der Gesellschaft** spiegelt sich in den vielen Anekdoten jener Zeit. Hier nur eine von vielen:

▷ Ein Relikt der Chruschtschow-Zeit sind die vielen einfachen Plattenbauten dieser Ära, die sog. „Chruschtschowki"

„*Warum sind unsere Hühnereier immer so beschissen? Weil unsere Hühner dabei sind, Amerika zu überholen und keine Zeit haben, sich den Hintern abzuwischen.*"

Außenpolitisch schwenkte die Sowjetunion unter *Chruschtschow* auf einen neuen Kurs gegenüber dem Westen ein. Noch auf dem denkwürdigen XX. Parteitag hatte der Stalin-Nachfolger eine **Politik der „friedlichen Koexistenz"** mit dem Westen angekündigt. Hinfort herrschte ein ständiger Balanceakt zwischen Konfrontation und Entspannung. Die Volksaufstände in Polen und Ungarn von 1956, der Mauerbau 1961 in Berlin und die Kuba-Krise von 1962 sind Meilensteine jener Zeit. Dass der Kalte Krieg nicht zu einem „heißen" wurde, ist unter anderem auch *Chruschtschows* Verdienst, dem bei allen gegensätzlich lautenden Losungen und Schlagworten durchaus bewusst war: Das kommunistische System war dem kapitalistischen unterlegen.

Im Oktober 1964 kam es zu einem Ereignis, das ein Novum darstellte in der Sowjetunion: **Chruschtschows Herrschaft fand ein Ende,** ohne dass der Parteiführer eines natürlichen oder unnatürlichen Todes gestorben wäre: Er wurde schlicht und ergreifend abgesetzt und konnte seine letzten Jahre bis zu seinem Tod 1971 als unbescholtener Rentner fristen, wobei er bereits zunehmend in Vergessenheit geriet.

Porträt: Michail Gorbatschow und das (ungewollte) Ende der Sowjetunion

Der 1931 in einer einfachen Bauernfamilie in Südrussland geborene Michail Gorbatschow ist der beliebteste russische Politiker aller Zeiten - im Westen. „Gorbi", wie er in Deutschland zärtlich genannt wurde, steht für das Ende des Kalten Krieges, die deutsche Wiedervereinigung und das Abtreten der kommunistischen Gewaltregime in Osteuropa. Dabei war der letzte Generalsekretär der KPdSU sowie erste (und letzte) sowjetische Staatspräsident angetreten, um das verknöcherte System zu neuem Leben zu erwecken. Als typischer „Apparatschik" mit jahrzehntelanger Parteikarriere lag ihm nichts ferner, als die kommunistischen ideologischen Grundsätze in Frage zu stellen und den Untergang der Sowjetunion voranzutreiben. Dass schließlich genau das eintraf - die UdSSR verschwand sang- und klanglos „auf dem Müllhaufen der Geschichte", wo sie selbst so gern die kapitalistischen Erzfeinde gesehen hätte -, mag Gorbatschows große persönliche Tragödie gewesen sein.

Als er im März 1985 einen Tag nach Tschernenkos Tod zum Parteichef ernannt wurde, sah zunächst nichts nach radikalen Reformen aus. Gorbatschow begann mit einer Maßnahme, die ihn im Volk sofort unbeliebt machte - er ließ den Alkoholverkauf einschränken, machte die „nüchterne Lebensweise" zum obersten Gebot und veranlasste den Kahlschlag riesiger Weinanbauflächen. Damit stand er ganz in der Tradition russischer Machthaber, die schon immer dafür bekannt waren, radikale Schritte ohne Rücksicht auf Verluste durchzuboxen und sich wenig um Sinn und Folgen zu kümmern.

Eine andere Tradition - nämlich die, Unangenehmes unter den Teppich zu kehren - zeigte sich, als die sowjetische Staatsführung nach dem Super-GAU in Tschernobyl im April 1986 erst 18 Tage später eine offizielle Erklärung abgab. Gorbatschows Auftreten unterschied sich damals in keinster Weise von den Gepflogenheiten seiner Vorgänger.

Doch das änderte sich schnell. Mit der Annahme der neuen Richtlinien zum Umbau („perestroika") und zur Transparenz („glasnost") schlug der XXVII. Parteitag im Februar 1986 einen Reformkurs ein, der das ganze Gesellschaftssystem ins Wanken bringen sollte. Das hatte Gorbatschow so nicht gewollt. Mit der Perestroika hatte er die marode Wirtschaft durch Liberalisierungen im Sinne der Neuen Ökonomischen Politik der 1920er-Jahre reanimieren wollen. Glasnost sollte den Reformprozess begleiten, die Fehler der Vergangenheit kritisch beleuchten und die freie Diskussion ermöglichen. Dass sie die Grundlagen des Sowjetsystems untergrub, liegt in der Natur der Sache – demokratische Erneuerung auf Basis eines autoritär gelenkten Staates ist ein Widerspruch in sich – zwischen beidem kann es keine Koexistenz geben. Am radikalsten äußerte sich die Wende in der Außenpolitik. Gorbatschow bekannte in der Weltöffentlichkeit die Verbrechen der Sowjetunion unter Stalin. Was jahrzehntelang geleugnet worden war, wurde als historische Tatsache anerkannt – unter anderem der Nichtangriffspakt mit Nazideutschland und die Massenerschießung polnischer Offiziere 1940 in Katyn. Gorbatschow brachte umfangreiche Abrüstungsmaßnahmen auf den Weg und er gestand den sozialistischen „Bruderstaaten" die Selbstbestimmung zu, wodurch es zu einer Reihe friedlicher Revolutionen in Osteuropa kam. Der Kalte Krieg ging zu Ende und in Deutschland wurde die Berliner Mauer niedergerissen.

Im Westen als Held und Befreier umjubelt – 1990 erhielt Gorbatschow ganz folgerichtig den Friedensnobelpreis –, blieb er im eigenen Land verpönt. In der Sowjetunion kam es zu einer handfesten Wirtschaftskrise. Es ging so weit, dass sogar Lebensmittelkarten eingeführt werden mussten. Das Land bröckelte, weil die nichtrussischen Sowjetrepubliken (besonders die baltischen Staaten, die Ukraine und Georgien) nach Unabhängigkeit strebten. Am 31. Dezember 1991 hörte die Sowjetunion auf zu existieren und wurde von der GUS (Gemeinschaft Unabhängiger Staaten) abgelöst.

Gorbatschow wird in Russland bis heute von vielen Menschen für den Zusammenbruch der Sowjetunion und die anschließenden Jahre wirtschaftlicher und politischer Unsicherheit verantwortlich gemacht. Dass der Niedergang unvermeidlich war, wollen die meisten nicht einsehen. Gorbatschow gebührt das Verdienst, Russlands Neuanfang eingeleitet zu haben, auch wenn das gar nicht seine Absicht gewesen war. Und seine Unbeliebtheit scheint er mit Ruhe zu nehmen. So sagte der nach wie vor „bekennende" Atheist vor einigen Jahren in einem Interview für den „Stern": „Kennen Sie einen Reformer, der beliebt ist?" Eine weitere Inkonsequenz Gorbatschows kam (auch) im Zusammenhang mit der Ukraine-Krise ans Licht – die NATO hatte Russland zu Beginn der 1990er-Jahre versprochen, auf eine Osterweiterung zu verzichten, Gorbatschow ließ sich dies aber nicht schriftlich bestätigen. Russland fühlt sich durch die Ausweitung des Nordatlantik-Bündnisses bedroht und dieser Umstand bleibt ein Unruhefaktor in den Beziehungen zwischen Ost und West.

Russland/Ex-Sowjetunion

© Reise Know-How 2015

0 — 1000 km

ehem. Sowjetunion
Russland

Unter *Chruschtschows* Nachfolger **Leonid Breschnew** trat die Sowjetunion in eine relativ stabile Phase ein, die sich im Endeffekt jedoch zu einer Erstarrung mauserte, aus der das Land in seiner damaligen Form nicht mehr herauskommen sollte. *Chruschtschows* chaotische, mit allerlei lächerlichen Utopien gewürzte Herrschaft machte unter *Breschnew* einem ausgemachten **Konservatismus** Platz. Bezeichnend dafür und äußerst folgenschwer für die Zukunft war *Breschnews* Weisung, die Altersbegrenzung für Parteifunktionäre aufzuheben, was schließlich zu einer wahrhaft grotesken **Überalterung des Politbüros** führte. Die Herrschaft der Greise im Ausgang der Sowjetzeit spiegelt ein damals üblicher Witz wider:

„Sitzung des Politbüros der KPdSU. Punkt eins: Hereintragen der Mitglieder. Punkt zwei: Kollektives Einschalten der Herzschrittmacher ..."

Zunächst war der **Kurs auf Stabilität und realistische Einschätzung der Möglichkeiten** sicher eine notwendige Maßnahme. Statt „Einholen und Überholen" und Vorhersagen, in welchem Jahr das „kommunistische Paradies" anbricht, kamen jetzt die Formeln von der „entwickelten sozialistischen Gesellschaft" und dem „realen Sozialismus" zum Tragen. Aber je weiter die Zeit fortschritt, desto deutlicher war, dass das System immer mehr erstarrte und verknöcherte – sozusagen parallel zum fortschreitenden Alter seiner Akteure. Das starre Festhalten an der Planwirtschaft und einer übermäßig zentralisierten Leitung führten dazu, dass die Sowjetunion den Anforderungen der Zeit – dem Mithalten beim atomaren Rüstungswettlauf mit den USA, der weiteren Forcierung der Weltraumprogramme und der dringend nötigen technischen Modernisierung – schließlich nicht mehr gewachsen war. Die „Supermacht" stand tatsächlich auf tönernen Füßen.

Nicht umsonst wurde die 18 Jahre währende Breschnew-Ära im Nachhinein als **Zeit der Stagnation** charakterisiert. Zusammengehalten wurde das Ganze durch eine ideologische Zwangsjacke nach innen (Unterdrückung der Meinungsfreiheit, Repressionen gegen Dissidenten) und eine aus Entspannungswillen und rigorosem Eingreifen gepaarte Außenpolitik. Abrüstungsverträgen und wirtschaftlicher Kooperation mit dem Westen standen etwa die **Niederschlagung des Prager Frühlings (1968)** und **der Einmarsch in Afghanistan (1979)** entgegen.

Noch konnte die Partei im Lande ihr ausschließliches Monopol auf die Wahrheit behaupten, auch wenn die Maschinerie mehr nach den Gesetzen der Trägheit als der Progression lief. Parolen wie „Die Partei ist der Geist, die Ehre und das Gewissen der Epoche" spiegelten aber nur noch das Wunschdenken der alten Männer an der Staatsspitze wider. Eine Ironie der Geschichte ist es, dass der Tod der greisen Sowjetführer *Breschnew* (1982), *Andropow* (1984) und *Tschernenko* (1985) dem endgültigen Dahinsiechen des Sowjetstaates vorausging. **Michail Gorbatschow** trat

1985 an, um den in die Sackgasse manövrierten Karren wieder auf die Spur zu bringen, aber es war zu spät. *Gorbatschows* **Politik der Erneuerung des Systems** von innen her endete – wie wir heute wissen: folgerichtig und wohl unvermeidlich – mit dem **Zusammenbruch der Sowjetunion** und der **völligen Diskreditierung des kommunistischen Gesellschaftsmodells.**

Zur Geschichte des nachsowjetischen Russlands bis heute siehe das Kapitel „Die Gesellschaft heute – Staat, Politik und Wirtschaft".

Zeittafel

- **9. Jh.:** Gründung der Kiewer Rus
- **988:** Beginn der Christianisierung
- **1237–1240:** Eroberung der Rus durch die Mongolen, deren Herrschaft bis 1485 andauert. Nowgorod bleibt bis zur Einverleibung durch Moskau im Jahre 1478 unabhängige Republik.
- **14.–15. Jh.:** Aufstieg des Moskauer Reiches durch das „Sammeln der russischen Länder"
- **Mitte 16. Jh.:** Höhepunkt der Macht Moskaus unter *Iwan IV.* (dem „Schrecklichen"), der sich 1547 zum Zaren krönen lässt
- **16. Jh.:** Beginn der Eroberung Sibiriens; 1639 erreichen die ersten russischen Siedler die Pazifikküste.
- **1605–1612:** „Zeit der Wirren"; sie endet mit der Einsetzung des ersten Romanow-Zaren.
- **1703:** *Peter I.* gründet St. Petersburg und macht es 1712 zur Hauptstadt des sich nach Westeuropa öffnenden Russischen Reiches.
- **1812:** Krieg gegen *Napoleon*
- **1825:** Aufstand der Dekabristen
- **1861:** Aufhebung der Leibeigenschaft
- **19. Jh.:** Fulminanter Aufschwung der russischen Literatur, Kunst und Musik
- **1891:** Baubeginn der Transsibirischen Eisenbahn
- **1905:** Erste russische Revolution, *Nikolaus II.* macht konstitutionelle Zugeständnisse
- **1917:** Februarrevolution, *Nikolaus II.* dankt ab. Mit der Oktoberrevolution übernimmt *Lenins* bolschewistische Partei die Macht.
- **1918:** *Lenins* Regierung zieht nach Moskau um, das damit erneut zur Hauptstadt wird.
- **1918–1922:** Bürgerkrieg, im Dezember 1922 wird die Union der Sozialistischen Sowjetrepubliken (UdSSR) gegründet.

- **1924:** *Lenins* Tod, *Stalins* Aufstieg zum uneingeschränkten Diktator nimmt seinen Anfang.
- **1929:** Beginn der forcierten Industrialisierung und Zwangskollektivierung der Landwirtschaft
- **1930er-Jahre:** „Säuberungen" – Terror gegen das eigene Volk
- **1939:** Nichtangriffspakt mit Hitlerdeutschland, in der Folge teilen *Hitler* und *Stalin* Polen untereinander auf und die Sowjetunion besetzt die baltischen Staaten.
- **1941:** Die Wehrmacht marschiert in die Sowjetunion ein und kommt bis Jahresende bis vor Leningrad und Moskau.
- **1943:** Die Schlacht von Stalingrad bringt die Wende, die Rote Armee erobert von da an die von der Wehrmacht erlangten Gebiete zurück.
- **Nach 1945:** Nach dem siegreichen Ende des Zweiten Weltkriegs steigt die UdSSR zur Weltmacht auf. Aus der Konfrontation mit dem Westen entsteht der Kalte Krieg.
- **1956:** Drei Jahre nach *Stalins* Tod leitet *Nikita Chruschtschow* mit seiner Geheimrede auf dem XX. Parteitag die Entstalinisierung ein, die „Tauwetterperiode" beginnt.

⌃ Sein Blick nach Westen veränderte Russland grundlegend:
Denkmal für Peter den Großen in St. Petersburg

Extrainfo 3 (s. S. 11): Zweiteilige Doku über deutsche Sibirien-Pioniere

- **1957:** Die Sowjetunion schickt den ersten Satelliten („Sputnik") ins All.
- **1961:** *Juri Gagarin* fliegt als erster Mensch ins All.
- **1964:** *Leonid Breschnew* wird nach *Chruschtschows* Absetzung Parteichef, seine Amtszeit geht als „Stagnationsperiode" in die Geschichte ein.
- **1979:** Einmarsch in Afghanistan
- **1980:** Die Olympischen Sommerspiele in Moskau werden von führenden westlichen Staaten wegen der Intervention in Afghanistan boykottiert.
- **1985:** *Michail Gorbatschow* wird Generalsekretär der KPdSU und leitet mit Glasnost und Perestroika umfangreiche Reformen ein, die schließlich zum Ende der Sowjetunion führen.
- **1991:** Die Sowjetunion zerfällt; Gründung des lockeren Staatenverbunds „Gemeinschaft Unabhängiger Staaten"(GUS).
- **1991:** *Boris Jelzin* wird erster Präsident der Russischen Föderation.
- **1992:** Radikale Reformen in Richtung Kapitalismus ziehen eine tiefgreifende wirtschaftliche und soziale Krise nach sich.
- **1994–1996:** Erster Tschetschenienkrieg
- **1998:** Staatspleite und Bankenkrise. Der Rubel verliert zwei Drittel seines Wertes.
- **1999–2002:** Zweiter Tschetschenienkrieg

- **2000:** *Wladimir Putin* wird Präsident, in den folgenden Jahren kommt es zu einem intensiven wirtschaftlichen Aufschwung.
- **2008:** *Dmitri Medwedew* wird neuer Präsident. *Putin* wechselt ins Ministerpräsidentenamt – Russland steht unter der Führung eines „Tandems".
- **2010:** Der durch seinen autoritären Führungsstil bekannte Moskauer Oberbürgermeister *Juri Luschkow* wird nach knapp 18 Jahren im Amt von der Staatsführung abkommandiert. Russland erhält von der FIFA den Zuschlag zur Austragung der Fußball-Weltmeisterschaft 2018.
- **2011:** Bei einem Bombenanschlag kaukasischer Terroristen im Moskauer Flughafen Domodedowo werden 37 Menschen getötet, darunter auch fünf EU-Bürger.
- **2012:** Vor allem in Moskau kommt es zu einer Protestwelle gegen Wahlfälschungen. *Putin* tritt seine dritte Amtszeit als Präsident an, *Medwedew* wird an seiner Stelle Ministerpräsident.
- **2013:** Drei Selbstmord-Bombenanschläge in Wolgograd fordern insgesamt 41 Tote.
- **2014:** Olympische Winterspiele in Sotschi. Die völkerrechtswidrige Einverleibung der Krim durch Russland und der bewaffnete Konflikt in der Ostukraine belasten das Verhältnis zwischen Russland und dem Westen schwer.

◁ „Gorbi" errang nur im Westen Kultstatus –
in seiner russischen Heimat ist er bis heute für viele eine Hassfigur

Der kulturelle Rahmen

◁ Gottesmutter-Ikonen werden in der russisch-orthodoxen Kirche besonders verehrt: Prozession in Tichwin (Foto: 004ru-ra)

Religion und Kirche

Der Vielvölkerstaat Russland ist ein **Land mit vielen Konfessionen** – da gibt es die russisch-orthodoxe Kirche, Katholizismus und Protestantismus, Islam, Judentum und Buddhismus, dazu Sekten vieler Couleur. Eine große Rolle spielt nach wie vor auch der zu Sowjetzeiten propagierte **Atheismus,** laut Umfragen glauben fast 30 Prozent der Einwohner Russlands nicht an Gott und/oder sehen sich als konfessionslos an.

Die freie Ausübung von Religion ist in Russland erst seit wenigen Jahrzehnten, also seit der Perestroika, möglich. Unter dem kommunistischen Regime war religiöses Bekenntnis nicht nur verpönt, sondern zu manchen Zeiten sogar lebensgefährlich. Die Sowjets hatten sich die These von *Karl Marx* über die **„Religion als Opium des Volkes"** und den Kampf gegen dieses „Rauschmittel" auf die Fahnen geschrieben. Spätestens in den 1930er-Jahren, mit Beginn der stalinschen „Säuberungen", kam es zur massenhaften Schließung von Kirchen, Moscheen und Synagogen und zu Verhaftungen von Geistlichen. Unzählige **Menschen verschwanden damals aufgrund ihres Glaubens** in den Arbeitslagern des Gulag, viele **ließen ihr Leben.**

Viele Gotteshäuser wurden abgerissen, besonders hart betroffen war davon natürlich Moskau, die einstige „Stadt der 40 mal 40 Kirchen". Beim Umbau zur „kommunistischen Musterstadt" wurden die Gotteshäuser, die einst das öffentliche Bild beherrscht hatten, gnadenlos vernichtet. In vielen Kirchen wurden Lagerhäuser, Fabriken, Turnhallen, Schwimmbäder und Ähnliches eingerichtet.

Diese Zeiten sind zum Glück längst vorbei und Russland erlebte nach Auflösung der Sowjetunion eine **religiöse Renaissance.** Heute geht es nicht mehr um die Frage, ob Religion erlaubt ist oder nicht, sondern darum, welchen Stellenwert sie in der Gesellschaft hat und in Zukunft haben soll.

Exemplarisch dafür ist die seit Jahren relativ hitzig geführte **Diskussion um Religion als Fach in den Schulen.** Nach mehrjährigen Pilotprojekten in verschiedenen Regionen des Landes steht den Schülern heute das Fach „Grundlagen der religiösen Kulturen und der weltlichen Ethik" zur Verfügung. Für den Unterricht sind orthodoxe, islamische, buddhistische und jüdische Glaubenslehren vorgesehen – alternativ werden aber auch Geschichte der Weltreligionen oder Ethikunterricht angeboten. Zur Orthodoxie bekennt sich heute die Mehrheit der Bevölkerung. Meist sind dies Russen, aber am Ural und im Kaukasus gibt es unter den dort ansässigen nichtrussischen Minderheiten ebenfalls orthodoxe Christen. Wirklich aktive Kirchgänger sind jedoch auch dort nur die wenigsten, worin sie sich kaum von vielen Anhängern christlicher Kirchen in Westeuropa unterscheiden.

Orthodoxe Kirche

Wer an Religion in Russland denkt, dem kommt natürlich als Erstes die russisch-orthodoxe Kirche in den Sinn. Bunte Zwiebelkuppeln, rauschende Popenbärte, Kopftuch tragende und sich beim Schlagen des Kreuzes tief verneigende alte Mütterchen ...

Das hört sich an wie ein Klischee, kommt aber der Wahrheit doch sehr nahe. Denn genau das trifft man beim Besuch eines Gottesdienstes in einer der zahlreichen frisch restaurierten oder neu erbauten orthodoxen Kirchen an, egal in welchem Teil des Riesenlandes. Mehr dazu weiter unten, im Abschnitt: Kleiner Einblick in einen russisch-orthodoxen Gottesdienst.

Obwohl die Russische Föderation ein weltlicher Staat ist, der in seiner Verfassung die **Trennung von Staat und Kirche** verankert hat, kommt schnell der Eindruck auf, die orthodoxe Kirche sei **Staatskirche.** Das zeigt sich alljährlich zu Ostern und Weihnachten, wenn die zentralen Fernsehsender den orthodoxen Festgottesdienst aus der Moskauer Christ-Erlöser-Kathedrale (Mehr dazu weiter unten im Exkurs „Die Christ-Erlöser-Kathedrale) live ins ganze Land ausstrahlen und der Zuschauer zwischen Kaliningrad und Wladiwostok dabei zusehen kann, wie sich Präsident und Premierminister bekreuzigen und Ikonen küssen.

Der orthodoxen Kirche ist diese Metamorphose der einst kommunistisch erzogenen Staatslenker nur recht, sieht sie sich doch als **Verkörperung der nationalen Idee,** als Symbol für die nationale Wiedergeburt und die Rückbesinnung auf patriotische Werte.

Ein kleiner Ausflug in die Geschichte: Die Annahme des Christentums geht in das Jahr 988 zurück, als *Großfürst Wladimir von Kiew* sich und seine Untertanen im Dnjepr taufen ließ. Schenkt man der „Erzählung der vergangenen Jahre", einer alten russischen Chronik, Glauben, so hatte *Wladimir* sich vor diesem Schritt umfassend über das bestehende „Angebot" an Konfessionen informiert und diese auf Herz und Nieren prüfen lassen, bevor er dem Katholizismus, dem Islam und dem Judentum eine Abfuhr erteilte und sich für das Christentum byzantinischer Prägung entschied (s. a. Kapitel „Von Warägern, Byzantinern, Neustädter Kaufleuten und Mongolen"). Die **byzantinische Tradition** lebt bis heute fort und äußert sich auf vielfältige Weise in der Liturgie, der prachtvollen Ausstattung der Gotteshäuser und der Kirchenarchitektur. Aber nicht nur darin – die russisch-orthodoxe Kirche lebt nach dem **julianischen Kalender,** der 13 Tage hinter dem modernen „weltlichen" Kalender herhinkt. So kommt es dazu, dass Weihnachten erst nach Neujahr gefeiert wird, nämlich am 7. Januar. Noch viel komplizierter ist es mit dem Osterfest: Hier richtet sich die Orthodoxie nach dem Mondkalender, weshalb es jedes Jahr zu verschieden

Die Christ-Erlöser-Kathedrale –
Schicksal eines Gotteshauses

An der wechselvollen Geschichte der Christ-Erlöser-Kathedrale unweit des Moskauer Kremls zeigt sich exemplarisch, wie es der russisch-orthodoxen Kirche im Laufe des letzten Jahrhunderts erging, durch welche Tiefen sie gehen musste und welche Höhen sie inzwischen wieder erklimmt.

Erdacht als Denkmal für den Sieg über Napoleon im Jahre 1812, zogen sich die Bauarbeiten zu der Kathedrale über Jahrzehnte hin und waren erst 1881 abgeschlossen. 1931, also genau 50 Jahre später, fiel die Kirche der Baugigantomanie der Sowjets zum Opfer. Der an ihrer Stelle geplante sogenannte „Palast der Sowjets" war als Symbol für die neue Zeit und die neuen Herrscher gedacht und unterschwellig ein weiterer Schlag gegen die zu der Zeit bereits hoffnungslos unterlegene russische Orthodoxie.

415 Meter sollte der Sowjet-Wolkenkratzer messen und von einer überdimensionalen Lenin-Statue gekrönt werden. Aber daraus wurde nichts – zu Kriegsbeginn war man über das Fundament nicht sehr weit hinausgekommen. Der Bau wurde eingefroren und nach dem Krieg gab es Dringenderes zu tun, als sich selbst gigantische Denkmäler zu setzen. Die Baugrube verwandelte sich Ende der 1950er-Jahre schließlich in ein bei den Moskauer Bürgern beliebtes Freibad, das rund ums Jahr geöffnet war.

Mit der Perestroika kam die Rückbesinnung auf die alten Werte und schon wehte die Idee durch die Lüfte, die Christ-Erlöser-Kathedrale wiederaufzubauen. Für die orthodoxe Kirche wurde dies zum größten Prestigeobjekt, zur Verkörperung des eigenen Erstarkens. Keine Mittel wurden gescheut und in nur wenigen Jahren war der monumentale Sakralbau fertig, denn seine Wände wurden aus Beton gegossen.

Geweiht im August 2000, dient die 10.000 Kirchgänger fassende Kathedrale heute als Hauskirche des russischen Patriarchen (Kirchenoberhaupts) Kyrill I. Hier finden die wichtigsten Gottesdienste im Lande statt, hier werden die Totenfeiern für prominente Persönlichkeiten abgehalten. (So etwa 2007 für den ersten russischen Präsidenten Boris Jelzin. Seine Beisetzung war übrigens das erste orthodoxe Staatsbegräbnis seit der Revolution von 1917 gewesen.)

Manch ein kritisch gestimmter Zeitgenosse zieht zu dem mit großem Elan vorangetriebenen Bau wiederum eine Parallele zu der Repräsentationssucht der Sowjetmächtigen, womit sich der Kreis in gewisser Weise schließt. Im Sinne: Die orthodoxe Kirche habe in gewisser Weise die Rolle ihrer einstigen Unterdrücker übernommen. Bei dem Streit, ob dem wirklich so ist, gehen die Meinungen naturgemäß weit auseinander.

großen Zeitverschiebungen gegenüber dem sogenannten „katholischen Ostern" kommt und beide Feste zuweilen zusammenfallen können.

Ein kurzer Einblick in den orthodoxen Gottesdienst

Auf den Außenstehenden kann ein orthodoxer Gottesdienst zunächst sehr fremd wirken. Was zuerst auffällt: Es ist **ständige Bewegung** in der Kirche und alle stehen, einen Sitzplatz auf einer an eine Säule gelehnten Holzbank gibt es nur für Alte und Kranke. Kirchenbänke gibt es nicht, die Menschen stehen im freien Raum vor dem **mit Ikonen geschmückten Altar.** Es ist ein Kommen und Gehen. Mancher verharrt länger, mancher zündet nur Kerzen an, küsst eine Ikone, betet und geht wieder.

Die Gottesdienste ziehen sich oft über Stunden hin, zu Ostern (dem orthodoxen Hauptfest im Kirchenjahr) dauert die Festliturgie vom späten Abend bis in den frühen Morgen. Es kommt **viel Weihrauch** zum Einsatz, die Popen singen die Psalmen und Gebete mehr, als dass sie sie sprechen. Die ganze Luft ist erfüllt von **Chorgesang,** die reinen Klänge der Stimmen erschallen von einer oft gar nicht einsehbaren Empore. Da die Sänger nicht zu sehen sind, verstärkt sich der Eindruck einer fast überirdischen Entrücktheit. Verharrt man länger, versetzt einen das endlose **Schlagen des Kreuzes** (eine der Haupthandlungen der Gottesdienstbesucher) schon bald in eine Art Trance. Wer sich in der Kirche unters Volk mischen und dabei nicht auffallen will, sollte ein paar einfache **Regeln** beachten: Frauen sollten den Kopf bedeckt halten, einen Rock anziehen und keine schulterfreien Oberteile tragen. Männer dagegen dürfen auf keinen Fall den Kopf bedecken und sollten auf kurze Hosen verzichten. Viele Kirchen und Klöster haben für Vergessliche einen praktischen Service eingerichtet: Umsonst oder gegen ein kleines Entgelt leihen sie am Eingang Röcke zum Überziehen und Kopftücher aus, die Herren der Schöpfung gehen bei dieser kleinen Schützenhilfe jedoch leer aus.

Islam

Der Islam ist die **zweitstärkste Religion** in Russland. Wie viele Anhänger er hat, kann nur geschätzt werden. Verschiedene Quellen geben 13 bis 15 Prozent der Bevölkerung an. Aufgrund der verstärkten Einwanderung von Menschen aus den mittelasiatischen Ländern steigt die Anzahl der Muslime in Russland stetig. Verbreitet ist der Islam besonders unter den ethnischen Minderheiten im **Kaukasus** sowie im **Voruralgebiet** und an der **mittleren Wolga.**

Stark ist der Islam auch unter den **Tataren** vertreten, deren Hauptstadt Kasan als „islamische Hauptstadt" Russlands gilt. Die **Moschee im Kreml**

von Kasan war nach ihrer Fertigstellung 2005 die größte in Europa und ist ein Sinnbild für das Zusammenleben verschiedener Nationalitäten im Vielvölkerstaat Russland.

Insgesamt gibt es in Russland **etwa 8000 Moscheen,** davon stehen 5000 im Kaukasus. In Grosny, der Hauptstadt Tschetscheniens, wurde inzwischen eine noch größere Moschee als in Kasan erbaut.

Orthodoxe Christen und Muslime leben seit Jahrhunderten in engster Nachbarschaft. Dies versinnbildlicht auf anschauliche Weise der alte, *Talleyrand* oder *Napoleon* zugeschriebene Spruch: „Kratze am Russen und der Tatar kommt hervor" – eine Anspielung auf die mittelalterliche Mongolenherrschaft in weiten Teilen Russlands und die daraus resultierende enge Verflechtung beider Völker.

Heute wird die **Koexistenz der beiden Kulturkreise** durch einen erstarkenden extremistischen Islamismus und wachsende Intoleranz einer ernsten Prüfung unterzogen. Viele Russen empfinden Muslime inzwischen als Fremdkörper und Gefahr, besonders seit dem Aufkommen der separatistischen Tendenzen im Kaukasus (s. auch Kapitel „Krisenherd Kaukasus") und der massenhaften Einwanderung von Gastarbeitern aus den ehemaligen Sowjetrepubliken Mittelasiens (s. auch Kapitel „Vielvölkerstaat Russland").

Judentum

In Russland, Weißrussland, in der Ukraine und den baltischen Staaten war historisch überwiegend das **aschkenasische Judentum** vertreten, das zur **hassidisch-orthodoxischen Tradition** gehört.

Das Schicksal der Juden in Russland unterscheidet sich nicht wesentlich von der Geschichte dieses Volkes in Europa insgesamt. Doch nicht umsonst ist der Begriff **Pogrom** ein russisches Wort, denn schon im Zarenreich kam es zwischen 1880 und 1914 zu zahlreichen gewaltsamen Überfällen auf jüdische Siedlungen. Damals führte die erste Massenemigration zur Ausreise von rund zwei Millionen Juden, die meisten von ihnen gingen in die USA.

Zwischen 1990 und 2005 sind etwa 220.000 Juden aus der ehemaligen Sowjetunion nach Deutschland ausgewandert. Rund eine Million Juden ging ab 1990 nach Israel. Heute leben nur noch rund 200.000 Juden in Russland, der überwiegende Teil von ihnen in Moskau und St. Petersburg.

Russland besitzt seit 1931 ein **jüdisches autonomes Gebiet** im Fernen Osten (Jüdisch Autonome Oblast), aber auch dort leben heute nur noch wenige Juden. Die meisten haben es ihren Glaubensgenossen aus den Großstädten im europäischen Teil Russlands nachgetan und sind ausgewandert.

Buddhismus

Der Buddhismus ist in Russland offiziell als eine der vier „traditionellen Religionen" anerkannt. In einigen Gebieten Sibiriens und in der südlich der Wolga gelegenen Teilrepublik **Kalmückien** stellen Buddhisten die Bevölkerungsmehrheit.

Zentrum des mit der Perestroika wieder erstarkten Buddhismus ist der **Dazan von Iwolginsk in Burjatien,** nahe Ulan-Ude in Südostsibirien. Die meisten Buddhisten Russlands bekennen sich zur **tibetischen** Form und verehren den *Dalai Lama.*

Katholizismus und Protestantismus

Ähnlich wie bei den Juden hat die Zahl der Katholiken und Lutheraner in Russland stark abgenommen und das liegt hauptsächlich an der massenhaften Emigration von Russlanddeutschen nach Deutschland, bei denen die Lutheraner den Löwenanteil stellen.

Die Beziehungen zwischen der römisch-katholischen und der russisch-orthodoxen Kirche sind traditionell angespannt. Die orthodoxe Kirche erhebt den alleinigen Anspruch auf das Missionsrecht und wirft den Katholiken immer wieder Expansionsgelüste vor. Dies ist tief in der **historischen Auseinandersetzung** zwischen dem Zarenreich und Polen/Litauen/Deutschland verankert und wirkt sich bis heute aus.

Seit ein paar Jahren ist jedoch eine gewisse **Annäherung** zu verzeichnen, es wurde sogar schon laut über einen Besuch des Papstes in Moskau nachgedacht. Heute gibt es in Russland nach verschiedenen Schätzungen etwa 230 katholische Gemeinden.

> Manfred Brockmann, ein evangelischer Pfarrer aus Hamburg, führt die lutherische Gemeinde in Wladiwostok

Die Lutherische Kirche hatte es traditionell leichter in Russland, durchlebte aber zu Sowjetzeiten die gleichen Verfolgungen wie alle anderen Religionsgemeinschaften und konnte erst mit Beginn der Perestroika zu einer neuen Blüte gelangen. Diese währte jedoch nicht lange, denn an die 2,3 Mio. Russlanddeutsche – die Hauptklientel der Evangelisch-Lutherischen Kirche in Russland und anderen Staaten – verließen das Land bis Ende 2004.

Generell gilt für Katholiken wie Lutheraner, dass die beschriebene Entwicklung die Gemeinden dazu veranlasst, sich mehr und mehr russischen Gläubigen zu öffnen, die in der orthodoxen Kirche keine Heimat finden können oder wollen.

Sekten und Wunderheiler

Anfang der 1990er-Jahre, als die Sowjetunion zu bröckeln begann und sich langsam, aber sicher alles im Chaos aufzulösen schien, erlebten Sekten aller Art ihre Sternstunde in Russland. Das mag nicht verwundern, waren doch auf einmal alle bisherigen Werte infrage gestellt worden und die wirtschaftliche Lage der meisten Menschen bewegte sich am Rande einer Katastrophe. Es entstand ein Vakuum, das insbesondere von Gruppen aus den Vereinigten Staaten sehr aktiv genutzt wurde. Ganze Busladungen amerikanischer „Missionare" konnten da schon mal mitten im Gottesdienst in eine orthodoxe Kirche stürmen und ihre „Bekehrungsarbeit" aufnehmen.

Diese Zeiten sind zum Glück vorbei, aber der **Einfluss verschiedenster Sekten** ist auch heute noch **groß.** Zwischen 800.000 und 1,5 Millionen Russen sollen solch einer Gemeinschaft angehören, vor allem sind es **Jugendliche und ältere Menschen.**

Neben Moon, Scientology und New-Age-Bewegungen werden in Russland auch die Zeugen Jehovas zu den Sekten gezählt. Daneben gibt es allerlei „hausgemachte" Gemeinschaften, es sollen mehrere Hundert sein. International bekannt wurde der Fall einer **Endzeitsekte,** die sich im November 2007 im mittelrussischen Pensa in einer Höhle verschanzte und dort fast ein halbes Jahr lang auf den Weltuntergang wartete. Unter den 35 Menschen waren vier Kinder. Zwei Frauen starben in der Höhle, bevor Polizei und Psychologen die Menschen zur Aufgabe drängen konnten.

Neben Sekten ist Russland ein fruchtbarer Boden für sogenannte **Wunderheiler, Astrologen und Wahrsager aller Art.** Schlagzeilen machte an der Wende der 1980er zu den 1990er-Jahren der Hypnotiseur *Anatoli Kaschpirowski.* Seine Hypnosesitzungen im sowjetischen Fernsehen zogen damals ein Millionenpublikum vor die Mattscheibe. Bis heute ist die Boulevardpresse voll von verschiedenen Angeboten okkulter „Dienstleistungen". Die haben es leicht in einem Land, das vom Aberglauben nur so durchtränkt ist.

Feste und Bräuche, Traditionen und Aberglaube

„Die Russen sind so mürrisch!", ist oft von Leuten zu hören, die den Menschen dieses Landes nur im Alltagsstress auf der Straße begegnen und sich über die manchmal etwas ruppigen Umgangsformen wundern. Hinter der oft finsteren und abweisenden Fassade verbirgt sich aber eine tiefe Herzlichkeit, die z. B. in den vielen Festen zum Ausdruck kommt, die in Russland gefeiert werden.

Gefeiert wird gern und aus jedem sich bietenden Anlass. In Russland gibt es jede Menge offizieller, halboffizieller und religiöser **Feiertage,** zu denen sich private Festanlässe und Berufsfeiertage gesellen. Zum Feiern gehören ganz unbedingt Blumen und Pralinen, ein reichlich gedeckter Tisch, genug Alkohol und viele Verwandte, Freunde und Bekannte im Haus.

Eine russische Besonderheit ist der Usus, auf das Wochenende fallende feste Feiertage mit arbeitsfreien Wochentagen zu kompensieren. Fällt ein Feiertag hingegen auf einen Dienstag oder Donnerstag, verfügt die Regierung meist eine kleine Kalenderreform: Eine Woche vorher oder nachher wird am Samstag gearbeitet – womit das Volk dann in den Genuss von viertägigen Kurzferien kommt. Garantiert sind etwa zehn Tage dauernde staatliche Ferien zu **Neujahr,** dem **höchsten Familienfest** in Russland: Nicht nur der 1. Januar und das orthodoxe Weihnachten am 7. Januar sind arbeitsfrei, sondern seit 2005 auch noch die vier Tage dazwischen. Den Rest besorgen dann die Wochenenden.

Russland ist ein Land, das stark von Traditionen und Bräuchen geprägt ist, die nicht nur auf der orthodoxen Religion basieren. Selbst modernste, mit Superhandys, Navis und drahtlosem Internet versorgte Menschen halten sich im Alltag an althergebrachte Regeln: So geben sie – zur Unglücksabwendung – niemals einem Menschen die Hand über eine Türschwelle hinweg oder sie gucken in den Spiegel, bevor sie die Wohnung verlassen, wenn sie irgendetwas vergessen hatten und zurückkehren mussten. Hier verwischt die Grenze zwischen Brauch und Aberglauben sehr schnell. Letzterer ist in Russland ein **Massenphänomen,** das dem westeuropäischen Besucher zuweilen ein erstauntes Lächeln entlockt – davon mehr im Kapitel „Alltagsphänomen Aberglaube" ab. S. 88).

Drei Stimmen: Wie wir Silvester feiern

028ru-spz

Irina Pankratowa (19), Journalistin:
Im vorigen Jahr feierte ich das neue Jahr auf dem Roten Platz in Moskau. Es war toll, weil dort sehr viele Leute waren. Meine Freunde und ich haben Sekt getrunken und allen Menschen ein frohes neues Jahr gewünscht! Wir haben das größte und schönste Feuerwerk gesehen und das nicht vor dem Fernseher, wie es sonst jedes Jahr üblich ist. Aber wie die Kreml-Glocken schlugen, konnten wir leider nicht hören, weil alle auf dem Platz ihre Sektflaschen öffneten, schrien und es einfach zu laut war. Das merkwürdigste Geschenk meines Lebens habe ich auch im vorigen Jahr bekommen. Mein Freund hat mir ein Paar große Engelsflügel geschenkt. Die liegen jetzt irgendwo in einer Ecke, weil ich die natürlich nicht trage.

020ru-spz

Viktor Turganow (55), Ingenieur:
Ich erinnere mich ganz gut daran, wie ich Neujahr drei Mal bei der Armee feierte. Ich war an der Ostsee bei der Marine. Und man durfte keinen Alkohol trinken. Das wurde sehr streng kontrolliert. Aber wie kann man nicht ein einziges Glas auf das neue Jahr trinken, wenn die ganze Welt am Tisch sitzt und feiert? Deshalb brachten uns die Einwohner der Stadt, wo unser Schiff damals lag, heimlich Wodka. Wir verdünnten ihn mit Limonade und tranken. In diesem Jahr feiere ich Silvester mit meiner großen Familie und meinem Hund. Er bekommt etwas Leckeres vom Tisch.

Viktoria Kustowa (25), Managerin:
Normalerweise feiere ich das neue Jahr mit meinen Eltern zu Hause, aber dieses Mal möchte ich die Tradition brechen und eine Party mit meinen Freunden machen. Wir haben noch nicht entschieden, wo sie stattfindet, aber ich bin sicher, dass es sehr lustig werden wird. Mein Traum wäre es, zu Neujahr nach Paris zu fahren. Ich weiß zwar nicht, was jetzt in Paris los ist, aber es wäre sehr romantisch, irgendwann in diese schöne Stadt zu fahren. Was ich am meisten an Silvester mag, das sind die Geschenke. Ich denke mir immer etwas Besonderes für meine Freunde und Verwandten aus. Ich kaufe zum Beispiel eine Kerze oder backe einen leckeren Kuchen.

028ru-spz

Interviews: Marianne Vakula
(St. Petersburgische Zeitung)

Offizielle russische Feiertage

- 1. Januar (Neujahr)
- 7. Januar (orthodoxe Weihnacht)
- 23. Februar (Tag des Vaterlandsverteidigers)
- 8. März (Frauentag)
- Ostersonntag
- 1. Mai (Tag der Arbeit)
- 9. Mai (Tag des Sieges)
- 12. Juni („Russland-Tag")
- 4. November (Tag der nationalen Einheit)

Die endlos lange Silvesternacht

Unter den offiziellen Feiertagen ist das Neujahrsfest des Russen liebstes Kind. Im Grunde ist die Silvesterfeier ein **Heiligabend-Ersatz.** Die Geburt Christi durfte zu Sowjetzeiten nicht gefeiert werden und damit das Volk trotzdem fröhlich sein konnte, wechselten die gesamten Attribute des Weihnachtsfestes (der Tannenbaum, Väterchen Frost und Schneeflöckchen sowie die vielen Geschenke) hinüber zum Jahreswechsel. Auch heute, da die Kirche wieder völlig legal Weihnachten feiern darf und dies auch tut, bleibt Neujahr das stärker frequentierte Fest.

Ausländer sollten sich zudem nicht dadurch verwirren lassen, dass Russland erst Silvester und dann Weihnachten feiert – das liegt am julianischen Kalender, mit dem die orthodoxe Kirche knapp zwei Wochen hinter der modernen Zeitrechnung herläuft. Deshalb wird das orthodoxe Weihnachtsfest am 7. Januar gefeiert. Und wer dann immer noch nicht genug hat von den feuchtfröhlichen Tagen, begeht zum Schluss noch das „Alte neue Jahr" am 13. Januar, wenn **nach orthodoxem Kalender** das Jahr zu Ende geht.

Wer zu Silvester bei einer russischen Familie eingeladen ist, sollte sich wappnen und ausreichend vorschlafen, denn das Fest beginnt selten vor 23 Uhr. Bis dahin werden die Gerichte zubereitet und der Sekt gekühlt. Auf dem Tisch stehen unbedingt traditionelle Salate wie „Olivier" (Kartoffeln, Wurst, Gurken, Eier, Erbsen mit Mayonnaise versetzt) und „Hering im Pelzmantel" (Hering unter einer dicken Schicht von geriebenen Kartoffeln und Roter Bete, Ei, Zwiebeln und Mayonnaise). Damit aber nicht genug – es gibt sicher noch (mindestens) eine Hauptspeise und auch Nachtisch nebst Tee/Kaffee. Mit dieser soliden Grundlage kann die Nacht dann lang werden. Bevor **das Neue Jahr „empfangen"** wird, muss unbedingt das alte „begleitet" werden. Dafür muss die erste Flasche Sekt herhalten.

Ohne Fernseher ist Silvester in Russland undenkbar. Kurz vor Mitternacht hält der russische Präsident seine traditionelle kurze **Neujahrsansprache,** dann kommt die **berühmte Uhr am Spasskaja-Kremlturm** ins Bild. Das ist das Signal, den Empfangssekt zu entkorken. Dazu gehört einige Übung, denn während der Uhrenmechanismus die zwölf Schläge bis zum Moment X abarbeitet, muss der Sekt auf alle Gläser verteilt sein. Punkt Mitternacht ertönt die **russische Hymne,** alle stoßen an und rufen: „Auf das neue Jahr!"

▷ Am Tag des Sieges ziehen die Kriegsveteranen stolz ihre ordensgeschmückten Uniformjacken an

Sind Kinder im Haus, ist jetzt Zeit für **Väterchen Frost** und seine Gehilfin, das **Schneeflöckchen.** Die bringen nämlich die Geschenke. Für viele Studenten ist das Mimen von Väterchen Frost ein gutes Zubrot, denn Arbeit gibt es in dieser Nacht ohne Ende. Nur Disziplin braucht es, sonst ist der Weihnachtsmann spätestens nach dem fünften Besuch sturzbetrunken – an jeder Station wird er nämlich ordentlich bewirtet.

Während die ältere Generation sich nach Mitternacht eine der vielen Musikshows im Fernsehen anguckt, zieht es die Jüngeren nach draußen. In den meisten Städten werden im Zentrum **Volksfeste** veranstaltet und da wird getanzt und getrunken „bis zur ersten Metro", die in den russischen Millionenstädten am 1. Januar früher als sonst ihre Arbeit aufnimmt. In metrolosen Gegenden des Riesenreiches nimmt das Silvesterpublikum den Bus oder geht zu Fuß nach Hause – spätestens wenn es hell wird, ist die Feier zu Ende.

Sieg, Unabhängigkeit und Einheit

Der zweite zentrale Feiertag nach Neujahr ist im Nationalbewusstsein der 9. Mai, der **Tag des Sieges** der Sowjetunion über Hitlerdeutschland im Jahre 1945. Wieso am 9. Mai und nicht am 8., mag sich mancher fragen. Ganz einfach: Als die Nachricht von der deutschen Kapitulation in Moskau eintraf, war dort wegen der Zeitverschiebung von zwei Stunden Mitternacht schon knapp vorüber.

Der mit extrem schweren zivilen wie militärischen Verlusten errungene Sieg – wohl jede Familie hatte Opfer gebracht – hat sich tief ins kollektive Bewusstsein eingegraben: Die jährliche Militärparade auf dem Roten Platz

in Moskau, Konzerte für Kriegsveteranen und das Niederlegen von Blumen an Denkmälern gehören zu diesem Tag einfach dazu.

Der 1. Mai hat nach dem Ende der Sowjetunion dagegen seinen Glanz deutlich eingebüßt. Ihn nehmen die Russen meist zum Anlass, zum ersten Mal im Jahr auf die Datscha zu fahren, dort das Grundstück auf Vordermann zu bringen und mit der Aussaat zu beginnen.

Offiziellen Feiertagsstatus genießen auch der 23. Februar (neuerdings der **„Tag der Vaterlandsverteidiger"** – einst Gründungsdatum [1918] der Roten Armee) und der 8. März (**„Internationaler Frauentag"**): Faktisch gratulieren und beschenken am 23. Februar zunächst alle russischen Frauen die Männer (denn welcher echte Russe hat nicht gedient?), um dann ihrerseits zwei Wochen später analoge Glückwünsche und Gaben von der Männerwelt zu erhalten.

Es gibt zudem zwei relativ junge Feiertage, mit denen sich die Russen ziemlich schwer tun: Der **„Russland-Tag"** am 12. Juni (anlässlich der Souveränitätserklärung 1990) und der **Tag der Volkseinheit** am 4. November. Auf besonders großes Unverständnis trifft der zweite: Gedacht als Ersatz für den früher am 7. November so bombastisch gefeierten Tag der Oktoberrevolution, soll das von der Staatsduma verordnete Fest an die **Vertreibung der polnischen und litauischen Truppen aus Moskau** erinnern. Nur – das war anno 1612 und was uns das heute sagen soll, hat im ganzen großen Land bis heute kaum jemand wirklich begriffen.

Mathias Rust und der Branchenfeiertag

Wer möchte, findet in Russland jeden Tag einen Anlass zum Feiern, egal ob es ein „roter Tag im Kalender" ist oder nicht. Denn offenbar begeht **jede Berufsgruppe, Behörde und Teilstreitkraft ihren individuellen Branchenfeiertag.** Da gibt es z. B. am 12. April den „Tag der Luft- und Raumfahrt" und am 30. den „Tag der Feuerwehr". Es gibt den Tag des Bauarbeiters, des Radios, des Lehrers, des medizinischen Personals usw. usf.

Jeder Angehörige der gerade betroffenen Berufsgruppe erwartet an diesem Tag bei allen anderen gebührende Hochachtung. Hilfreich sind dann zwei universelle Gratulationsformeln, wenn man bemerkt, dass jemand mental schon in Feierlaune ist: *S nastupajuschtschim!* (wörtlich: „zum Herannahenden") vor dem jeweiligen Datum und *S prasdnikom!* („zum Feiertag") passen zu allen Festtagen, von Neujahr bis hin zum „Tag der Verkehrspolizei". Der ist übrigens am 3. Juli – und wer das weiß, kann sich so möglicherweise einen Strafzettel sparen.

Eines dieser kuriosen Berufsfeste ging, wenn auch höchst ungewollt, in die Geschichte ein. 1987, am 28. Mai, dem **„Tag der Grenztruppen"**, flog der deutsche Hobbyflieger *Mathias Rust* durch die sowjetischen Luftabwehrsysteme und **landete mit einer Cessna auf dem Roten Platz.** Böse Zungen behaupten bis heute, die Grenzer hätten zu stark dem Wodka gefrönt und den kleinen Flieger im Festtagsrausch einfach übersehen.

Unter den inoffiziellen Feiertagen hat der 1. September als „Tag des Wissens" eine Sonderstellung inne. An diesem Tag nehmen alle Schulen und Hochschulen im Land nach den Sommerferien ihre Arbeit wieder auf. Für Erstklässler ist es eine höchst aufregende Angelegenheit – mit Blumen und Geschenken werden sie feierlich in der Aula willkommen geheißen und in ihren neuen Lebensabschnitt eingeführt.

Die Butterwoche: Fröhlich den Winter austreiben

Das russische traditionelle Brauchtum findet sich wohl am stärksten und originellsten im üppigen **Masleniza-Fest** wieder. Auch wenn es heute nicht mehr ganz so aufwendig gefeiert wird, sind in diesem Fest viele herkömmliche Gepflogenheiten erhalten geblieben.

Es hat viel mit **Karneval und Fasching** gemein, wie er in großen Teilen Europas begangen wird. Masleniza hieß schon ein mehrtägiges heidnisches Fest, bei dem die altertümlichen Slawen **das Ende des Winters feierten.** Nach der Übernahme des Christentums fand dieses Fest vor der großen Fastenzeit statt.

Der Begriff *masleniza* wird meist mit „Butterwoche" übersetzt. Sie wird sieben Wochen vor Ostern gefeiert. Im kirchlichen Kalender hieß diese Zeit „Käsewoche", weil man kein Fleisch essen durfte, wohl aber Käse. Eier, Fisch, saure Sahne und Pfannkuchen.

Jeder Tag der Woche hat dabei seine Bezeichnung und seine Traditionen. Früher war die Masleniza ein Synonym für grenzenlose Zügellosigkeit. Es war ein freudiges Fest, bei dem sich die russische Seele, die manchmal keine Maße kennt, richtig austobte. Heute ist das Fest verhaltener in seinen Formen, die Grundprinzipien sind aber die gleichen geblieben.

Die wichtigsten Masleniza-Leckereien waren – und sind – **Blini (Pfannkuchen),** deren runde Form **die Sonne symbolisiert.** Üppigem Essen kommt während der Butterwoche eine besondere Bedeutung zu. Früher fiel die Masleniza mit dem Beginn des neuen Jahres zusammen. Die **Unmäßigkeit im Essen** wurde so begründet, dass ein Überfluss an Nahrung am ersten Tag des neuen Jahres Sättigung während des ganzen Jahres verspricht. Alle aßen also möglichst viel – und **Wodka** wurde dazu ebenfalls im Übermaß konsumiert. Der Engländer *Samuel Collins,* der zu Mitte des 17. Jahrhunderts Arzt am Zarenhof war, erzählte mit Schrecken, dass in Moskau nach diesem Fest viele Menschen starben.

Da die härtesten Fröste im März vorbei sind, gehörten zu den Freuden der Festwoche auch **Freiluftspäße** wie Pferdeschlitten fahren, rodeln, schaukeln – und Faustkämpfe. Ein verbreitetes Vergnügen war auch die spielerische „Eroberung einer Schneeburg". Auch gab es eine ganze Reihe von Bräuchen, um das Verheiraten der jungen Leute zu beschleunigen. Für Russen war die Masleniza deshalb **„die Woche der Liebe",** Ausländer nannten sie jedoch „die Woche der Unzucht".

Der letzte Tag der Butterwoche heißt **„Sonntag der Verzeihung",** an dem jedermann seine Verwandten und Bekannten um Verzeihung bittet. Das bedeutet Buße und Reinigung von den Sünden. An diesem Tag wird zur Verabschiedung der Masleniza eine **Strohpuppe, die den Winter verkörpert,** verbrannt. Dieser Figur schrieb man früher auch Einfluss auf die Fruchtbarkeit der Pflanzen, des Viehs und der Menschen zu. Ihre Asche wurde deshalb auf die Felder verstreut, um der zukünftigen Ernte Kraft zu geben. Ihre Verbrennung symbolisiert zugleich die Austreibung sowie das Ende des Winters und die Beseitigung aller Übel für die Menschen.

Alltagsphänomen Aberglaube

Wer in Deutschland von etwas spricht, von dem er nicht will, dass es ihm zustoße, klopft oft ganz automatisch auf Holz. Und manch einer befürchtet Schlimmes, kreuzt eine schwarze Katze von rechts seinen Weg, und freut sich wie ein Lottogewinner, wenn er einen Schornsteinfeger sieht. Doch der Aberglaube, den die Deutschen noch ab und zu an den Tag legen, ist nichts im Vergleich mit dem kreativen Reichtum der russischen Kultur.

Zwar klopft man auch in Russland gerne auf Holz, doch ist dies nur eine einfache Übung im Vergleich zu vielen anderen Alltagspraktiken, mit denen man in Russland gefährliche, Unglück bringende Klippen umschiffen muss. Das in Deutschland allseits beliebte **Pfeifen** ist in Russland zum Beispiel äußerst verpönt, denn das **führt unwiderruflich zu bitterer Armut.**

Wer als unwissender Gast eine russische Wohnung betritt, sollte aufpassen, dass er seinem Gastgeber nicht schon **über der Türschwelle die Hand reicht** und ihm und seiner Familie damit Unglück beschert. Und der Gastgeberin **eine gerade Anzahl Blumen mitzubringen,** grenzt schon fast an Verfluchung, werden doch Blumen in gerader Anzahl nur auf Beerdigungen gereicht.

Beim Essen wird darauf geachtet, dass **niemand an der Ecke des Tisches Platz nimmt,** es sei denn, er ist schon verheiratet oder man wünscht ihm ein langes Junggesellendasein. **Eine leere Flasche gehört übrigens unter den Tisch,** damit die Getränke im Hause niemals ausgehen. Leeren muss man dagegen eine Wodkaflasche, sie darf nie halbvoll wieder aufs Regal zurück. Reichlicher Wodkaverzehr ist außerdem der beste Garant dafür, dass am Tisch keine **Stille** eintritt – dann wird nämlich, so besagt es die Regel, ein Polizist geboren.

Fällt während eines romantischen Abendessens für Zwei **ein Messer oder ein Löffel herunter,** so kann es mit der Zweisamkeit schnell vorbei sein: Je nach Besteckart kommt dann nämlich eine Frau oder ein Mann zu Besuch. Doch der russische Aberglaube ist gewitzt und weiß Abhilfe: Schlägt man mit dem unteren Ende des entwischten Utensils dreimal auf den Tisch, so kann eine Störung abgewendet werden.

Russlands unsichere Gegenwart ist ebenfalls bereits Gegenstand des Aberglaubens geworden. Nach einer Folge von Katastrophen in den letzten zwei Jahrzehnten ist der **August als Unglücksmonat** verschrien. Und tatsächlich: 1991 gab es einen gescheiterten kommunistischen Putschversuch, der das Ende der Sowjetunion einläutete; 1998 kam es zum Finanz-Crash; ein Jahr später überfielen tschetschenische Guerillas Dagestan, was den Zweiten Tschetschenienkrieg auslöste; 2000 sank das Atom-U-Boot „Kursk" und brannte der Moskauer Fernsehturm, 2004 stürzten zwei Flugzeuge bei einem Terroranschlag ab; 2007 explodierte eine Bombe unter einem Schnellzug; 2008 kam es zum Fünftagekrieg gegen Georgien und 2009 zerstörte ein verheerender Unfall das gigantische sibirische Wasserkraftwerk von Sajano-Schuschenskoje. In einem so abergläubischen Land wie Russland klingt das fast nach Weltuntergang. Also: Kreuze schlagen, auf Holz klopfen, über die Schulter spucken usw. – vielleicht hilft es ja?!

Kunst und Künstler

Kultur wird in Russland groß geschrieben. Das fängt schon beim Sprachgebrauch an. In Deutschland sind die Wörter „kultiviert" oder „gesittet" beinahe archaisch geworden, im Russischen wird das Wort *kulturny* jedoch oft verwendet. Wer damit bezeichnet wird, ist ein „Mensch von Kultur", hat also erst einmal gute Manieren, ist freundlich und zuvorkommend. Ein angenehmer Zeitgenosse also, der um so mehr ersehnt wird, als er im Alltagsleben auf der Straße immer noch zu selten anzutreffen ist. Solch ein „kultivierter Mensch" sollte natürlich auch Interesse am kulturellen Leben zeigen, an dem Russland so reich ist.

Russen lieben Kultur. Als hätten sie nicht schon genug Bestleistungen in Literatur, Kunst, Musik und Film erbracht, haben sie sich mit St. Petersburg eine „Kulturhauptstadt" erschaffen, auf die sie all ihre Sehnsucht nach einem kultivierten und kulturbeflissenen Leben projizieren.

Russische Literatur

Apropos St. Petersburg – wenn es um die russische Literatur geht, verbindet sich gerade mit der „Kulturhauptstadt" deren Höhenflug. Vor der Gründung von St. Petersburg und der damit einhergehenden großen Reform in Richtung Öffnung nach Westen hatte **geistliche Literatur** im Vordergrund gestanden. Die **weltliche russische Literatur** gewann im Laufe des 18. Jahrhunderts an Fahrt und gelangte im Jahrhundert darauf zu ihrer größten Blüte. Lange gegängelt von Zensur und Restriktionen, stellt sich die russische Literatur zu Beginn des 21. Jahrhunderts in einer **bunten und zum Teil schrillen Vielfalt** dar.

Puschkin – unsere Sonne!

„Diejenigen von uns, die Puschkin wirklich kennen, weihen ihm einen Kult von unvergleichlicher Intensität und Reinheit, und in uns verbreitet sich Glanz, wenn die Überfülle seines Lebens unsere Seele heute überschwemmt."
Wladimir Nabokow

Diese Worte sind keine Übertreibung: *Alexander Puschkin* gilt in Russland als **Heiliger** und wird dementsprechend verehrt. Das zeigt sich am deutlichsten bei einer der unzähligen Gedenkveranstaltungen zu seinem Geburts- und Todestag. Wer an einem solchen Tag unbedarft den Hof der letzten Wohnstatt *Puschkins* in St. Petersburg am Moika-Ufer Nr. 12 betritt, meint sich mitten in einer Feierstunde für einen lieben Zeitgenossen zu befinden, der bestimmt gleich selbst aus der Tür tritt, unzählige Blumensträuße entgegennimmt und eine gerührte Dankesrede an die Anwesenden hält.

Dabei ist **„unsere Sonne"** und **„unser Alles",** wie *Puschkin* pathetisch und zugleich rührend in Russland betitelt wird, schon 175 Jahre tot. Gestorben im jungen Alter von 37 Jahren nach einem Duell aus Eifersucht, war er bereits bei seinem Tod ein Mythos und ist es bis heute geblieben. Bei aller (für deutsche Geschmäcker sehr übertriebenen) Vergötterung ist es eine Tatsache, dass mit Puschkins Gedichten, Erzählungen und Dramen **die moderne russische Literatursprache entstand.** Puschkin ist sozusagen der russische Goethe.

Gewissen der Nation

Schriftsteller waren in Russland immer weit mehr als nur Literaturproduzenten: Schon früh galten sie als „Gewissen der Nation" und die Literatur war eine moralische Instanz. In einer von Zensur und geistiger Unfreiheit gebeutelten Gesellschaft lernten die Russen schnell das Lesen zwischen den Zeilen. Zeitkritik und Bestandsaufnahmen über das wahre Befinden der Gesellschaft waren Sache der Schriftsteller. *Nikolai Gogol, Fjodor Dostojewski, Lew Tolstoi, Maxim Gorki* und wie sie alle heißen – sie hielten der russischen Gesellschaft den Spiegel vor, der naturgemäß fast ausschließlich gequälte Grimassen zurückwarf.

Diese im 19. Jahrhundert entstandene Tradition hielt bis zum Ende des 20. Jahrhunderts an. Der politische Bruch der Oktoberrevolution verstärkte sie nur noch, denn das Regime, das unter dem Zaren schon restriktiv genug gewesen war, wurde nun noch härter und unerbittlicher. Hatte en **systemkritischer Schriftsteller** es im alten Russland mit Zensur, Gefängnis und Verbannung zu tun, so drohte ihm unter *Stalin* Berufsverbot, Gulag und/oder das Erschießungskommando. Unter *Breschnew* wandelten sich die Praktiken – die ganz gefährlichen „Verführer" und „Nestbeschmutzer" wurden des Landes verwiesen. Dieses Schicksal ereilte unter anderen *Alexander Solschenizyn* und *Lew Kopelew*.

Die große Bedeutung der russischen Literatur spiegelt sich in **fünf Nobelpreisen** wider. Bezeichnend ist aber wiederum, dass unter den Ausgezeichneten nur ein Vertreter der offiziellen Sowjetliteratur war, nämlich *Michail Scholochow* („Der stille Don", 1956). *Boris Pasternak* konnte den Preis 1958 ebenso wenig entgegennehmen wie *Solschenizyn* 1970. *Iwan Bunin* befand sich 1933 bereits in der Emigration, genauso wie *Joseph Brodsky* 1987.

Das Phänomen „Samisdat"

Ein dunkler Oktoberabend in Leningrad Anfang der 1980er-Jahre. Ich habe eine mysteriöse Verabredung vor dem Wohnheim, wo ich während eines Sprachaufenthalts wohne. Um drei Ecken hat sich ein mir Unbekannter ein Treffen erbeten, die Anweisung lautet: keinem etwas davon erzählen und unbedingt allein kommen. Die Begegnung dauert dann keine drei Minuten – ein junger Mann drückt mir eine Mappe mit einem Manuskript in die Hand und bittet mich, es über die Konsulatspost nach Deutschland zu schicken. Und schon ist er wieder weg ...

Auf diese Art und Weise gelangten zu Sowjetzeiten **verbotene Schriften ins Ausland,** die dort veröffentlicht wurden und dem Autor nicht selten zu Ruhm und Anerkennung verhalfen. So mag *Solschenizyn* seinen „Archipel Gulag" aus dem Land „geschmuggelt" haben oder vor ihm *Boris Pasternak* den „Doktor Schiwago". Diese **regimekritischen Romane** waren in der Sowjetunion nämlich strengstens verboten. Einem breiten Publikum wurden diese Bücher und viele andere mehr erst nach dem Jahr 1985 zugänglich, nachdem *Michail Gorbatschow* mit seiner Glasnostpolitik die

Zensurschranken niedergerissen hatte und ein wahrer Boom an Veröffentlichungen einsetzte.

Eingeweihte kannten die „verpönten" Werke von *Solschenizyn, Michail Bulgakow, Pasternak, Osip Mandelstam* und *Anna Achmatowa* (um nur die Bekanntesten zu nennen) allerdings bereits vor der Perestroika. Dazu verhalf ihnen ein typisch sowjetisches Phänomen: *samisdat,* zu Deutsch **Selbstverlag.** Das funktionierte so: In nächtelanger Kleinarbeit wurde die verbotene Schrift auf der Schreibmaschine mit Pauspapier in mehreren Exemplaren abgetippt. Die Kopien gingen dann von Hand zu Hand, zum Lesen hatte jeder Einzelne meist wiederum nur ein, zwei Nächte, dann musste das Papier – auch aus Sicherheitsgründen – weitergereicht werden. Im Zeitalter von PC, Kopierer, E-Mail und Facebook ist kaum noch vorstellbar, wie mühsam (und dazu noch gefährlich!) diese Prozedur war.

Neue Vielfalt im 21. Jahrhundert
„Heute lebt es sich wieder leichter in unserem Land,
also liest es sich auch wieder leichter."
Jewgeni Lessin

033ru-ra

Das von dem bekannten Moskauer Literaturkritiker angesprochene „leichtere Lesen" bezieht sich nicht nur auf die **weggefallene Zensur.** Die Literatur, die in Russland seit dem Ende der Sowjetunion produziert wird, ist an sich „leichter" geworden. Das fällt schon bei einer profanen Fahrt mit der Metro auf – die Leute haben zum größten Teil leichte Kost vor der Nase, um sich die Zeit unter der Erde auf dem Weg von Punkt A nach Punkt B zu vertreiben. Neben Zeitungen und Zeitschriften jeglicher Couleur gibt es da eine Menge **billiger „Frauenromane"** und **Krimis der seichteren Klasse.**

Zu Sowjetzeiten hatte es stolz geheißen, die Russen seien „das meist lesende Volk der Welt". Gelesen wird heute immer noch sehr viel, aber das Niveau der vom Durchschnittsbürger konsumierten Literatur hat merklich abgenommen. Das liegt auch daran, dass die Schriftsteller „die Rolle des Priesters abgelegt haben", so wie Lessin es formuliert. Sie sind keine Moralapostel mehr, weder im Eigenanspruch noch im Bewusstsein „des Volkes". In Russland wird geschrieben, was das Leben bietet, Tabus gibt es keine mehr. Und **Unterhaltung** steht ganz oben auf der Werteskala.

Ein Beispiel für **moderne Massenliteratur** à la russe ist *Darja Donzowa*. Sie produziert Krimis am laufenden Band, seit 1998 hat sie 47 Bücher veröffentlicht. Ihre Romane nehmen die Welt der „neuen Russen", der reichen Oberschicht, aufs Korn und damit trifft sie genau den Nerv des gesellschaftlichen Befindens.

Jemand wie *Wladimir Sorokin* distanziert sich schnell von solcher „Schundliteratur". Sein Werk und sein Auftreten stehen auf einem ganz anderen Blatt: Er hat sich dem **Konzeptualismus** verschrieben und baut auf oft schockierende Beschreibungen von Gewalt und Obszönitäten. Der mit in- und ausländischen Literaturpreisen überschüttete *Sorokin* gilt dem intellektuellen Publikum als Revolutionär auf der Suche nach neuen literarischen Formen, bei den meisten Russen trifft der skandalumwitterte Autor jedoch auf schieres Unverständnis und Ablehnung. Zusammen mit den großen Prosaikern *Viktor Pelewin* und *Viktor Jerofejew* gilt er als Hauptvertreter der **russischen Postmoderne.**

Doch zurück zum Mainstream: Russland liest sich in den letzten Jahren „dumm und dämlich" an Krimis, als gäbe es etwas nachzuholen nach jahrzehntelangem sowjetischem Verdrängen von Kriminalität und Verbrechen. Absoluter Star dieser Szene ist *Alexandra Marinina,* die mit ihrer **Kommissarin Anastasia Kamenskaja** eine Kultfigur sondergleichen geschaffen hat. Der Klassiker des neuen russischen Kriminalromans ist und bleibt unterdessen *Boris Akunin* – seine im Russland um das Jahr 1900 spielende Reihe über den Sherlock-Holmes-Verschnitt **Erast Fandorin** knüpft an die besten Traditionen der europäischen Kriminalliteratur an.

Die moderne russische Literatur bietet also für jeden Geschmack etwas – von konzeptualen Geisteshöhenflügen bis hin zum niveaulosen Groschenroman.

◁ Hochintellektuelles oder Massenware – in Russland wird gerne und viel gelesen

Wladimir Sorokin im Zitat

„Ich bin in einem totalitären Staat aufgewachsen, in dem Gewalt so etwas war wie der Baustoff der Gesellschaft. Die Gewalt hielt viel zusammen. Die Gewalt des Staates gegenüber dem Einzelnen prägte den Alltag. Ich spürte das seit Kindergartentagen. Das oberste Ziel des Staates war es, das Individuum mittels verschiedener Methoden zu unterdrücken. Die Gewalt an sich interessiert mich als ein einzigartiges Phänomen, als ein Rätsel, denn ich versuche immer zu verstehen, warum Menschen nicht ohne Gewalt auskommen."
(Wladimir Sorokin im Juli 2010 im Büchermagazin „Diwan" auf Bayern 2)

„Im 20. Jahrhundert ist Hitler die einzig wirklich tabuisierte Figur. Über ihn darf man nur sehr vorsichtig scherzen. Tabuzonen ziehen mich an. Es gefällt mir, da einzudringen. Dort ist lebendiges Fleisch, das man essen kann, indem man dieses Tabu zerstört. Solche Zonen sind selten. Die Kultur ist ein kolossaler Bauch, der alles verdaut und in eine Ware verwandelt."
(Wladimir Sorokin 2000 in einem Gespräch mit der „Zeit")

„Der Hammer beschrieb einen Halbkreis und schlug gegen die Brust des Jungen. (...) Der Junge hatte aufgeschrien und verlor das Bewusstsein. (...) Die Hände der Schwestern berührten den Körper des Jungen. „Lass Dein Herz sprechen!" „Lass Dein Herz sprechen!" (...) Da plötzlich zuckten die nackten Beine des Jungen. Die Geschwister erstarrten."
(Aus Sorokins Roman „23.000")

Malerei: Von Ikonen, Wanderkünstlern und Avantgardisten

Wer an russische Kunst denkt, sieht als Erstes riesige „Schinken" der **großen Realisten des 19. Jahrhunderts** vor sich, wie etwa *Alexander Iwanows* Gemälde „Christus erscheint dem Volk" mit seinen sage und schreibe 40 Quadratmetern oder *Ilja Repins* „Sitzung des Staatsrats", das im Russischen Museum in St. Petersburg eine ganze Wand allein belegt. Davor stehen Besuchergruppen in andächtiger Konzentration und lassen sich von einer engagierten Museumsdame in die „Küche" des Malers einweihen. Das Wort „andächtig" steht hier nicht zufällig, denn für die meisten Russen gleicht der Besuch in einer der großen Kunsthallen des Landes bis heute einer Wallfahrt. Weshalb die gängige Bezeichnung **„Kunsttempel"** in Bezug auf Museen wie die St. Petersburger Eremitage oder das Puschkin-Museum in Moskau alles andere als eine Übertreibung ist.

Die russische Kunst war lange sehr **Realismus-lastig,** aber das soll nicht darüber hinwegtäuschen, dass sie jede Menge interessanter Facetten aufzuweisen hat. Alles begann in früher Zeit mit den Heiligenbildern. Im alten Kiew entwickelte sich auf Basis der byzantinischen Tradition eine erste hervorragende **Schule der Ikonenmalerei** heraus. Spätere Zentren waren u. a. Nowgorod, Pskow und Moskau. Weltbekannt ist der Ikonen- und Freskenmaler *Andrej Rubljow,* der im 14./15. Jahrhundert wirkte.

Die russische Kunst emanzipierte sich, ähnlich wie die Literatur, erst im 18. Jahrhundert von der Vorherrschaft der Kirche. Mit den **„Parsunen"** (eine Verballhornung des lateinischen Wortes „persona") begann der vorsichtige Übergang von der religiösen zur weltlichen Malerei – dieser Vorläufer des Porträts kam im 17. Jahrhundert auf. Mit den Reformen *Peters I.* etablierten sich die **Einflüsse der westeuropäischen Malerei** in Russland, die sehr schnell in nationale Formen gegossen wurden.

Das 19. Jahrhundert war bestimmt von eben jenen **Realisten** und ihren „Schinken". Der Geist der Zeit erforderte von den Künstlern **soziales Engagement,** was nichts anderes hieß als Entblößung der gesellschaftlichen Probleme und Entlarvung der Machthaber. Besonders hervorzuheben sind hier die „Wanderkünstler", die mit ihren Bildern durch die Provinz zogen und mit ihren Ausstellungen **Volksaufklärung** betrieben. **Dekadente Strömungen** hatten erst zu Beginn des 20. Jahrhunderts eine Chance,

⌂ St. Petersburg ist voller Inspirationen – und gilt zu Recht auch heute als Russlands „Kulturhauptstadt"

Über die Kunst, von der Kunst zu leben

Das Haus sieht nicht besonders vertrauenserweckend aus und steht zudem zur Hälfte leer, weil es saniert werden soll. Ein enger Hinterhof einer typischen Mietskaserne aus dem Ende der 19. Jahrhunderts. Über eine ausgetretene und von der Zeit schon etwas schief gewordene Treppe gelange ich ins Atelier von Jan Antonyschew. Seit 25 Jahren belegt er hier eine winzige Zweizimmerwohnung, in der er arbeitet und die meiste Zeit auch lebt. Sein Atelier ist vollgestopft mit Bildern, Rahmen, Büchern, Skizzen, Zetteln. An den Wänden hängen zudem afrikanische Masken, Ikonen, Fotos. Kaum ein Stück Wand ist zu sehen - früher hieß so etwas in Russland „Teppichhängung".

Jan Antonyschew ist ein typischer St. Petersburger Künstler der alten Sorte - ein wenig alternativ und anarchistisch veranlagt, nonkonformistisch und mit seinem Beruf verheiratet. Er malt „Häuschen", wie er sagt. Als 16-jährige Bengels gründeten er und sein Freund Dmitri Jegorowski 1981 die Künstlergruppe „Alte Stadt" - es ging ihnen um das mehr und mehr verschwindende alte Leningrad/St. Petersburg. Sie hielten in ihren Öl- und Aquarellbildern Altbauten fest. Wenn man ihren Stil in Kategorien und Ismen fassen will, passt wohl am Besten der Begriff „fantastischer Realismus". Das alte St. Petersburg lebt in den Bildern, hat meist eine verletzte Seele und einen traurigen Blick.

Jan ist ein Urgestein, denn er praktiziert seit 30 Jahren etwas, was es in Russland schon bald 20 Jahre nicht mehr gibt: Er will von seiner Kunst leben und weigert sich, nebenbei einem Broterwerb nachzugehen. In der Sowjetunion gab es den starken Künstlerverband, der ein soziales Rückgrat bildete. Und: In der Sowjetunion waren die Möglichkeiten und dementsprechend die Ansprüche klein, da wurstelte man sich irgendwie durch.

Anfang der 1990er-Jahre setzte dann ein unglaublicher Boom ein - in Westeuropa war seit Gorbatschow plötzlich alles Russische „schick". Jan erzählt: „Ich hatte damals meine erste Ausstellung in Florenz. Es war ein grandioser Erfolg. Die Bilder gingen weg wie warme Semmeln, weil russische Kunst der letzte Schrei im Westen war. Auf einmal hatte ich die Taschen voller Geld. Ich hätte sogar ein Haus in der Campania kaufen können und man bot mir an, mich in Italien niederzulassen."

Doch daraus wurde nichts. „Warum?", frage ich. „Mehr als einen Monat kann ich ohne St. Petersburg nicht leben.", erklärt Jan. „Meine Bilder leben allerdings fast alle im Ausland - die meisten übrigens in Deutschland." Paradox ist das, aber Jan hat sich daran gewöhnt, dass er in Russland fast nichts verkauft. Hier sind Ausstellungen eher ein Anlass, sich zu zeigen, eine Art Werbeaktion: „Jede Galerie hat ihr Künstlerkontingent, das sie immer wieder zeigt. Die Galeristen nehmen 30 bis 40 Prozent Aufschlag,

034rus-b

deshalb läuft es meistens so: Der potenzielle Käufer spricht sich mit dem Künstler ab und holt sich das Bild nach der Ausstellung aus dem Atelier – davon profitieren beide Seiten."

Von der Kunst leben können in Russland heute eigentlich nur wenige, „angesagte" Künstler, der Rest schlägt sich mit Nebenverdiensten durchs Leben. Jan hat mal ein paar Jahre lang Bodyart-Sessions in Nachtklubs gemacht und auf Bestellung malt er für Neureiche „Porträts" ihrer Häuser oder zaubert Malereien auf Wände und Möbel. Das hört sich lukrativ an, aber diese Art von Kunst muss in Russland erst noch entdeckt werden – es kommen zu wenig Aufträge rein. Jan hat aber finanziell etwas in der Hinterhand, mit dem sich viele Maler über Wasser halten – er vermietet seine Wohnung und kommt mit der „Rente", wie er die Mieteinnahmen scherzhaft nennt, so einigermaßen über die Runden.

Jan ist es egal, er hängt nicht am Geld. Für ihn ist die Hauptsache, seine künstlerische Freiheit zu haben und die „Alte Stadt" vor seinem Fenster zu sehen. Florenz und die Campania hin oder her – gegen das bröckelnde St. Petersburg kommen sie dann doch nicht an.

Susanne Brammerloh

⌃ St. Petersburger Original: Jan Antonyschew lebt und malt unbekümmert

aber die stürmische Blüte des „Silbernen Zeitalters", wie diese Periode genannt wurde, war nur von kurzer Dauer. Die Oktoberrevolution setzte ihr ein jähes Ende.

Dafür traten jetzt die **Avantgardisten** in ihre Rechte, deren Experimentierwut ein paar Jahre lang eine einzigartige Ergänzung zur utopistischen kommunistischen Ideologie darstellte. So war *Tatlins* Entwurf zum „Monument der III. Internationale" ein sichtbarer Ausdruck des unbedingten Glaubens an Dynamik und Technik und ungehemmten Fortschritt. *Malewitschs* „Schwarzes Quadrat" wird gemeinhin als **„Ikone der Moderne"** bezeichnet.

Doch auch diese stürmische Phase ging schnell vorüber. Das System mauserte sich zu einem totalitaristischen Regime und befahl den Künsten, sich zurück auf den Boden des Realismus zu begeben, der nun unbedingt „sozialistisch" zu sein hatte. Auf wahnsinnige Dynamik folgte **eiserne Statik.** Wer etwas anderes im Sinne hatte, dem blieb der traditionelle Weg in die Illegalität. Die russische **Underground-Kunst** fristete jahrzehntelang ein tristes Schattendasein, bevor sie ab Mitte der 1980er-Jahre ans Licht kam und jahrelang für Furore auf dem Kunstweltmarkt sorgte.

Architektur: Zwiebeltürme und Wolkenkratzer

Wer von russischer Architektur spricht, hat sofort ein Bild vor Augen – die **Basilius-Kathedrale** auf dem Roten Platz mit ihren vielen bunten Zwiebeltürmen. Wenn etwas russisch ist, dann diese Kirche. Das ist zwar keineswegs nur ein Klischee, aber doch längst nicht alles: Die russische Architektur ist ein sehr weites Feld und hat von der ohne einen einzigen Nagel gefertigten nördlichen **Holzbaukunst** bis zum **modernen Hochhaus aus Beton, Stahl und Glas** einfach alles zu bieten.

035ru-ld

◁ Nicht nur auf der Insel Kishi, auch im Gebiet Archangelsk finden sich uralte Holzkirchen, die ohne Nägel errichtet worden sind

Das Wunder von Kishi

Der Tourist, der mit einem Ausflugsdampfer auf der **Insel Kishi im Onega-See** gelandet ist, kommt aus dem Staunen nicht heraus: Vor ihm erhebt sich das bizarre Gebilde der **hölzernen Christi-Verklärungskirche** mit ihren 22 Zwiebelkuppeln. Jedes kleinste Detail ist aus Holz gehauen und geschnitzt und dabei wurde **nicht ein einziger Nagel** eingeschlagen! Die Kirche auf Kishi ist DAS anerkannte **Meisterwerk der russischen Holzarchitektur,** die aus den Tiefen des Mittelalters hervorging und über Jahrhunderte die Sakral- sowie Zivilarchitektur bestimmte. Ihre charakteristischen Eigenschaften gingen auch dann nicht verloren, als sich schließlich die Steinbauweise durchsetzte. Kiew und dann Nowgorod, auch Wladimir und Pskow vollbrachten in der Kirchenarchitektur eine gekonnte Synthese von romanischen und byzantinischen mit genuin russischen Stilelementen. Heraus kommen dabei einmalige Bauwerke wie die bereits erwähnte bizarre Basilius-Kathedrale oder die monumentale strenge Sophien-Kathedrale im Kreml von Nowgorod.

Der alte Streit: Ost oder West?

Wer denkt, dass sich **westliche architektonische Einflüsse** in Russland erst mit *Peter I.* und der Gründung von St. Petersburg etablierten, liegt schief. Schon im 15. Jahrhundert wehte ein Hauch **Renaissance** durch Moskau, als der Florentiner *Aristoteles Fiovaranti* sich an den **Bau der Uspenski-Kathedrale im Kreml** machte. Er verwob die altrussische Tradition mit westeuropäischer Innovation und wies damit den Weg, auf dem sich die Baukunst in Russland im Grunde genommen bis heute bewegt. Es geht um den alten Streit, was Russland wirklich ist: Asien oder Europa, eigenständig oder abhängig, selbstgenügsam oder auf Hilfe von außen angewiesen. Angesichts der Globalisierung scheint die alte, leidige Diskussion ein **Anachronismus** zu sein. Nichtsdestotrotz wird sie immer noch mit Leidenschaft geführt, auch und gerade in der Architektur.

Das 1703 gestartete „Projekt St. Petersburg" ist ein Paradebeispiel für die **westliche Hegemonie:** *Peter I.* und seine Nachfolger holten die besten Architekten ihrer Zeit aus Deutschland, Italien und Frankreich und die zauberten ein wahres Feuerwerk an Barock und Klassizismus in den „öden Norden". *Rastrelli, Rossi, Montferrand, von Klenze* und wie sie alle heißen hinterließen tiefe Spuren in der russischen Architekturgeschichte und mit St. Petersburg eine Stadt, die bis heute so wenig russisch wie nur möglich aussieht.

Aber Russland wäre nicht Russland, hätte es sich nicht „gewehrt" und der ausländischen Omnipotenz Widerstand geleistet. Ab Mitte des 19. Jahrhunderts setzte sich in der Architektur erst ein historisierender

(**Eklektik**) und daraufhin gar ein **„neorussischer"**, an den alten mittelalterlichen Traditionen orientierter Stil durch, der natürlich auch Ausdruck der damaligen konservativen, „slawophilen" Staatsideologie war.

Auch der **Jugendstil**, eigentlich ein Import aus Westeuropa, wurde russischen Gepflogenheiten angepasst. Besonders in Moskau und St. Petersburg, aber auch in anderen großen russischen Städten sind Bauten mit den charakteristischen fließenden, ornamentalen Formen anzutreffen. Ein Prachtwerk des sogenannten „nordischen Jugendstils" ist der Witebsker Bahnhof in St. Petersburg. In Moskau lohnt ein Besuch in der ehemaligen Rjabuschinski-Villa, dem heutigen Gorki-Museum mit seinem extraordinären Interieur.

Eigengewächse: Konstruktivismus und „Zuckerbäckerstil"

Die russische Avantgarde brachte schließlich einen ganz **eigenen revolutionären Stil** hervor – den Konstruktivismus, der im Westen in der fast parallel verlaufenden Entwicklung der Bauhaus-Bewegung seinen Ausdruck fand. Er spiegelte den großen gesellschaftlichen Umbruch, der sich nach dem Jahr 1917 im Land vollzog, und die **Suche nach neuen rationalen Formen** wider. In der Architektur taten sich unter anderen *Tatlin* und *El Lissitsky* hervor, wenn auch vor allem auf theoretischer (und dabei extrem utopischer) Ebene. Baumeister wie *Melnikow* und *Ginzburg* verzichteten auf jedwede Verzierungen und stellten die **reine Funktionalität der Gebäude** in den Vordergrund. Im Geist der Zeit entstanden auf diese Weise ganze Arbeitersiedlungen mit zwar schlichten, aber doch formvollendeten Bauten. Auch westeuropäische Größen des neuen Stils, wie *Gropius, Mies van der Rohe* und *Le Corbusier,* konnten in der Sowjetunion bauen.

Die kühnen Experimente der Avantgardisten auf allen Ebenen der Kultur (Literatur, Kunst, Musik, Architektur) endeten zu Beginn der 1930er-Jahre und gingen über in den von oben verordneten sogenannten **„sozialistischen Realismus".** In der Baukunst führte diese Entwicklung in den **sozialistischen Klassizismus,** eine Rückbesinnung auf klassische Formen gepaart mit kommunistischem Utopismus und Sowjet-Totalitarismus stalinistischer Prägung. Im Zuge der Entstalinisierung kam später die verächtliche Bezeichnung **Zuckerbäckerstil** auf – wegen der vielen, oft bizarr anmutenden Schmuckelemente dieser Bauten. Besonders Moskau bekam die protzige Monumentalarchitektur zu spüren: Mit den **„sieben Schwestern" genannten Stalin-Hochhäusern** rund um die Innenstadt (darunter die Universität und das Außenministerium) besitzt die russische Hauptstadt die prägnantesten Beispiele für diese Größenwahnarchitektur. Der Stil, in dem sich der Anspruch der Kommunisten auf die Weltherrschaft spiegelte, schwappte nach dem Zweiten Weltkrieg naturgemäß in die neuen sozialistischen Staaten über. In Warschau ist der Zuckerbäckerstil-Kulturpalast eine Sehenswürdigkei und; in Berlin erinnert die Monumentalbebauung der Karl-Marx-Allee bis heute eindrucksvoll an das gescheiterte Sowjetexperiment.

Chruschtschow und „die Platte"

Es wurden aber nicht nur repräsentative Großbauten errichtet – der sozialistische Klassizismus brachte auch solide Wohnhäuser hervor. Bis heute sind die „Stalinhäuser", wie sie in Russland heißen, Musterbeispiele für Haltbarkeit und einigermaßen komfortables Wohnen und auf dem Immobilienmarkt eines der teuersten „Segmente". Was man von den Bauten der folgenden Epoche nun leider gar nicht behaupten kann ...

Unter *Stalins* Nachfolger *Chruschtschow* vollzog sich der endgültige **Übergang zur Fertigbauweise.** Das hatte mehrere Gründe: Das Bauen sollte ökonomischer werden und die Menschen sollten endlich einigermaßen gut leben, wofür sie aus den Baracken der Nachkriegszeit und den berüchtigten „Kommunalwohnungen" heraus sollten, in denen sich mehrere Familien Badezimmer und Küche teilen mussten. Der Ausweg war der **billige und schnelle Plattenbau** – in der Sowjetunion wurden in den 1960er-Jahre massenweise (meist) fünfstöckige Wohnblöcke hochgezogen, die im klugen und immer treffsicheren Volksmund den Namen **„Chruschtschowka"** bekamen. Eng war es in diesen Häusern, meist waren es nur Zweizimmerwohnungen, 20 in einem Aufgang, vier auf jeder Etage. Aber es waren Einzelwohnungen, ein himmlischer Luxus für die Menschen damals.

Chruschtschow sah die Sache natürlich von der ideologischen Warte. Er gab die Losung aus, bis 1980 sollte jede sowjetische Familie in einer eigenen Wohnung den Anbruch des Kommunismus begrüßen. Daraus wurde bekanntlich nichts. Das notorische Wohnungsproblem verlangte derweil nach radikaleren Lösungen und so schlug Mitte der 1960er-Jahre (bereits unter *Breschnew*) die große Stunde der „Platte" – **riesige neun- bis sechzehnstöckige Neubauviertel** wurden aus dem Boden gestampft, wie ein Ring umlagern sie alle russischen Städte. Im Gegensatz zu den Stalinhäusern und der alten vorrevolutionären Bebauung sind sie inzwischen längst schon baufällig. Unangenehme Begleiter der „Platte" sind außerdem die **pappdünnen Wände,** durch die jeder Rülpser aus der Nachbarwohnung zu hören ist, und die **unverschämt kleinen Küchen,** in denen sich zwei Leute nicht aus dem Weg gehen können. Aber das ist immer noch hundert Mal besser als das Leben in einer *kommunalka* ... (s. a. Kapitel „Wohnen", „Der Alltag").

Wie weit soll Denkmalschutz gehen?

Der „wilde" Kapitalismus hat in Russland seit Beginn der 1990er-Jahre vielen historischen Bauten den Garaus gemacht. Was in den vernachlässigten Innenstädten jahrzehntelang an alter Bausubstanz vor sich hingegammelt hatte, musste den Boten der neuen Zeiten Platz machen – plötzlich gab es einen ungeheuren Bedarf an „Business Centern" aus Glas, Stahl und Beton. Für Moskau, das schon immer bekannt war für seine Bauwut und den leichtfertigen Umgang mit dem historischen Erbe, legt die Denkmalschutzgruppe „Archnadsor" erschreckende Zahlen vor: 70 Prozent der alten Bebauung der russischen Hauptstadt sind bereits vernichtet. Im 20. Jahrhundert wurden etwa 300 Denkmäler und 3000 historische Gebäude abgerissen. Allein zwischen 1990 und 2006 verlor Moskau ca. 680 Architekturdenkmäler. Das „Rote Buch Moskau – 2009" verzeichnet den Verlust von 250 alten Bauten – entweder wurden sie abgerissen oder sie fielen wegen Baufälligkeit zusammen. Die Botschaft, dass es so nicht weitergeht, ist inzwischen im Moskauer Rathaus angekommen, weil immer mehr Denkmalschützer auf die Straße gehen und sich für den Erhalt der alten Bauten aus dem 17. bis 19. Jh. stark machen. In Moskau scheint endlich die Einsicht zu reifen, dass die ungezügelte Bauwut der Stadt nicht guttut.

Ein ganz extremes Beispiel für den Konflikt zwischen Alt und Neu lieferte allerdings St. Petersburg, die Stadt, die traditionell penibel darauf achtet, dass ihr das historische Erbe nicht verloren geht. Einen 403 Meter langen Wolkenkratzer wollte der omnipotente Monopolist Gazprom den St. Petersburgern direkt neben die Innenstadt setzen. Die UNESCO war schon bereit, St. Petersburg mit seinem einzigartig kompakten und intakten historischen Zentrum von der Weltkulturerbe-Liste zu streichen. Die Wellen schlugen hoch, Denkmalschützer gingen auf die Straße und klagten vor Gericht, zogen sogar bis vor den Europäischen Gerichtshof für Menschenrechte in Straßburg. Und – oh Wunder! – die Stadt machte Ende 2010 auf einen Fingerzeig des damaligen Präsidenten Medwedew hin einen Rückzieher und zog die Baugenehmigung zurück. Gazprom baut jetzt weiter draußen, wo der Turm keine Schatten auf das weltweit einzigartige Barock- und Klassizismus-Ensemble mit seiner horizontalen Skyline werfen kann. 2018 soll er fertig sein.

Am „Gazprom-Turm" wurde aber auch ein Problem deutlich, das engagierte Bürger in Russland umtreibt: Wie viel Denkmalschutz verträgt eine Stadt, wenn sie nicht als Museum unter freiem Himmel verstauben, sondern sich als moderne Metropole behaupten will? Was ist schützenswert, was kann/muss neuen Architekturströmungen weichen? Eine Diskussion mit Zündstoff, die Russland sicher auf Jahrzehnte hinaus erhalten bleiben wird.

Immer höher und höher und höher …

Seit der **Kapitalismus** in Russland das Sagen hat, bewegt sich auch Einiges im Bauwesen. Um beim Wohnungsbau zu bleiben: In den Schlafstädten wird inzwischen qualitätsmäßig besser gebaut. Plattenbauten sind auf dem Rückzug, der **Ziegelstein** ist wieder in Amt und Würden. Die Wohnungen sind größer und besser geschnitten. Und für Kunden mit dickem Geldbeutel gibt es auch individuelle Planungen. Der Beruf des Architekten hat heute wieder etwas mit **Inspiration und schöpferischer Freiheit** zu tun, die zu Sowjetzeiten (zumindest im Wohnungsbau) völlig verkümmert waren.

Eine interessante Entwicklung stellt die beginnende **Stadtflucht** dar. Wer das nötige Kleingeld hat, baut sich ein Haus in einem Vorort der großen Städte. Dort entstehen ganze Siedlungen, die in Anlage und Funktion westeuropäischen Vorstädten immer näher kommen. Weil heutzutage sowieso (fast) jeder motorisiert ist, spielen die Entfernungen zum Arbeitsplatz und zu Kino/Theater/Flaniermeile keine so große Rolle mehr.

Ein Zeichen der neuen Zeiten ist auch der sprunghafte **Anstieg von Hochbauten.** Besonders in Moskau schossen in den letzten Jahren massenweise **Wolkenkratzer** aus dem Boden – Bürotürme, Geschäftszentren und auch Wohnhäuser. Sie wurden zum Symbol des sich stürmisch entwickelnden Kapitalismus in Russland. Die Krise vom Jahr 2008 hat aber nicht nur ökonomisch Einhalt geboten, sondern auch dazu beigetragen, die Strategien zu hinterfragen und zu überdenken. Russland steht somit möglicherweise vor einer **Renaissance des Denkmalschutzes.**

Musik: große Traditionen und freche Neuerungen

Russland ist ein Land der Musik. Es möchte scheinen, jeder Bürger dieses Landes komme schon mit Musik in den Adern auf die Welt. Wenn sich Verwandte oder Freunde zu einem Fest versammeln, wird nicht selten gesungen. Bei den älteren Semestern sind das meist Volkslieder, bei den Jüngeren kann zum Beispiel guter Rock von *Viktor Zoi* und *DDT* zum Vortrag kommen. **Singen ist einfach ein Grundbedürfnis.** Kein Wunder also, dass auch Leute ohne besondere Sangesausbildung schöne, klare Stimmen haben, mit denen sie ihre Zuhörer in Begeisterung versetzen.

Der Russlandneuling und Kulturbeflissene ist erst einmal versucht, Russlands Musik mit **Ballett, Oper und Balalaika-Ensembles** gleichzusetzen. Für den Anfang und die Annäherung mag das vielleicht stimmen, ist aber mindestens nur die halbe Wahrheit. An *Peter Tschaikowski* mit seinem „Nussknacker", dem „Schwanensee" und seiner „Pathetischen 6. Sinfonie" kommt man nicht vorbei, ebenso wenig wie an *Modest Mussorgski* mit den Volksbühnenepen „Boris Godunow" und der „Chowanstschi-

na". Prachtvolle Opern- und Ballettaufführungen im Bolschoi-Theater in Moskau und im Mariinski-Theater in St. Petersburg vermitteln den ganzen **Reichtum der russischen klassischen Musikkultur** und sind ein Kunsterlebnis par excellence.

Wer ein bisschen tiefer gräbt, entdeckt jedoch auch ein Phänomen, das Russland wohl nicht weniger, wenn auch ganz anders geprägt hat: die **Rockmusik.** Die Zeiten, als Rocker heimlich, still und leise hinter den Bühnen von Kulturpalästen vor ausgewähltem Publikum auftreten mussten, um dem KGB zu entgehen, sind Gott sei Dank längst Vergangenheit. Heute füllen zu Klassikern gewordene Bands wie *Aquarium, DDT, Alisa* und *Leningrad* ganze Hallen. Dauerkult sind auch *Viktor Zoi* und seine Gruppe *Kino* – deren vor 25 Jahren als junger Mann bei einem Autounfall ums Leben gekommener Bandleader wird von jeder neuen Generation russischer Jugendlicher wie ein Heiliger verehrt.

Einen hohen Stellenwert in der russischen Musikszene haben **Liedermacher.** Hier heißt die Kultfigur *Wladimir Wyssotzki,* der mit seiner kratzigen, rauchigen Stimme und frischen, frechen Texten aus dem sowjetischen Alltagsleben die Stimme einer ganzen Generation war. Obwohl auch er seit fast dreieinhalb Jahrzehnten nicht mehr lebt, ist seine Musik so lebendig wie eh und je. Jeder Russe zitiert *Wyssotzki* am Meter aus dem Gedächtnis, auch wenn man ihn um vier Uhr in der Frühe aus dem Schlaf holt.

⌃ „Opa nowy god" – eine von vielen jungen russischen Bands

Bühne: von Verschmelzung zu Verfremdung

„Das Theater fängt an der Garderobe an!"
Russische Redewendung

Ein Theaterbesuch ist in Russland bis heute ein großes Ereignis. Da wird sich herausgeputzt, als ginge es zu einem Staatsbesuch. Die großen berühmten Häuser, die Russland zu bieten hat, scheinen diese Gründlichkeit bei Garderobe und Auftreten förmlich herauszufordern, ähneln sie doch oft wahren Palästen. Das gilt nicht nur für die großen Opern- und Ballettbühnen wie das **Bolschoi in Moskau** und das **Mariinski in St. Petersburg** mit ihren klassischen mehrrängigen, mit Golddekor überladenen Sälen. Auch die **Dramentheater** strahlen in ihrer Mehrzahl ein festliches und feierliches Flair aus.

Das russische Theater hat eine lange Tradition – eben wie alles auf dem weiten Gebiet der Kultur. Noch bevor *Zar Peter I.* sein Land mit westlichen Reformen umkrempelte, gab es in Moskau bei Hofe bereits eine Bühne, die zwar nicht lange existierte, aber dem damaligen Adel das Vorbild dazu lieferte, eigene Leibeigenentruppen aufzustellen und zu unterhalten. Zudem kamen seit dem 17. Jahrhundert **italienische, französische und deutsche Schauspielkollektive** nach Russland, die dem Theater Marke Eigenbau Russland kräftige Entwicklungsimpulse verliehen. Gespielt wurden zunächst meist Komödien, Mysterien und Musikstücke. Das ernste Genre kam etwa ab Mitte des 18. Jahrhunderts in Fahrt, nachdem 1756 die **Kaiserlichen Theater** gegründet worden waren. Drama und Musiktheater liefen lange parallel, erst im 19. Jahrhundert erreichte das **klassische Sprechtheater** seine Eigenständigkeit. Neben westeuropäischen Stücken, die stets in sehr großer Zahl gespielt wurden, entwickelte sich nun auch die russische Dramenkunst.

Die russischen Bühnen – allen voran das **Moskauer Maly Teatr** (Kleines Theater) und das **St. Petersburger Alexandra-Theater** – inszenierten Stücke von *Puschkin, Lermontow* und *Gogol* neben Werken von *Shakespeare* und *Molière*. Mit *Nikolai Ostrowskis* sozialkritischen Dramen hielt die für jene Zeit typische politisierende und polarisierende Ausrichtung Einzug.

Bahnbrechend wurde die russische Bühnenkunst erstmals gegen Ende des Zarenreichs und ein zweites Mal kurz danach. **Konstantin Stanislawski,** Mitbegründer des berühmten **Moskauer Künstlertheaters (MChAT),** entwickelte ein **eigenes System der Schauspielerausbildung,** das bis heute Gültigkeit besitzt. Der Akteur soll sich in seine Rolle hineinfühlen, mit ihr verschmelzen; die Aufführung soll möglichst naturgetreu sein. Seine Theorie von der „vierten Wand" im Theater besagt, dass der Schauspieler

Von Russendisco bis Krawallgitarre: russische Rockbands

Anfang der 1990er-Jahre ging ein Raunen durch Berlin und den deutschen Westen. Plötzlich waren die Russen da – aber in einer ganz anderen Mission als immer befürchtet. Sie wollten einfach nur Spaß und nebenher die Partyszene reformieren. Die osteuropäische Volksmusik erfuhr ein turbulentes Upgrade und gerade Berlin war ein dankbares Pflaster. Wer ein Instrument spielte, verdingte sich als Straßenmusiker. So mancher der Auswanderer sah diese Möglichkeit als Zubrot zum staatlichen „Taschengeld". Die jungen Wilden nutzten ihre Chance und eroberten die Klubs. Balkan-Beats waren angesagt und die Russen mittendrin.

Doch zunächst eine kleine Zeitreise – zurück in die Zeiten der Sowjetunion. Dort gab es Rockmusik, auch wenn es sie gar nicht geben durfte. Sowjetische Rockmusiker unterwanderten das Kulturmonopol des Staates, hielten sich aber eher für Künstler und Intellektuelle. In der Tat war auch die Rockmusik der Sowjetunion mehr auf das Literarische nivelliert, denn auf den „Urschrei" der mit ihrer Musik rebellierenden Jugend im Westen. Erst mit Beginn der 1980er-Jahre schien Rockmusik vermehrt Gehör zu finden. Und zwar gleich so viel, dass der Staat vorsichtshalber einschritt. Denn Bands wie Aquarium, DDT oder Kino traten nicht nur wegen des Unterhaltungswertes ihrer Musik an: Es rumorte im Volk.

Erst in den Zeiten von Glasnost erfuhr das Genre dann die ihm gebührende Wertschätzung. Alben wurden veröffentlicht und erreichten stellenweise innerhalb Stunden rekordverdächtige Verkaufszahlen. Da wurde man auch in Deutschland auf das Phänomen aufmerksam, logischerweise zuerst in der DDR. Dort kannte man durch den Jugendsender DT-64 immerhin das eine oder andere „Gesangs- und Instrumentalensemble", wie Bands herrlich umständlich bezeichnet wurden. Dann kam schlagartig die Wende – und plötzlich war allerorts „Russendisco" angesagt – bis in die tiefste Provinz.

Das Rezept war relativ einfach: Man nehme je eine Prise „russische Seele", jüdischen Klezmer, Gypsie-Punk und Balalaika-Polka und mixe es kräftig durch. Anschließend gibt man den Teig auf einen Turntable, lässt die Sau raus und gibt dem Gast einen Wodka. Und wenn der Laden kocht, gießt man Bier hinterher. Der Ex-Russe Wladimir Kaminer – eigentlich ist er Schriftsteller und Kolumnist – traf auf den ukrainischen Bassisten Juri Gurshy und die beiden stellten aus ihrer Plattensammlung eine Party auf die Beine, um Berlin die russische Musik auf die Ohren zu geben: Das Menü war serviert. Viele russische Musiker stellten sich als Beiköche. Diese Abende wurden zum idealen Sprungbrett für russische Bands aus dem „Heimat-

land Berlin", wie sie die Gegend um den Prenzlauer Berg inzwischen nannten. Kaminer und Gurshy präsentierten die Kollegen auf einer Reihe von
CDs, dem „Russendisco-Mix".

Dem nicht genug: Inzwischen geben viele russische Bands Auftritte in hie-
sigen Locations. Sie bieten rotzfreche Tanzmusik auf sehr hohem Niveau -
anarchisch, ekstatisch und einfach ehrlich. Und immer wieder mogelt sich
die Tradition dazwischen. Lebendige Musik aus den Klubs und Kellern Moskaus und, noch viel mehr, St. Petersburgs, die den Zeitgeist widerspiegelt:
Hier ist Aufbruch. Tequilla Jazz und Markscheider Kunst, dazu Frauenpower aus Piter von Iva Nova. Man hört Ganovenjazz von La Minor, aber
auch schlichten Pop von Dwa Samoljota oder Pep-See.

Zu empfehlen ist auch ein Ausflug in die neurussische Avantgarde sowie
zu russischem Crossover und Core. Uma2rman wagt beim Soundtrack zum
berühmtesten russischen Blockbuster „Wächter der Nacht" die Grätsche
von gediegener Cocktailmusik bis hin zu den Krawallgitarren. Spitfire hingegen setzen mehr auf Tanzmusik. Das beweist auch das Projekt „Ska-Jazz-
Review" als musikalisch intellektuelle Erweiterung der Band.

Und noch ein Tipp - obwohl schon 1983 in Leningrad gegründet: Die
extravagante, psychedelische Jazzrockband von Leonid Fjodorow (Gitarre,
Gesang) und Oleg Garkuscha (Gesang, Tanz) heißt AukTYon und tingelt
inzwischen mit neuen Partnern auch in ganz anderen Gefilden - nämlich
durch die USA.

Mittlerweile lösen sich auch immer mehr russische Künstler und deren
Combos von dem ewigen Klischee über russische Musik, wie zum Beispiel
Anna Gerasimova, die sich auf der Bühne „Umka" nennt und die westame-
rikanische Hippieszene für sich entdeckt hat. Andere machen ihren Krem-
pel gleich ganz unter sich aus. Vladiwoodstock aus Nürnberg spielt bespiels-
weise fränkische Partypolka. Hört sich genauso „russisch" an ...

Sicher wurden jetzt viele, die es auch verdient hätten, schlichtweg übergan-
gen. Also weiter sich umschauen, anhören - es gibt Überraschungen zu entdecken ...

Michael Barth, Nürnberg

die Anwesenheit des Zuschauers völlig zu vergessen und in seiner Rolle aufzugehen hat. Exemplarisch verdeutlicht wurde das „Stanislawski-System" 1898 in der berühmten MChAT-Inszenierung von *Anton Tschechows* „Möwe".

Ausgerechnet *Stanislawskis* Schüler *Wsewolod Meyerhold* attackierte die Theorie der Verschmelzung und stellte ihr das entgegen, was *Berthold Brecht* später zu seinem Grundsatz der **Verfremdung** ausbaute. Das Theater sollte NICHT die Illusion von Realität und Identität aufbauen, sondern im Gegenteil die Distanz betonen. Der Avantgardist *Meyerhold* war eben ein typisches Kind seiner Zeit, als Russland im großen Umbruch lag und auf allen Gebieten des Lebens endlos experimentierte.

Mit zunehmender Härte des Staatssystems kamen auch im Bühnenleben alle Experimente zum Erliegen. Erst in der Tauwetterzeit der 1960er-Jahre gab es ein erneutes Erwachen, aus dem u. a. das berühmte **Moskauer Theater an der Taganka** hervorging – ein Hort für künstlerische Freiheit. Heute sind Experimenten und Neuerungen keine Grenzen mehr gesetzt, doch nun spielt der Kommerz die erste Geige, was zu einer deutlichen Verflachung des Niveaus auf Russlands Bühnen geführt hat. **Sex'n' Crime** steht ganz oben auf dem Spielplan. Das gefällt nicht allen, am wenigsten dem Teil des Publikums, der aus Gewohnheit und als kleine Flucht aus der oft wenig erbaulichen Realität lieber die Häuser besucht, in denen das Theater eben immer noch an der Garderobe anfängt.

Film: von Kultkino und Filmschmieden

„Die wichtigste der Künste ist für uns das Kino!"
Wladimir Lenin (Februar 1922)

Dieser Spruch ist weltberühmt und spiegelt ziemlich genau wider, welchen Stellenwert die Filmerei in diesem Land schon immer hatte. Und das nicht nur in ideologischer Hinsicht – **Kino ist Kult in Russland**, die Leidenschaft dafür zieht sich durch absolut alle Bevölkerungsschichten und Altersgruppen. Jeder Russe kann aus dem Stand Hunderte Zitate aus alten Filmen anbringen. Aber „Zitate" ist eigentlich das falsche Wort: Es sind längst **populäre Redensarten** geworden, die ihren festen Platz in der russischen Alltagskultur haben. Wenn z. B. jemand ausdrücken will, er sei völlig unerwartet in eine dumme Situation geraten, sagt er**: „Hingefallen, aufgewacht, Gips!"**

Seltsam, oder? Ein Fremder fragt sich, was das soll; ein Einheimischer weiß ohne nachzudenken sofort, dass hier ein Held aus der Sowjetkomödie „Die Brillanthand" zu Worte kommt. Diesen Film und Dutzende

037no-ld

andere kennt jedes Kind auswendig. Noch ein Beispiel: DER Kultfilm seit Jahrzehnten ist der Zwölfteiler **„17 Augenblicke des Frühlings".** Er erzählt die Geschichte von SS-Standartenführer *Max Otto von Stierlitz,* der in Wirklichkeit der sowjetische Spion *Maxim Issajew* ist. Kurz vor Kriegsende soll er im Auftrag Moskaus den Abschluss eines Separatfriedens zwischen Hitlerdeutschland und den Westmächten vereiteln. Diese 1973 gedrehte Fernsehserie ist nicht nur eine Goldgrube für Zitate – er brachte auch eine wahre Flut von Anekdoten hervor, eine ganz eigene Kategorie an Witzen, die eigentlich immer leicht ins Surreale abgleiten und damit die pathetisch präsentierte Risikofreude und Souveränität des Filmspions persiflieren.

Ein Beispiel: „Stierlitz wollte sich mit seinem Verbindungsmann in einer Bar treffen. Er kommt in die Bar und sagt: „100 Gramm Wodka!" „Es gibt seit zwei Tagen keinen Wodka mehr", sagt der Kellner. „Dann ein Glas Kognak!" „Seit gestern ist aller Kognak ausgetrunken." „Dann Bier vielleicht?" „Das wurde heute Morgen alle." Ok, dann ist der Verbindungsmann schon hier, dachte Stierlitz."

⌂ Dreharbeiten zur populären Krimiserie
„Straße der zerschlagenen Laternen" in St. Petersburg

Aber Spaß beiseite! Das Kino ist natürlich auch eine ernste Materie und große Kunst obendrein. Wer kennt ihn nicht, den **„Panzerkreuzer Potemkin"** von **Sergej Eisenstein?** Und die monumentale Szene der Erstürmung des Winterpalastes in Petrograd in *Eisensteins* Film „Oktober" suggerierte lange Zeit, es sei tatsächlich so zugegangen im fernen Revolutionsjahr 1917. Dabei drangen die Erstürmer in Wahrheit über eine Hintertreppe ein und überraschten die letzten Mitglieder der provisorischen Regierung im ehemaligen Weißen Speisezimmer der *Romanows*.

Ganz großes Kino sind die eindringlichen, bis an die Schmerzgrenze subjektiven, poetischen Werke von *Andrej Tarkowski*. „Stalker", „Solaris" „Nostalgie" und „Das Opfer" (um nur wenige Filme zu nennen) – kein Massenkino, sondern cineastische Kunst der allerhöchsten Klasse.

Die heutige russische Filmszene wird beherrscht von **Thrillern und Gewaltfilmen,** die sich nicht sonderlich von ihren westlichen Vorbildern unterscheiden. Das große russische Kino ist aber nicht gestorben, es fristet nur eine (vorübergehende?) Existenz am Rande der lauten und grellen Massenproduktion.

Mosfilm: hinter den Kulissen der größten Filmschmiede Russlands

Auf den Sperlingsbergen im Süden Moskaus steht die größte Filmfabrik des ehemaligen Ostblocks. Nach Jahren des Stillstands ist Mosfilm heute wieder konkurrenzfähig und lockt Produzenten, aber auch Touristen.

Die Autogrammjäger warten schon. Mit Stiften und Notizblöcken in den Händen lauern sie darauf, dass ein Filmstar oder ein Seriensternchen um die Ecke biegt und seine Unterschrift auf die entgegengestreckten Blöcke kritzelt. Doch an diesem Donnerstagnachmittag ist nicht viel los. Und so wartet die Meute auf Kasimir Dmitrijewitsch, einen kleinen untersetzten Mann mit schwarzem Schnurrbart. Er wird sie auf das 13.000 Quadratmeter große Studioareal führen. Dort wird er ihnen den Kostümfundus und den Fuhrpark zeigen und sie über das Filmset vorbei an den Häuserattrappen des vorrevolutionären Moskau lotsen. Es gibt viel zu bestaunen in Mosfilmstadt – mit etwas Glück durchaus auch Filmsternchen.

Die Geschichte, die Exkursionsleiter Kasimir Dmitrijewitsch über den größten Filmkonzern Russlands erzählt, beginnt im Jahr 1924, als die erste Mosfilmproduktion „Mit den Flügeln nach oben" über die Kinoleinwände flimmerte. Drei Jahre später wird auf den Sperlingsbergen im Süden Moskaus eine komplette Kinostadt errichtet, die alle Produktionsstufen vom

Denkweisen und Verhaltensformen

Zufall oder nicht? Russe oder Russin zu sein ist keine ethnische Zugehörigkeit, sondern eine Eigenschaft. Zumindest unter Russen und rein grammatikalisch betrachtet ist das so, denn im Russischen ist dieses Substantv (**„russki/russkaja"**) ein Adjektiv – im Gegensatz zu den Bezeichnungen für Angehörige anderer Nationalitäten. Da stellt sich die Frage, worin nun die **„russische Eigenschaft"** eines Menschen oder dieses Volkes besteht. Eine Antwort darauf ist nicht einfach, zumindest wenn man vermeiden will, in Klischees abzurutschen.

Auf der Suche nach der „russischen Seele"

Die **russische Weite** und die **russische Seele** sind zwei gern benutzte Stempel, wenn es darum geht, zu begründen, warum Russland auf seine Weise funktioniert und die Menschen dort etwas anders ticken, als man dies in der nördlichen Hemisphäre sonst so gewohnt ist. Der Gedanke

Dreh- bis zum Tonstudio an einem Ort vereinte. Eine Filmfabrik entstand, die zu Sowjetzeiten ein wichtiges Rädchen in der Propagandamaschinerie der kommunistischen Partei war.

Der größte und teuerste Film, der die Studios je verlassen hat, stammt noch aus diesen Zeiten. Unmengen Geld flossen in die filmische Adaption des Romans „Krieg und Frieden" von Leo Tolstoi. Mit einer Gesamtlaufzeit von knapp acht Stunden war er einer der längsten Spielfilme, die jemals gedreht wurden. Die Schlacht- und Kampfszenen des Films gingen ins Guinnessbuch der Rekorde ein. Für die Sowjetunion war es zugleich ein Kampf gegen den Westen: Mosfilm gegen Hollywood. Showtime im Kalten (Kino-) Krieg. 1969 gab es dafür einen Oscar.

Kasimir Dmitrijewitsch fragt mit hochgezogener Augenbraue, wer von den Autogrammjägern denn wisse, welche Produktionen aus dem Hause Mosfilm noch einen Oscar gewonnen hätten. Doch es schauen ihn nur ratlose Gesichter an. Bei einer richtigen Antwort, lockt er, dürfe man Platz in einem der alten historischen Fahrzeuge nehmen, die Mosfilm in einem eigenen kleinen Museum ausgestellt hat. Doch auch das ändert nichts am kollektiven Schulterzucken. Die Meute vergibt ihre erste Chance auf einen echten Filmstar. Neben jedem Fahrzeug steht eine kleine blaue Tafel, die auflistet, in welchen Filmen das Gefährt schon eine Nebenrolle einnahm. Insgesamt 80 Oldtimer, Militärfuhrwerke und sonstige Fahrzeuge besitzt Mosfilm, aber nur etwa 20 sind in den Ausstellungsräumen zu sehen. Alle

liegt nahe, dass die Weite die Seele beeinflusst, zumal erstere objektiv messbar und vergleichbar ist – ganz anders als die Seele.

Die Fakten sprechen für sich: Russland ist mit 17 Mio. km² Fläche der größte Staat der Erde, darauf verlieren sich 144 Mio. Menschen, macht ca. 8 pro Quadratkilometer. In Europa ist nur Island dünner besiedelt. Die Aussagekraft dieser Beobachtung leidet aber unter dem Umstand, dass in der historischen Heimat des russischen Volkes, dem europäischen Landesteil, heute ca. drei Viertel der Bevölkerung auf einem Viertel der Landesfläche wohnen. Damit ist die Bevölkerungsdichte diesseits des Urals höher als in Schweden.

Die Weite des Landes ist aber zweifellos ein Umstand, der die historische Entwicklung Russlands deutlich geprägt hat. Sie brachte fast automatisch eine gewisse **Isolierung** vom permanenten turbulenten Treiben der Völker und Mächte in Europa mit sich und animierte auch zu einer eher extensiven, **wenig nachhaltigen Wirtschaftsweise:** Wurden irgendwo

Fahrzeuge sind fahrtüchtig – für den Fall, dass sie im nächsten Heldenepos wieder zum Einsatz kommen müssen. Das Prominenteste ist ein Mercedes Benz 230 aus dem Jahre 1938. In ihm pflegte Russlands berühmter Geheimagent Max Otto von Stierlitz zu reisen.

Mehr als 2500 Filme hat Mosfilm zu Sowjetzeiten produziert, darunter „Krieg und Frieden", „Uzala, der Kirgise" und „Moskau glaubt den Tränen nicht", die übrigens alle mit einem Oscar ausgezeichnet wurden. Nach dem Zusammenbruch der Sowjetunion aber kam die Krise. In den 1990er-Jahren ruhte die Produktion des Filmkonzerns fast vollständig. Das ist zum Glück vorbei: Eine werbewillige Wirtschaft und staatliche Fördermittel lassen die Filmindustrie in Russland heute wieder boomen. So wurde Schritt für Schritt die Modernisierung des Konzerns vorangetrieben. Nach Jahren des Stillstands ist das Filmstudio nun wieder konkurrenzfähig und mit 15 Pavillons der größte Filmkonzern Europas. 80 Prozent der russischen TV- und Kinofilme werden in den Mosfilmstudios gedreht, das sind mehr als 100 Filme jährlich. Hinzu kommen Serien, Werbespots und Musikclips.

Die Tour führt vorbei an den Überresten der neuen Blockbuster. Auf knapp 5000 Quadratmetern entstand 2003 aus Sperrholzplatten, Gipskarton und Schaumstoff eine Nachbildung des alten vorrevolutionären Moskaus. Die Häuserattrappen bildeten ursprünglich die Kulisse für den Film „Ein Reiter namens Tod", tauchten aber mittlerweile in mehr als 30 Film- und Serienproduktionen auf, darunter auch „Doktor Schiwago" und „Anna Karenina".

die Ackerflächen knapp, zogen Siedlergruppen eben weiter in bis dahin noch nicht erschlossene Areale. Doch „Sickerwanderung von unten und staatliche Kolonisationspolitik führten nie in Gebiete, die völlig unbekannt waren", so der Historiker *Carsten Goehrke*. Russlands Pioniere, die in die Wälder des Nordens, die Steppen des Südens und später durch ganz Sibirien vorstießen, darf man sich deshalb nicht als auf eigene Faust mit Sack und Pack ins Ungewisse ziehende Aussteiger vorstellen. Der Staat – oder die jeweilige Herrschaft durch Adelige und Klöster – hielt auch in der Ferne ihre sowohl schützenden als auch fordernden Hände über sie. Russland war – trotz seiner enormen Ausdehnung und der oft extrem schlechten Wegeverhältnisse in den letzten Jahrhunderten – immer ein straff organisierter und streng geführter **Zentralstaat.**

An die enormen Entfernungen zwischen ihren Siedlungen haben sich die Russen mit der Zeit gewöhnt, aber dies führte nicht automatisch zu mehr Selbstständigkeit, Eigeninitiative und Individualität – sondern aller-

„Anfassen", betont Kasimir Dmitrijewitsch, „ist strengstens verboten". Von innen hohl, ist die Szenerie äußerst zerbrechlich. „Nur Kopfsteinpflaster, Fenster und Türen sind real.", erklärt er und treibt die Filmfans zum nächsten Schauplatz. Umrahmt von einem großen eisernen Zaun ragen dort die windschiefen Dächer eines alten hölzernen Dorfs empor. Surreal und wie ein Fremdkörper blitzt im Hintergrund ein gläserner Wolkenkratzer auf. „Der war bei Errichtung des Sets noch nicht da.", erklärt Kasimir Dmitrijewitsch, „Für die Dreharbeiten ist das aber auch nicht weiter schlimm, der wird hinterher durch Computertechnik wieder entfernt."

Die Technik macht es möglich. Doch auch mit originärer Handarbeit kann Kasimir Dmitrijewitsch die Filmfans begeistern. Zurück im Museum hält er einen Kopf aus Latex in den Händen und beschreibt, wie professionelle Maskenbildner die Darsteller durch Make-up und Modelliermasse in Monster und Ungeheuer verwandeln. Die Fotoblitze zucken.

Nach anderthalb Stunden ist die Tour hinter die Kulissen der inszenierten Kinowelt vorbei. Doch der Konzern hat noch mehr zu bieten. Derzeit arbeitet Mosfilm fieberhaft daran, seine alten Filmstreifen zu digitalisieren. Um ein größeres internationales Publikum zu erreichen, plant der Konzern außerdem, einen Teil der Filme künftig in Englisch und Deutsch zu untertiteln. Über 500 alte und neue Filme stehen bereits auf der Internetseite www.cinema.mosfilm.ru zum Download bereit.

Gesine Schultz (Russland-Aktuell)

falls zu **Laissez-faire und Anarchie,** solange die gestrenge Obrigkeit es nicht schafft, hinzuschauen: „Russland ist groß und der Zar ist weit", pflegen deutsche Autoren da gerne ein passendes „altes russisches Sprichwort" zu zitieren – ohne zu wissen, dass es dieses in Russland gar nicht gibt! Denn das (sich schön reimende) Original heißt: „Zu Gott ist es hoch und zum Zaren weit" und hat einen ganz anderen Sinn: Man gebrauchte es, wenn man sich mit einem Problem allein gelassen fühlte und es niemanden gab, bei dem man sich beklagen oder um Hilfe flehen konnte – nicht einmal bei **Väterchen Zar.**

Denn der war nach einem über die Jahrhunderte geltenden Grundkonsens immer die letzte Instanz, bei der ein Untertan um **Gnade oder Gerechtigkeit** bitten konnte, sofern man es schaffte, sein Anliegen vor dem weit entfernten Thron vorzutragen. Nicht das Gesetz, nicht die örtlichen Behörden, sondern der weise und gerechte, aber ferne Herrscher entschied letztlich über irdisches Recht und Unrecht, Sein und Nichtsein. Daran hat sich auch in der heutigen, nominell demokratischen Ära nicht viel geändert: Der Kreml und das Weiße Haus in Moskau werden tagtäglich mit Eingaben und **Beschwerdebriefen** bombardiert. Und *Wladimir Putin* hält Jahr für Jahr eine mehrstündige **Liveaudienz im Fernsehen** ab, bei der Bürger mit ihren Sorgen, Nöten und Fragen direkt bei ihm vorstellig werden können – sofern sie das Glück haben, aus den Hunderttausenden (!) per Telefon, E-Mail oder SMS gemachten Einsendungen ausgewählt zu werden.

Die Weite ihres Landes spüren die Russen also eher als verunsichernden Faktor (auch weil Russland – ohne jegliche natürliche Grenzen – immer wieder Invasoren fast schutzlos offen stand) denn als Freiraum für legale, individuelle Entfaltung. Und so ist es wohl kein Zufall, dass die Menschen

in der (das halbe Jahr auch noch unfreundlich kalten) russischen Weite immer erstaunlich eng zusammengerückt sind: Heute kann man dies noch in den Wohnblocks, in den Verkehrsmitteln oder den Datscha-Kolonien spüren – das Volk lebt so beengt, als müssten 140 Mio. Russen mit der Fläche der Schweiz auskommen.

Historisch gesehen verkörperte die frühere Dorfgemeinschaft mit ihrem Gemeinschaftsbesitz dieses Zusammenrücken allerdings bedeutend besser. Der dort gewachsene und gepflegte **Gemeinschaftssinn** (*obschnost*) und die Zurückstellung persönlicher materieller Interessen zugunsten von zwischenmenschlichen ideellen Werten werden gemeinhin als Schlüsselbestandteile der „rätselhaften russischen Seele" gewertet. Gefühlen lässt sie dann auch stärker ihren freien Lauf, wenn die Stimmung richtig gut oder die Trauer groß ist. Auch die im Westen über Jahrhunderte gewachsene Affektkontrolle durch bürgerliche Anstandsregeln, Gesetze und Volksbildung setzte sich in Russland nur mit enormer Verzögerung durch – weshalb Zorn hier schneller einmal in Gewalt umschlagen kann.

Die tief religiösen Dorfgemeinschaften haben auch länger **kollektiv gewirtschaftet** als anderswo in Europa – dies aber nicht unbedingt freiwillig, sondern unter der Knute der erst vor 150 Jahren aufgehobenen **Leibeigenschaft.** Diese Tradition der unfreien Urkolchosen mit Gemeinbesitz hat es den Kommunisten im 20. Jahrhundert leichter gemacht, gerade in Russland ihr gewagtes Gesellschaftsexperiment umzusetzen. Heute, so der populäre Historiker und heutige Kulturminister *Wladimir Medinski*, seien die Russen aber „schreckliche Individualisten wie die Amerikaner zu Zeiten des Wilden Westens", die nach einer Überdosis Kollektivismus jetzt ihre persönliche Unabhängigkeit und die Unantastbarkeit ihrer Privatsphäre geradezu zelebrieren.

Auch mit der gerne zum nationalen Seelenbestandteil erklärten **Geistigkeit** (*duchownost*) ist es unter heutigen Bedingungen nicht mehr weit her: Russen, so die Theorie, denken lieber über höhere idealistische Dinge nach, als (wie in der westlichen Welt üblich) vorrangig materiellen Werten nachzueifern. Die „Ideologie" der russisch-orthodoxen Kirche tat hier viel dazu – stellt sie doch das Seelenheil im Jenseits weit über die Taten und Lebensumstände im irdischen Jammertal. *Medinski* hegt den Verdacht, dass diese Geistigkeit vor allem dann hervortrat, wenn es aufgrund der gesellschaftlichen Verhältnisse schwierig war, auch nur die bescheidensten Dinge in der Realität erstreben zu können. Dies gilt auch für die Sow-

◁ „Russische Weite" bedeutet im Idealfall Taiga bis zum Horizont: Abendstimmung an der BAM in Ostsibirien

jetzeiten, als viele an ihrer Arbeitsstelle weniger arbeiten als nur anwesend sein mussten. Da konnte man leicht einmal die halbe Nacht in der Küche durchphilosophieren, gerne auch mit unangemeldeten Gästen. Heute hingegen muss fast jeder morgens früh raus und dabei auch noch einigermaßen frisch sein, denn sonst gibt es berufliche Misserfolge oder einfach nur einen sehr schweren Tag.

Wenn die Geschichte die Russen etwas gelehrt hat, dann ist es die **Vergänglichkeit** der erarbeiteten Werte, materieller wie ideeller. Das Leben ist prinzipiell nicht einfach – und das 20. Jahrhundert war es erst recht nicht: Es brachte eine totale Revolution 1917 und einen brutalen Bürgerkrieg, zwei auf eigenem Territorium geführte Weltkriege und einige „kleinere" Kriege gegen Japan, Afghanistan und Tschetschenien, den Terror der Stalin-Zeit, Tschernobyl, dann den traumatischen Zusammenbruch der Weltmacht UdSSR und schließlich noch die Rubel-Krise 1998. Da ist es kein Wunder, dass den Russen ein starker **Fatalismus** zueigen ist: Es kommt, wie es kommt – egal, was man dagegen oder dafür tut. Es ist wohl kein Zufall, dass einer von Russlands beliebtesten Märchenhelden *Iwan Durak* ist – „*Iwan, der Dummkopf*". Der lässt nämlich im Gegensatz zu seinen machtbesessenen und geschäftstüchtigen großen Brüdern den lieben Gott einen guten Mann sein – wird dafür aber vom Schicksal überreich belohnt.

Wegen der fatalistischen Grundeinstellung neigen Russen auch dazu, ihr Geld mit beiden Händen auszugeben, wenn denn mal welches da ist. **Sparsamkeit und Zukunftsfürsorge** sind nicht gerade ihre Adern – lieber erfüllt man sich vom Überschuss in der Haushaltskasse Träume in Form einer üppigen Urlaubsreise oder eines Statussymbols (großes Auto, nobles Handy etc.).

Fatalismus multipliziert mit der traditionellen Rechtlosigkeit der Untertanen ergibt die viel zitierte „enorme Leidensfähigkeit des russischen Volkes". Missstände, Ungerechtigkeit und Not haben die Russen in der Tat viel über sich ergehen lassen müssen und sich mit einer gewissen **Schwermut** über die Zeit gerettet – die gut in den vielen melancholischen Volksliedern zum Ausdruck kommt. Diese Geduld mit den Lebensumständen mag unter den Russen lange anhalten. Wird sie jedoch überstrapaziert, dann schlägt sie als Massenphänomen schon nicht mehr nur in friedlichen Protest oder oppositionelles Wahlverhalten um – sondern in kaum beherrschbare **Gewalt.** Aufstände, Revolutionen und Bürgerkriege hat Russland in seiner Geschichte schließlich auch etliche erlebt.

Medinski meint, dass die Russen bei genauerer Betrachtung gar nicht besonders „rätselhaft" seien. Jedenfalls nicht mehr als andere Völker, denn auch Deutsche, US-Amerikaner, Japaner, Chinesen und selbst Finnen zeigen (im Laufe der Zeit mal mehr, mal weniger) im nationalen Wesen Erscheinungen, die allen anderen schwer erklärlich vorkommen. Nur wird dies eben nicht überall gleich „Seele" genannt, sondern nationaler Geist oder Charakter – oder schlicht Mentalität.

Patriotismus: Trauer um die Sowjetunion

Patriotische Erziehung – an den Schulen oder in den Medien – wird vom russischen Staat in den letzten Jahren wieder groß geschrieben: Feiertage, Traditionen, die Flagge und das Staatswappen werden in den Rang von etwas Beinahe-Heiligem erhoben, auch das russische Militär und der heutige Staatsapparat sollen von diesem Glorienschein einigen Glanz abbekommen. Doch bei der normalen Bevölkerung bleibt diese „vaterländische" Propaganda nur zögerlich haften und längst nicht bei allen.

Einerseits ist für viele Menschen Russland nach wie vor nur ein Rumpfstaat, **das größte Bruchstück eines untergegangenen echten Imperiums namens Sowjetunion** – auf das sie wirklich stolz waren. Unter Sowjet-Nostalgikern hält das heutige Russland da – selbst nach der Einverleibung der Krim – keinen Vergleich aus, denn zumindest rückwirkend wird die UdSSR idealisiert als echte, selbst von den USA gefürchtete Weltmacht, als Kosmos-Pionier, als Industriegigant, als Heimat einer weltumspannenden Ideologie und ein von Gleichheit und Gerechtigkeit geprägter Lebensraum. Der Sowjet-Kommunismus war auf gewisse Weise die **Realisierung eines „russischen Sonderwegs",** wie ihn die sogenannten „Slawophilen" im 19. Jahrhundert in ihrem Streit mit den „Westlern" immer gefordert haben.

Eine andere große Gruppe will zwar um keinen Preis zurück in die Sowjetunion, sieht das heutige Russland aber nicht als Fortschritt, sondern malt sich dessen Eigenheiten und Zukunft nur in düsteren Farben aus: Sie sehen vorrangig die Probleme, Ungerechtigkeiten und Fehlentwicklungen. Und da die Russen nicht so selbstbewusst wie die Amerikaner, so ordentlich wie die Deutschen, so fleißig wie die Japaner und so zahlreich wie die Chinesen sind, komme ihr Land ja ohnehin nie auf einen grünen Zweig, meinen diese **Antipatrioten.**

Echter patriotischer Stolz auf das Heimatland und die Identität als Russen bzw. russische Staatsbürger ist deshalb kein Massenmerkmal im heutigen Russland. Am ehesten punktet noch der Blick zurück: Einer Umfrage von 2010 zufolge sind **47 Prozent stolz auf die historische Vergangenheit** Russlands. 32 Prozent schätzen das Land schlichtweg deshalb, weil sie dort geboren und aufgewachsen sind, 30 Prozent empfinden Stolz auf Russland wegen seiner territorialen Größe. Herausragende Persönlichkei-

ten sind für 22 Prozent ein Grund zum Nationalstolz, die Natur (21 Prozent), der Staat (19 Prozent), die Literatur und Kunst (17 Prozent), die militärische Stärke (16 Prozent) und die moralischen Qualitäten der Menschen (15 Prozent) erwärmen zumindest jeweils noch das Herz signifikanter Teilmengen. Nur selten empfindet man in Russland gegenwärtig Stolz für die sportlichen Leistungen (11 Prozent), die Religion (9 Prozent) oder gar den Fleiß und das Wirtschaften der Russen (6 Prozent).

Das bei einem beträchtlichen Teil der Russen **frustrierte Nationalbewusstsein** (einerseits hält man sich und die Russen für etwas Besonderes, andererseits werden das Land und die Lebensumstände diesen Ansprüchen nicht gerecht) birgt die latente Gefahr, dass Schuldige für die diversen Miseren gesucht werden – und das vorrangig unter fremden Nationalitäten, denn die eigene ist ja positiv besetzt. Der einstige Hauptgegner, also „Washington und die Wall Street", ist in Russland als **Feindbild** nur außenpolitisch sehr präsent. Der Argwohn richtet sich nun eher gegen „Feinde im eigenen Land": Jüdischen Milliardären (in der Tat stammen viele der russischen Oligarchen aus jüdischen Familien) wird unterstellt, das Land von oben her ausgeplündert zu haben, während Immigranten, besonders die Moslems, Russland von unten zu unterwandern scheinen. Die Nordkaukasier gelten wegen ihres Glaubens und der Infizierung durch den islamischen Terrorismus sogar als doppelt verdächtig – obwohl sie russische Staatsbürger sind. Dem aus diesen Feindbildern geborenen **rechtsradikalen Nationalismus** sind in Russland schon Hunderte Menschen zum Opfer gefallen (s. Kapitel „Vielvölkerstaat Russland").

Humor: vom Bandwurm bis Putin

Feingeist ist seine Sache nicht: Klassischer russischer Humor soll zum Lachen bringen, am besten zum Schenkelklopfen. Er ist **scharf, derb, oft genug schlüpfrig unanständig – und ziemlich schwarz.** Die beliebteste Witzfigur ist dabei – der Russe selbst. Da die Russen sich und ihrem Land viele besondere (und nicht immer positive, d. h. unverbesserliche) Eigenschaften zuschreiben, ist es naheliegend, sich darüber wenigstens gut zu amüsieren:

Läuft ein Mann über die Felder, als er auf einen Graben voller Gülle stößt, in dem ein nackter Mensch verzweifelt schreiend dagegen ankämpft, unterzugehen. Der Wanderer fasst sich ein Herz und zieht den armen Kerl raus. Kaum ist der Verzweifelte gerettet, dreht sich dieser um – und springt wieder in die Brühe. „He, was machst du? Wozu habe ich dich rausgezogen!", schreit der Retter. Antwort von unten: „Du Blödmann – ich lebe hier!"

Den gleichen Gedanken kann man knapp auch so formulieren:

„Merk dir, das Schlimmste in der Welt ist das Licht am Ende des Tunnels", sagte der Bandwurm zu seinem Sohn.

Die Lebensumstände der Durchschnittsrussen im Vergleich zur sonstigen „zivilisierten Welt" sind immer ein dankbares Thema für Witze:

Ein westlicher Arbeiter zeigt einem russischen Kollegen sein Haus: „Das ist mein Zimmer, das hier das Zimmer meiner Frau, hier wohnt meine Tochter, dort ist das Esszimmer und hier das Gästezimmer." Der Russe nickt und sagt nach einer kleinen Pause: „Was soll's, bei mir ist es ganz ähnlich. Nur ohne Zwischenwände."

Ich hasse Wochenenden. Kaum sitzt man mal mit einem Tässchen Kaffee im Schaukelstuhl am lodernden Kamin – da stellt sich raus, du hast keinen Kamin, keinen Schaukelstuhl und nicht mal eine Tasse Kaffee.

Beliebt ist natürlich auch der Vergleich mit anderen Nationalitäten, in dem sich die Russen gerne die Rolle der sympathischen Querköpfe zuschreiben:

◁ Stalin ist mit ihnen: am 1. Mai trauen sich Altkommunisten noch auf die Straße

Ein Russe, Engländer, Franzose und ein Deutscher erlitten Schiffbruch und gerieten auf eine unbewohnte Insel. Nach einigen Monaten fanden die Männer eine Flasche am Strand. Sie zogen den Korken heraus. Plötzlich stieg ein Geist aus der Flasche auf und sagte: „Ich erfülle jedem von euch zwei Wünsche." Der Engländer: „Einen Sack voller Geld und nichts wie nach Hause." Der Franzose: „Eine hübsche Frau und nichts wie nach Hause." Der Deutsche: „Einen Mercedes und nichts wie nach Hause." Als letzter war der Russe an der Reihe. Er überlegte ein paar Minuten und sagte dann: „Das war doch eine nette Gesellschaft. Eine Kiste Wodka und die drei zurück!"

Überhaupt der Alkohol – er ist sowohl Triebfeder des russischen Humors als auch dessen Gegenstand. Betrunkene kommen wohl in jedem dritten Witz vor:

Der Ehemann kommt von einer langen Dienstreise mit viel Geld zurück. Er lädt seine Frau ein: „Komm, lass uns ausgehen, richtig einen draufmachen." Als die beiden volltrunken aus der zehnten Kneipe torkeln, sagt er zu ihr: „Komm, gehen wir zu dir." Sie antwortet: „Nein, geht nicht, mein Mann ist heute zurückgekommen."

Wie viele Waren, werden aber auch Witze heute zu einem guten Teil importiert oder von „Gastarbeitern" im Lande hergestellt. Als besonders feingeistig gilt den Russen der jüdische Humor, als besonders originell die Witzkultur aus dem ukrainischen Odessa, der Humorhauptstadt der Sowjetunion. Die Ostfriesen Russlands sind übrigens die Tschuktschen, die Ureinwohner des „hintersten Zipfels" von Sibirien an der Beringstraße.

Ein Tschuktsche am Ticketschalter der Aeroflot:
„Wie lange dauert ein Flug von Moskau nach Anadyr?"
(Anadyr ist die Hauptstadt von Tschukotka.)
„Einen Moment …"
„Dankeschön!"

Für den politischen Witz waren in der Sowjetzeit hingegen vorrangig die (den Russen bis heute pauschal sympathischen) Armenier zuständig – jedenfalls in Form ihres auch in Deutschland beliebt gewordenen fiktiven Radiosenders „Radio Eriwan" (der in russischen Versionen immer „Armenisches Radio" hieß) samt der Standard-Einleitungsformel „Im Prinzip ja/ nein, aber …". Auf diese Weise wurde die Verlogenheit und Widersprüchlichkeit sowjetischer Propaganda auf die Schippe genommen. Ein Beispiel:

Hätte die Katastrophe von Tschernobyl vermieden werden können?
– Im Prinzip ja, wenn nur die Schweden nicht alles ausgeplaudert hätten.

Unfreiwilliger König des politischen Witzes im 20. Jahrhundert war aber der KP-Generalsekretär *Leonid Breschnew*, dessen Tumbheit über alle KGB-Repressionen gegen politische Possenreißer triumphierte. Seine Angewohnheit, alles vom Blatt abzulesen, war eine echte Fundgrube für bösen Humor:

Leonid Breschnew eröffnet die Olympischen Spiele in Moskau: „Oh – Oh – Oh – Oh – Oh."
Ein Assistent springt herbei: „Leonid Iljitsch, Ihr Redetext steht weiter unten! Das sind die Olympischen Ringe."

Heute steht **politischer Humor** ebenfalls wieder hoch im Kurs. Bestraft wird dafür zwar niemand, aber in den wichtigen Medien findet er entweder gar nicht oder nur in einer delikat gefilterten Version statt. Alternativ gibt es aber inzwischen das Internet, wo derartige Witze frei kursieren und gesammelt werden. (Anti-)Held in allen Variationen ist jetzt natürlich Russlands starker Mann *Wladimir Putin*, sein Festhalten an der Macht und seine Macho-Allüren, die politische Gleichschaltung und die Unterdrückung von Kritik:

„Mama, ich will eine Tätowierung!" – „Du Dummkopf, weißt du nicht, dass das für immer ist?" – „Und du, als du für Putin gestimmt hast, hast du das gewusst?"

„Kann eine Frau Russlands Präsident werden?" – „Formell ja, faktisch nein." – „Und warum?" – „Weil Putin keine Frau ist."

Journalistenfrage an Putin: „Wladimir Wladimirowitsch, wie machen Sie das, Fische fangen mit blankem Haken?" – „Wozu einen Wurm aufspießen? Der Fisch glaubt mir auch so."

Bezüglich des Friedensnobelpreises für Putin: Man sollte ihn ihm besser geben, sonst kommt er und holt ihn sich.

Das staatliche Meinungsforschungsinstitut macht eine Umfrage: „Sind Sie nicht gegen die Politik Putins?"
   1. Antwortvariante: „Ja, ich bin nicht dagegen."
   2. Antwortvariante: „Nein, ich bin nicht dagegen."

Ehren und Würden, Orden und Medaillen

Zar *Peter der Große* teilte alle führenden **Staatsbediensteten** in 14 Klassen ein – sowohl beim Militär wie auch bei Hofe und in der staatlichen Verwaltung. Ein Posten aus der **Rangtabelle** bedeutete die Zugehörigkeit zum Adel, ab der achthöchsten Klasse (nach 1856 der vierthöchsten) wurde der Adelstitel erblich. Auch nicht in Staatsdiensten stehende Zivilisten konnten für besondere Verdienste einen Titel aus dieser Rangordnung bekommen. Die Gesellschaft sortierte sich also nach Rang und Namen – wobei unterhalb dieser Pyramide die große Masse der Gemeinen und der Leibeigenen kam. In ihren Reihen träumte man von nichts mehr als einem Aufstieg zumindest in den Sockel dieses **originär russischen Kastensystems** – wenn schon nicht für sich selbst, so doch wenigstens für den eigenen Nachwuchs.

Die Sowjetherrscher schafften nicht nur *Peters* Rangtabelle ab – sie drehten sie mit der Idee von der „Diktatur des Proletariats" einfach herum. „Ehemalige Klassenfeinde" – so sie die Revolutionsjahre überlebten und nicht emigrierten – wurden in den frühen Sowjetjahren zu **Underdogs ohne Rechte.** Erst mit der Stalin-Verfassung von 1936 wurden sie nominell wieder zu gleichberechtigten Sowjetbürgern. Doch in der nun

Sich abheben durch Uniform

Uniformträgern begegnet man in russischen Städten häufiger als im Westen. Das liegt daran, dass nicht nur die personalstarken Truppen von Militär und Polizei, sondern auch einige andere staatliche Dienste ihre Mitarbeiter in gewisse Wichtigkeit implizierende Normkleidung samt Rangabzeichen stecken. So können Uniformträger beispielsweise bei der Staatsanwaltschaft, dem Zoll oder der Eisenbahn tätig sein - oder auch am St. Petersburger Bergbauinstitut, wo für Studenten und Lehrkräfte ebenfalls Uniformzwang besteht.

Angehörige privater Wachdienste tragen meist schwarze, mehr oder weniger Ehrfurcht gebietende Dienstkleidung. Männer, die in Tarnanzügen unterwegs sind, sind hingegen in der Regel keine Soldaten, sondern schlicht Angler, Jäger und manchmal auch Bauarbeiter, die diese billigen und festen Klamotten schätzen.

An den meisten Schulen herrscht übrigens eine strikte Kleiderordnung mit dunklen Anzügen für die Jungen und Rock und weißer Bluse für die Mädchen. Klassische Schuluniformen sind aber selten geworden.

beschworenen **klassenlosen Gesellschaft** waren alsbald einige „gleicher als gleich": Auch das neue System definierte seine Eliten, seine Günstlinge und seine großen und kleinen Helden – und verwöhnte sie angesichts des allgemeinen Mangels mit Privilegien, die den Alltag erträglicher machten und den Noch-nicht-Ausgezeichneten als Ansporn dienen sollten.

Ihren Ausdruck fanden sie in **Orden und Statustiteln** – und den damit verbundenen **„lgoti" (Vergünstigungen, Sonderrechte).** Dabei konnte es sich um die beschleunigte Zuteilung einer Neubauwohnung oder eines Ladas für einen „Helden der Sowjetunion" handeln – oder auch nur um die freie Fahrt in öffentlichen Verkehrsmitteln für alle Rentner.

Egal ob „Teilnehmer des Großen Vaterländischen Krieges", „Blockade-opfer in Leningrad", „Volkskünstler der Sowjetunion", „Held der Arbeit" oder auch nur „Veteran der Arbeit" – die mit diesen Titeln verbundenen *lgoti* waren oft mehr wert als bares Geld. Denn für sie gab es Dinge, die man wegen des fehlenden Marktes oft gar nicht kaufen konnte – etwa einen Sanatoriumsaufenthalt. Und auch da, wo man bezahlen musste, halfen sie weiter: Zu Sowjetzeiten konnten sich derartige Titelträger in Ge-schäften oft vorn anstellen.

2005 wurden die meisten **„lgoti" im Rahmen einer Sozialreform „mo-netarisiert"** – also in zusätzliche Renten- oder Gehaltszahlungen umge-formt. Kein Wunder, dass es in einer jahrzehntelang durch dieses Vertei-lungs- und Vergünstigungssystem geprägten Gesellschaft heftige Proteste dagegen gab: Das einzige Mal während der beiden ersten Amtszeiten *Pu-tins* gingen damals landesweit viele, vor allem ältere Menschen gegen die Regierung auf die Straße, weil sie sich um ihr Lebenswerk und ihre Würde betrogen fühlten.

Geblieben ist der **moralische Wert** der Auszeichnungen: Alte Leute legen an Feiertagen nach wie vor gerne ihre Orden und Auszeich-nungen an oder zeigen sie stolz Besuchern – und seien es Verdienst-medaillen wie jene „Für die Erschlie-ßung der Bodenschätze und die Entwicklung des Öl- und Gaskom-

> Der Leninorden war in der Sowjetzeit so viel wie ein Adelstitel

Sieben Kilo Orden: Geheimdienstgeneral war ein „Hauptmann von Köpenick"

Georgi Scherebtschikow liebte die Achtung, die in Russland altgedienten Militärs entgegengebracht wird: Als Ermittler im März 2008 seine Wohnung durchsuchten, wuchteten sie eine sieben Kilogramm schwere Uniformjacke aus dem Kleiderschrank - so viele Orden hingen daran. Insgesamt zählte man 157 sowjetische und 34 ausländische Orden sowie 16 Diplome, die der damals 76 Jahre alte Scherebtschikow alle selbst erhalten haben will.

In Russland hält man Veteranen, die „an der unsichtbaren Front" des Geheimdienstes Verdienste fürs Vaterland errangen, für besonders verehrungswürdig. Deshalb beförderte sich der alte Herr nicht nur zum General, sondern erfand auch gleich noch einen ganzen Geheimdienst, in dem er in den 1930er- bis 1950er-Jahren eine Schlüsselrolle gespielt haben will: die „Besondere Militärpolitische Gegenspionage" (SWPK).

Mindestens sechs Mitstreiter in Moskau und St. Petersburg ernannte er ebenfalls zu Generälen und ehemaligen SWPK-Abteilungsleitern. Die Altherrenriege liebte es, „historische Chroniken" anzufertigen, in denen ihre Verdienste gerühmt wurden - und gelegentlich mit ihren Orden und Uniformen bei Behörden Eindruck zu schinden. Selbst viele Militärs gingen ihnen auf den Leim, denn wer hat in Russland schon einen Überblick darüber, welche streng geheimen sowjetischen Dienststellen es irgendwann einmal gab - oder eben auch nicht.

Scherebtschikow trieb es auf die Spitze, als er 2005 bei einem Omsker Verlag unter dem Pseudonym Igor Bely seine „Memoiren" als Buch veröf-

plexes West-Sibiriens" (zugeteilt nach drei Jahren Arbeit vor Ort). Manche Erben verhökern nach dem Ableben der Veteranen solche Abzeichen allerdings wenig pietätvoll an Antiquariate oder Sammler.

Die Medaille „Veteran der Arbeit" wurde 39 Mio. Mal vergeben. Doch auch der höchste Orden der Sowjetunion, der **Leninorden,** wurde (bis 1991) 431.418 Mal zugesprochen. Wer sich da aus der Masse der Ordensträger abheben wollte, musste den Leninorden schon mehrfach erhalten – *Leonid Breschnew* bekam ihn acht Mal. Neben Personen wurden auch Betriebe, Organisationen, Städte oder Unionsrepubliken ausgezeichnet. Deshalb stößt man mancherorts an Ortseingängen oder Werkstoren heute noch auf verblichene überdimensionale Abbildungen des Ordens. Bekam ein Unternehmen diesen „sowjetischen Adelstitel", dann wurde er

ʃentlichte. Darin beschreibt er nicht nur, wie sein SWPK bis zum Ende der 1950er-Jahre zu einer unsichtbaren Armee mit mehr als 150.000 Agenten und Mitarbeitern heranwuchs:. „Wozu brauchte es dann eigentlich noch den KGB?", wunderte sich damals ein Rezensent der Armeezeitung „Roter Stern", der das Buch als übertriebene historische Fälschung erkannte. „Bely" schrieb sich darin auch zu, er habe 1953 nach Stalins Tod den Geheimdienstchef Berija erschossen, einige Jahre später die Kuba-Krise entschärft und sei auch sonst mit Stalin, Chruschtschow, Kennedy und Mao auf Du und Du gewesen.

Doch echte wie falsche Helden werden einmal krank: Als Scherebtschikow im Januar einen Klinikaufenthalt brauchte, ließ er sich mithilfe eines seiner „Untergebenen" unter seinem literarischen Pseudonym in eine Moskauer Militärklinik einweisen. Doch dort flog die falsche Vita auf, nachdem die Behandlung die Armee schon 300.000 Rubel (ca. 8100 Euro) gekostet hatte: Die beiden Möchtegerngeneräle, die es im echten Leben nie auch nur bis zum Offizier gebracht hatten, wurden festgenommen.

Über einen ähnlichen Fall hatte man sich in Moskau schon einmal im Jahr 2000 amüsiert – auch damals endete die Köpenickiade mit unbezahlten Krankenhauskosten. Der Zimmermann Jewgeni Balujew hatte sich sieben Jahre lang dank eines gefälschten Ausweises eine Zweitexistenz als Geheimdienstgeneral und Verteidigungsexperte aufgebaut: Mit schwarzem „Dienst-Wolga", einer erschwindelten abhörsicheren Telefonleitung und viel Chuzpe schuf er unter Beamten und Militärs ein für alle einträgliches Beziehungsgeflecht. Dieser falsche General musste von echten Kollegen lange beschattet werden, bis auch er an der Kasse einer elitären Klinik statt Bargeld wieder einmal seinen Eindruck heischenden „Dienstausweis" zückte.

natürlich auch zum **Bestandteil des Namens:** Das Ergebnis waren Bandwurmbezeichnungen wie „Leningrader Leninorden-Lenin-Metropolitain" – so hieß früher die St. Petersburger Metro.

Das **nachsowjetische Russland** hat viele der Sowjetorden abgeschafft, manche beibehalten oder reformiert und auch einige neu eingeführt – zuletzt 2008 den „Orden der Elternehre" für Kinderreichtum. Auch offizielle Ehrentitel für professionelle Leistungen, und seien es nur 15 Jahre Arbeit im jeweiligen Beruf, gibt es in über 60 Branchen – vom „Verdienten Metallurg" bis zum „Verdienten Ökologen". Besondere Vorteile in der Gesellschaft sind damit nicht mehr verbunden – aber ihre Besitzer erwarten, dass man ihre Auszeichnung gebührend wichtig nimmt. Also bloß nicht grinsen, wenn ein Senior stolz seinen Orden präsentiert!

Wie hoch die soziale **Suggestivkraft** von Orden und Rängen aus der Sowjetzeit (unter Ausnahme der heute wenig geachteten KPdSU-Funktionäre) in der russischen Gesellschaft noch immer ist, beweist die Geschichte auf Seite 122.

Bürokratie und Korruption

Mit der **russischen Bürokratie** wird man als Reisender oft schon bei der ersten Handlung auf russischem Boden konfrontiert: dem Geldtauschen. Man sollte meinen, nachdem der Rubel 2006 endgültig zur freikonvertierbaren Valuta erklärt wurde, sollte eine lizenzierte Bank schnell Geldscheine von der einen Währung in die andere umwandeln können – es geschieht ja nicht zu ihrem Schaden.

Weit gefehlt: Am Schalter wird selbst bei unverdächtig niedrigen Summen der Pass des Wechselwilligen verlangt. Und dann werden Name, Passnummer, Ausstellungsdatum und –ort eingetippt. Wenn sich dann eine Kassiererin (diese Posten scheinen in Russland grundsätzlich mit Frauen besetzt zu sein) die Mühe macht, in der ihr wenig vertrauten lateinischen Schrift am Computer „Bürgermeisteramt Bad Mergentheim Deutschland" einzugeben, heißt es, Geduld bewahren. Denn sie macht nur **Dienst nach Vorschrift.**

Und russische Vorschriften können sehr, sehr **kompliziert** sein – wozu, bleibt dahingestellt. Diskussionen und Beschwerden sind in solchen Situation zwecklos: Gerät man dabei an ein verständnisvolles Gegenüber, kommt die Standardantwort „Uns hängt das auch schon lange zum Hals raus, aber so sind eben die Vorschriften (der Firmenleitung, der Zentralbank, des Gesetzgebers etc.)". Hat die diensthabende Person aber einen schlechten Tag, wird man mit: „Wenn Ihnen das nicht passt, gehen sie halt woanders hin!" angeblafft.

Beim Geldwechsel gibt es dann zur Belohnung für den Kunden auch zwei abgestempelte und unterzeichnete A4-Ausdrucke mit allen Daten des Geldgeschäfts zum Mitnehmen – einer davon ist die Quittung über die einbehaltene Umtauschgebühr von 20 oder 25 Rubel (ca. 0,50 €).

Es geht aber oft auch so: Die Kassendame fragt zunächst verschwörerisch, ob man denn eine Quittung brauche. Verneint der Kunde, reichen ein Taschenrechner und eine halbe Minute für die Operation. Die dritte Variante ist, dass man eine vorgefertigte Expressquittung erhält – die aber auf einen Fantasienamen wie „Iwan Iwanowitsch Iwanow" ausgestellt ist. Im zweiten und dritten Fall pfeift die Wechselstube also auf die irgendwo niedergeschriebenen Vorschriften, beim Geldumtausch die Identität des „Geschäftspartners" genau zu fixieren.

Diese Nullen!

So dumm die Frage klingt, sie hat durchaus ihre Berechtigung: Wo hat die russische Zentralbank die ganzen weggestrichenen Nullen hingesteckt, als Anfang des Jahres 1998 der Rubel denominiert und 1000 Rubel zu einem Rubel wurden? - Als ich bald darauf eine Sberbank-Filiale betrat, erfuhr ich die Antwort: Die Kontonummern, vorher durchaus überschaubar, waren plötzlich zu 20-stelligen Monstern aufgebläht - und trugen in ihrer Mitte neun Nullen in Folge. Diese Eierreihe gilt es seither beim Bezahlen irgendwelcher Rechnungen fehlerfrei in die winzigen Einzahlungszettel einzutragen.

Damit nicht genug: Als ich vor ein paar Jahren einmal den offiziellen Obulus für die Techosmotr-Prüfung (das Pendant des deutschen TÜV) meines Autos bezahlen ging, galt es, neben der Kontonummer des Empfängers noch neun Ziffern der KPP, die zehnstellige INN, elf Ziffern der OKATO, neun der BIK und schließlich nochmal 20 Zahlen eines „Budgetqualifikationscodes" auf den Zahlschein zu übertragen. Selbiger Zahlenfriedhof muss anschließend identisch auf der unteren Hälfte des Zettels dupliziert werden. Denn in Russland kann man zwar in den Kosmos fliegen, das Durchschlagpapier wurde aber noch nicht erfunden. (Was die o. g. Abk. bedeuten, ist mir nur ansatzweise bekannt, ich will es auch gar nicht wissen.)

Als bürgerfreundliche Geste wurde im Übrigen festgelegt, dass neben dem Betrag für die Prüfung des Autos noch eine kleine Gebühr für den danach - hoffentlich - ausgestellten Prüftalon selbst zu berappen sind. Diese Summe geht aber in einen anderen Topf, weshalb es nochmals - und wiederum zweifach - KPP, BIK und Konsorten in ein zweites Formular einzutragen gilt. Das Packende bei diesem Zeitvertreib ist: Wer sich einmal verschreibt, kann wieder von vorne anfangen, denn sonst wird das Papier an der Kasse nicht akzeptiert!

Das Abmalen von insgesamt 316 Ziffern dauerte etwa genauso lange wie die Begutachtung meines Autos - die jedoch bedeutend unbürokratischer verlief: Gegen ein paar hundert Rubel Cash, so das freundliche Angebot des Prüfers, wäre er bereit, einen ernsthaften Defekt am Unterleib meines Lada zu übersehen. Worauf ich mit einem frischen Techosmotr-Talon für die nächsten zwei Jahre auf die Straße entlassen wurde.

Zwischenzeitlich hat die Sberbank beschlossen, aus der Qual ein Geschäft zu machen: Nun tippt das Schalterpersonal gegen eine kleine Service-Gebühr die Zahlenkolonnen direkt in den Computer. Der Nachteil: Die Wartezeiten in der Schlange sind noch länger geworden ...

Lothar Deeg

Drei Papiere braucht der Mensch ...

Wer als Ausländer vorübergehend in Russland weilt, muss drei Papiere mit sich herumtragen, mit denen der russische Staat den Aufenthalt des Fremden legalisiert: Das meist in den Pass geklebte und abgestempelte Visum, das bei der Einreise ausgefüllte und abgestempelte „Migrationskärtchen" und die vom Gastgeber oder der Unterkunft besorgte Registrierung - selbstverständlich ebenfalls amtlich abgestempelt. Auf allen drei Papierchen steht eigentlich das Gleiche: Wer man ist, welche Passnummer man hat, wann man eingereist ist und das all dies so in Ordnung geht. Schon diese Tatsache impliziert, dass hier einiges vereinfacht werden könnte - um dem russischen Staat und den ihn besuchenden Menschen Stempelfarbe, Nerven, Zeit und Geld zu sparen ...

Merke: „Die **übermäßige Strenge der Gesetze** in Russland wird durch ihre **allgemeine Nichtbeachtung** kompensiert", so ein in Russland gerne zitiertes Bonmot. Und dies gilt nicht nur im Finanzsektor, sondern im gesamten wirtschaftlichen und gesellschaftlichen Leben.

Theoretisch verstehen die Russen auch, dass der Staat und seine Gesetze für sie da sind, zum Schutz des einzelnen Bürgers und der Organisation des Zusammenlebens. Praktisch beherrscht aber ein über Generationen und Jahrhunderte geprägtes **Misstrauen gegenüber der Obrigkeit** *(wlast),* deren Schergen und der oft wirren Gesetzeslage das Alltagsverhalten.

Der verbreitete **Rechtsnihilismus** findet in verschiedenen Phänomenen Ausdruck: Da die meisten Russen – zu Recht – wenig Vertrauen in die Leistungsfähigkeit von Miliz (2011 nach vielen Skandalen im Rahmen einer Reform in *Polizija* umbenannt), Gerichten und Behörden haben, ihnen zu ihrem Recht zu verhelfen, versuchen sie es erst gar nicht: „Hilft ja eh nichts." Eine Anzeige zu erstatten, hat einen Ruch von Denunziantentum und Kumpanei mit der Staatsmacht, von der per se ja nichts Gutes zu erwarten ist. Verbrechen, wie Gewalt in der Familie, Diebstähle, Betrügereien oder auch nur unangenehme Missstände im eigenen Wohnumfeld, bleiben so oft ungesühnt und werden nicht abgestellt.

> Ein „GAIschnik" bei der Arbeit: Wird jetzt ein Strafzettel ausgestellt – oder diskret ein Scheinchen überreicht?

Umgekehrt fühlen sich auch die Missetäter reichlich sicher – sei es, dass sie weiterhin Frau und Kinder schlagen, Bierflaschen auf dem Spielplatz zerdeppern, Geländewagen auf dem Gehweg parken oder Villen in Naturschutzgebieten errichten.

Verbote werden folgerichtig gerne als völlig **ungerechtfertigter Eingriff in die Privatsphäre** betrachtet: Etwa nach dem Motto: „Ist es nicht meine eigene Sache, wenn ich nachts betrunken und nicht angeschnallt mit 100 km/h ohne Licht durch die Stadt rase? Ist doch mein Auto ..."

Einzig empfindliche Strafen sind geeignet, derartigen Alltagsanarchisten regelkonformes Verhalten beizubringen. Als das Bußgeld für das Fahren ohne Gurt 2007 verfünffacht wurde (womit auch das Interesse der Verkehrspolizei stieg, dieses Delikt zu ahnden), sank die Zahl der Verkehrstoten prompt um einige Tausend pro Jahr.

Ist man als Sünder – egal ob im Straßenverkehr, beim Steuerzahlen oder dem Ignorieren von Brandschutzvorschriften – ertappt worden, tritt ein weiterer Mechanismus in Kraft, um der „Strenge des Gesetzes" zu entgehen: **Bestechung.** Viele der Kontrolleure sind gerne bereit, beide Augen zuzudrücken, wenn dabei für sie persönlich ein adäquater Obolus abfällt. **Beamte** sind in Russland schließlich keine besonders gut bezahlte Berufsgruppe. Die Armbanduhren, Fahrzeuge und Wochenendhäuser mancher Vertreter dieser Zunft sprechen aber eine deutliche Sprache über die realen Einkommensverhältnisse. Als besonders korrupt und geldgierig gelten die Beamten der **Verkehrspolizei.** Es gibt wohl keinen Autofahrer mit wenigstens mittelprächtiger Fahrpraxis in Russland, der einem *GAIschnik* noch nie einen Geldschein hätte zukommen lassen.

Korruption steht zwar unter schwerer Strafe, doch die Verlockung, eine Sache „unter uns" zu lösen, ist für beide Seiten hoch. Mit neuen Gesetzen, Telefonhotlines, Überwachungskameras und behördeninternen Ermittlern wird versucht, gegen das Grundübel vorzugehen – das Präsident *Medwedew* 2009 als ein „seit Menschengedenken Russland aussaugendes Leiden" bezeichnete. In einem **Anti-Korruptions-Rating** von „Transparency International" kam Russland zu diesem Zeitpunkt nur auf Rang 146 von 180 Staaten. 2013 hatte es sich leicht auf Rang 127 von 177 Ländern verbessert.

Russland leidet unter dem Phänomen, dass viele Beamte nicht nur für das Wegschauen und Nichtstun, sondern auch für das Erledigen der ihnen aufgetragenen Aufgaben die Hand aufhalten: Die Geschäftswelt klagt, dass auch bei der Erfüllung aller rechtlicher Anforderungen Genehmigungen und Lizenzen nur nach gewaltigen **Schmiergeldinfusionen** zu erhalten sind.

Und staatliche Aufträge erhält oft nicht der billigste Anbieter, sondern der beim sogenannten *otkat* (Rücklauf) Meistbietende. Dabei handelt es sich um illegale Provisionen an den oder die Verantwortlichen für die Auftragsvergabe. Im Baugewerbe soll der *otkat* bis zu 40 Prozent betragen. Eine Überschlagsrechnung der Präsidentenverwaltung kam 2010 auf ein Otkat-Volumen von 1000 Mrd. Rubel (ca. 23,5 Mrd. Euro) jährlich – bzw. 20 Prozent der für staatliche Aufträge aufgewandten Mittel. Solche Schmiergeldzahlungen sind inzwischen selbst in der Privatwirtschaft gang und gäbe.

In der Königsklasse der korrupten Staatsdiener macht man sich dann allerdings nicht mehr direkt mit dem Geld anderer Leute die Finger schmutzig: **Verfilzungen und Vetternwirtschaft** erlauben es, Millionenbeträge aus dem Budget zu unterschlagen und in Strukturen umzuleiten, die guten Freunden, Verwandten oder Bekannten gehören. Als Musterbeispiel kann hier der 2010 rausgeworfene Moskauer Bürgermeister **Juri Luschkow** gelten: Seine Ehefrau schaffte es in den 18 Jahren seiner Amtszeit, aus ihrer kleinen Firma Inteko zur Herstellung von Kunststoffteilen ein über 2 Mrd. Dollar schweres Immobilien- und Bauimperium zu machen.

„Filz" gibt es aber auch auf dem Niveau der Durchschnittsbürger: Wenn es darum geht, einen Ausbildungsplatz für das Kind, eine Arbeitsstelle oder eine teure Behandlung im Krankenhaus zu bekommen, gehen viele Russen nicht den langwierigen, nervenraubenden und eventuell korruptionsträchtigen Dienstweg, sondern verlassen sich auf ihre Beziehungen: **„Blat"** heißt dieses Gewirr von „Ich-kenne-da-jemanden-der-jemanden-kennt"-Kontakten. Es kann sein, dass auch hier mit Geld nachgeholfen werden muss, um das gewünschte Resultat zu erzielen. Aber oft sind es auch reine **Freundschaftsdienste,** beruhend auf Gegenseitigkeit, Sympathie und Solidarität gegenüber einem hochbürokratischen System, das weniger für die Bürger, als für sich selbst zu existieren scheint.

Auf der sozialen und organisatorischen Ebene ist blat damit die Entsprechung zur immer wieder beeindruckenden Gabe der **Improvisation,** mit der russische Handwerker und Hobbybastler in Wohnungen, Autos oder Datschen verzwickte technische Probleme lösen: Vielleicht sind auch diese nicht ganz normgerecht – aber Hauptsache, es funktioniert!

Das Bildungssystem

Viele ehemalige Sowjetbürger (also eigentlich fast alle etwas älteren Erwachsenen, die im heutigen Russland leben) sind felsenfest davon überzeugt: Das **sowjetische Schulsystem** war das beste der Welt. Darüber zu diskutieren, liebt man gar nicht: Schließlich seien die Lehrer kompetent und korrekt gewesen und hätten sich auch nach Dienstschluss noch um das Wohl ihrer Schützlinge gesorgt – etwa, in dem sie Hobbyzirkel organisierten oder bei irgendwelchen Problemen gleich zu Hause bei den Eltern vorbeischauten. Gelernt wurde viel und intensiv – und ist Russland heute nicht noch immer eines der Länder mit der **niedrigsten Analphabetenquote weltweit?**

Das stimmt – 99,6 Prozent der Russen können lesen und schreiben. Für ein Land, das vor einem Jahrhundert noch ein nur mäßig entwickelter Agrarstaat war, ist das eine echte Errungenschaft. Der Kommunismus brachte in der Tat erstmals die Bildung flächendeckend unters Volk – und sei es in die einsamsten Taigadörfer. Selbst die Kinder von Nomadenvölkern im hohen Norden bekamen so erstmals Schulbildung. Das bedeutete allerdings auch, dass sie in Internate gesteckt wurden und ihre Eltern, Rentiere und alte Lebensweisen nur noch in den Ferien erleben konnten. Denn ungeachtet aller Bildungserfolge war das sowjetische Schulsystem natürlich auch eine Maschine zur Zucht von kleinen Sowjetmenschen mit der „richtigen" Weltanschauung: Appelle, Parolen und das Lenin-Bild im Klassenzimmer, ideologisiertes Lehrmaterial und ebensolche Lehrpläne, Marxismus-Leninismus als Unterrichtsfach, kollektive Ernteeinsätze auf Kolchos-Feldern ...

Schule: 11 Jahre Expresspauken

Den ideologischen Überbau hat das Schulsystem in den nachsowjetischen Jahren natürlich abgeworfen. Strukturen und Prinzipien des Schulwesens sind aber weithin unverändert: Es wird sehr intensiv gepaukt, Lehrinhalte werden weniger erarbeitet als vom Lehrer frontal vermittelt.

042ru-ld

Der Stoff schlägt dabei sehr gedrängt auf die Schüler ein – denn nach nur elf Schuljahren steht die **„Einheitliches Staatsexamen"** **(EGE)** genannte Abiturprüfung an. Die gesetzliche Schulpflicht umfasst zwar nur neun Schuljahre, doch gibt es in Russland nicht die Möglichkeit, anschließend eine praxisbetonte Lehre in einem Wirtschaftsbetrieb anzutreten: Derartige Berufsausbildungen erfolgen ausschließlich schulisch an einer **PTU, College oder Technikum** genannten Berufsschule.

Das russische Schulsystem hat auch heute zweifellos noch positive Seiten: Zumindest in **Mathematik** und **Naturwissenschaften** weisen russische Schüler im internationalen Vergleich weiterhin sehr gute Kenntnisse auf. Und an den zahlreichen Schulen mit einem Schwerpunkt auf ein bestimmtes Fach (sei es eine Fremdsprache, Musik oder eine Naturwissenschaft) werden bis heute **kleine Koryphäen** herangezogen, die dann oft international bei Schülerolympiaden brillieren. Allerdings wird in Russland gegenwärtig darüber nachgedacht, die Schulzeit auf zwölf Jahre anzuheben, um den **Lernmarathon** zu entspannen. Außerdem sollen die Oberstufenschüler etwas Freiraum bei der Auswahl ihrer Fächer bekommen – bis dato gibt es **20 Pflichtfächer!** „Ihnen wird eine gewaltige Menge Wissen ins Hirn gedrückt, das bestenfalls gleich nach dem Examen wieder vergessen wird.", so der bis 2012 amtierende Bildungsminister *Andrej Fursenko.* Überstürzt wird die Reform aber nicht – sie soll erst 2020 greifen.

⌃ Mathematik, Naturwissenschaften und Informatik sind die starken Seiten des russischen Schulsystems: Eine Computerklasse in einem karelischen Dorf Ende der 1990er-Jahre

Ein Doktor ist kein Dr.

Russische Gelehrte werden im Ausland leicht einmal unter Wert gehandelt – nicht nur wegen des aufgrund der mangelhaften Finanzierung angekratzten Rufs der Wissenschaften im Land, sondern auch aufgrund ihres bescheiden klingenden Titels: Ein Professor firmiert in Russland als „Doktor der Wissenschaften" („doktor nauk").

Wenn also jemand auf Russisch sagt, er schriebe gerade an seiner „Doktorarbeit", dann bedeutet dies, er arbeitet an seiner Habilitation. Unserem Dr.-Titel entspricht in Russland der akademische Grad „Kandidat der Wissenschaften" („kandidat nauk", abgekürzt: „k.n.").

Hochschulen: Geld ersetzt Grips

Hat man das EGE in der Tasche, erfolgt in der Regel gleich der Übergang auf eine **Hochschule** – viele Erstsemester sind da noch nicht einmal volljährig. Ein Praktikum, ein Freiwilligenjahr, einen Auslandsaufenthalt oder eine sonstige „Reifeprüfung" im realen Leben einzulegen, ist nicht üblich. Deshalb spielen im russischen Hochschulbetrieb die **Studenten-Eltern** auch eine gewisse Rolle – sowohl beim Management der komplexen Aufnahmeprüfungen wie auch im Kontakt mit den Dozenten, sollte der Nachwuchs da kommunikativ einmal überfordert sein.

Hinzu kommt, dass die Immatrikulierung an einer Universität meist auch eine beträchtliche finanzielle Belastung darstellt, die die jungen Leute gar nicht allein lösen können: Ein großer Teil der Hochschulbildung ist nur gegen erhebliche **Studiengebühren** erhältlich – und dort, wo der Staat die Studienplätze noch voll finanziert, reguliert die **Auswahlkommission** den Zugang nur zu oft nicht neutral nach Eignung und Wissen der Bewerber, sondern nach individuellen Beziehungen und der Schmiergeldhöhe. Die Wahl des Studienfaches und der Universität hängt damit massiv von den finanziellen Möglichkeiten des Elternhauses ab.

Helle Köpfe aus einfachen Verhältnissen werden damit unter den heutigen russischen Studenten immer seltener – um so mehr gibt es akademischen Nachwuchs, der auf die Dozentenfrage, warum man sich für dieses Fach eingeschrieben habe, nur ehrlich zu antworten weiß: „Weil meine Eltern das so entschieden haben." Der Vorteil liegt aber auch auf der Hand: Während so manche junge Deutsche mit 20 Jahren endlich einmal die Wahl des Studienfaches ernsthaft angehen, haben ihre russischen Altersgenossen zu diesem Zeitpunkt **ihren Bachelor schon in der Tasche.**

Unter Kommili-Tönchen

Wer völlig unvorbelastet eine russische Universität betritt, wird auf den ersten Blick glauben, auf einer Modenschau gelandet zu sein, oder wieder auf dem Gymnasium. Die Studentinnen stolzieren auf Absätzen, die so hoch und spitz sind, dass sie in Deutschland unter das Waffengesetz fallen würden, in die Vorlesungsräume. Und sie hören auch nicht auf, in ihre Handys zu quatschen, wenn der Dozent erscheint. Ganz klar, dass sich die männlichen Kommilitonen bei so viel geballter Weiblichkeit nicht auf den Unterricht konzentrieren können, sondern ihren flüchtigen Intellekt auf die Installation neuer Klingeltöne richten.

Nun sitzt man also inmitten dieser kichernden Horde und fühlt sich an die eigene Schulzeit erinnert. Wissenschaftliches Arbeiten? Fehlanzeige. Da werden für Referate im Seminar Internationale Politik schon mal lediglich die Stellungnahmen des russischen Außenministeriums aus dem Netz geladen. Man macht sich ja nicht mehr Arbeit als nötig.

Dieses Prinzip gilt dann auch bei den Prüfungen, kombiniert mit einem weiteren Grundsatz: Geld allein macht zwar nicht glücklich, kann das Leben aber um einiges erleichtern. Und so sieht man die Sprösslinge einschlägig ausgestatteter Familien bei Prüfungen ungeniert ein leeres Blatt abgeben.

Doch seien wir ehrlich, sie werden so besser auf die tatsächlichen Verhältnisse in Russland vorbereitet, als durch Theorien über die Dimensionen des Weiblichen im Werk Boris Pasternaks. Natürlich könnte man an das Ehrgefühl der Dozenten appellieren: Schließlich ist Unbestechlichkeit eine der wichtigsten Voraussetzungen für die Freiheit der Lehre. Ein Argument, das bei einem Monatslohn, der zum Sterben zu viel und zum Leben zu wenig ist, jedoch nicht wirklich beeindruckt.

Gerechterweise muss man aber dennoch sagen, dass es sie auch hier gibt – die Momente, die es lohnend machen, sich in einem russischen Wintersemester frühmorgens aus dem Bett zu quälen. Wenn zum Beispiel dem ehrwürdigen Professor im Opernseminar bei einer Originalaufnahme von Schaljapin die Tränen in die Augen steigen. Oder wenn die hutzelige Literaturdozentin von Dostojewski spricht, als hätte sie sich erst gestern mit ihm auf einen Kaffee getroffen. Vielleicht gibt es in Deutschland an den Universitäten mehr Wissenschaft. Aber dafür gibt es in Russlands Hochschulen mehr Gefühl!

Hannah Beitzer
(St. Petersburgische Zeitung)

Allerdings geht das von der Schule bekannte Rekapitulieren eines genau abgegrenzten **Wissenskanons** im Prinzip an den Hochschulen so weiter – das selbstständige akademische Arbeiten kommt dafür zu kurz, genauso wie die Möglichkeit, sich umzuschauen und Nebenfächer auszuprobieren: Wer die Prüfungen nach jedem Semester auch in einem zweiten oder dritten Anlauf nicht schafft, wird exmatrikuliert – es sei denn, „**Vitamin B**" oder eine diskrete Zahlung helfen weiter.

Die Verlockung, respektive der Zwang, sich auf derartige unmoralische Angebote einzulassen, ist bei Lehrern und Dozenten groß (aber nicht flächendeckend, es gibt überall auch wahre Idealisten). Denn die Pädagogen, egal ob an Grund- oder Hochschule, gehören zu den **am schlechtesten bezahlten Berufsgruppen** im Land – und werden auch nicht durch die **Arbeitsbedingungen** versöhnt: So verfügen die an der renommierten St. Petersburger Staatsuniversität unterrichtenden Philologen nicht einmal über einen eigenen Schreibtisch, geschweige denn ein Arbeitszimmer. Dies führt zum einen dazu, dass gute Lehrkräfte in einträglichere Berufe oder Branchen wechseln, oder dass sie zusehen müssen, wie sie mit **Zusatzjobs** über die Runden kommen: Neben der Übernahme weiterer Unterrichtsverpflichtungen ist dies vor allem der weitverbreitete private Nachhilfeunterricht.

Denn allein durch das Bildungssystem sind dessen eigene hohe Ansprüche – oder in der Wirtschaft gefragte **reale Qualifikationen** wie wirklich gute Fremdsprachenkenntnisse – nicht zu erfüllen. Und ein **Hochschuldiplom** gilt bei der Vergabe von besseren Arbeitsstellen zwar als formelle Notwendigkeit, aber kaum ein Arbeitgeber legt dabei besonderen Wert auf die erzielten Noten. In einem Land, in dem man in U-Bahn-Zugängen oder Unterführungen immer wieder mal Ghostwriter sehen kann, die mit einem diskreten Zettel in der Hand still „Diplomarbeiten" anbieten, ist schließlich hinreichend bekannt, wie gute Abschlüsse auch zustandekommen können.

Ökologisches Bewusstsein

Das Bewusstsein, dass die Natur schützenswert ist und man mit ihr behutsam umgehen sollte, kommt in Russland erst allmählich auf. Eine **Grüne Partei** von landesweiter Bedeutung **gibt es deshalb bis heute nicht,** auch Umweltschutzverbände führen trotz örtlich extremer Umweltbelastungen ein **Nischendasein.**

Eine Ursache hierfür ist wohl die schiere Größe des dünn besiedelten Landes: Der Dreck, die Industrie wie auch die Menschen konzentrieren sich auf verhältnismäßig kleine Flächen – dazwischen erstrecken sich weite Landstriche mit einer zumindest scheinbar intakten Natur.

Selbst die **Atomenergie** samt ihres unausweichlichen Altlastenproblems ist in Russland im allgemeinen Bewusstsein – trotz der Katastrophe von Tschernobyl – als eine gegebene Größe verankert, auf die man sogar ein bisschen Stolz empfindet: Schließlich gibt es ja nicht so viele Länder auf der Welt, die in der Lage sind, in Eigenregie Atomkraftwerke zu bauen. Und angesichts der weltweit geführten Debatte um **Klimaschutz** und **Erderwärmung** kommt in Russland immer wieder das Argument hoch, es sei doch vielleicht gar nicht so schlecht, wenn es in diesem notorisch kalten Land in Zukunft etwas wärmer würde ...

Ähnlich gedankenlos gehen viele Menschen in Russland auch mit den Ressourcen ihrer Umwelt um – zu Hause wie draußen in der Natur. Zu Energie- und Wassersparern werden die Russen nur dann, wenn sie für jedes verbrauchte Kilowatt und jeden Kubikmeter bezahlen müssen – wie dies etwa beim privaten Stromverbrauch der Fall ist. Doch anders als im Elektrizitätsnetz haben durchschnittliche Wohnungen an den Gas- und Wasserleitungen keine Zähler. Man begleicht eine **Pro-Kopf-Pauschalgebühr** – weshalb es in vielen Haushalten üblich ist, das Geschirr unter fließend warmem Wasser abzuwaschen oder eine aus Altersschwäche in den Dauerbetrieb übergegangene Klospülung nicht zu reparieren.

⌃ Spaß und Wodka sind mindestens genauso wichtig wie die Erbauung am Busen der Natur: Diese jungen Leute aus Iwanowo und Moskau sind – ganz ohne alpinistischen Eifer – auf einer improvisierten Trecking-Tour durch Kamtschatka

▷ Weg damit – egal wo: wilde Müllkippe am Rande von St. Petersburg

Die **kommunale Wohnungswirtschaft** ist allerdings auch **nicht gerade ein Vorbild an Energieeffizienz:** Die üblichen zentralen Fernwärmesysteme sehen meist keine Möglichkeit vor, in den einzelnen Wohnungen die Wärme und damit den Energieverbrauch zu regulieren: Entweder sind die Heizkörper warm – oder sie sind es nicht. Wird es zu heiß, öffnet man eben das Fenster. Ist es zu kalt, friert man oder dreht zumindest in der Küche den „kostenlosen" Gasherd auf – erst als letzte Rettung kommen Elektroradiatoren zum Einsatz. Der teure Strom wird dabei an anderer Stelle im Wohnblock gnadenlos vergeudet: In den Treppenhäusern brennt das Licht rund um die Uhr 365 Tage im Jahr. Eine Installation von Schaltern, Timern oder Helligkeitssensoren ist in einem Land mit **scheinbar unbegrenzten Energiereserven** offenbar noch immer teurer als die absurde Dauerillumination.

Von **Mülltrennung** haben die meisten Russen auch noch nie etwas gehört. Dies liegt aber nun weniger am individuellen Verhalten, als an der bisher nur in wenigen Gemeinden eingeführten separaten Sammlung von Abfällen. Im Umgang mit dem Müll wäre schon viel gewonnen, wenn wenigstens die notorische Angewohnheit, Abfall nach einer Rast im Grünen einfach liegenzulassen, von etwas Verantwortungsgefühl für die Mitmenschen wie auch die Sauberkeit der Natur überlagert würde. Gerade dort, wo es besonders schön ist, liegen bergeweise leere Konservenbüchsen, Plastikflaschen und allerlei Verpackungen herum. Manche Zeitgenossen werfen leergetrunkene Flaschen auch einfach aus dem Autofenster. Geht ja auch schnell: Raus damit und schon ist man weg und keiner hat es gesehen. Um so sichtbarer sind nicht enden wollende „Spuren der Zivilisation" an Wegesrändern und in den Straßengräben. Und selbstverständlich gehört zu einer zünftigen Landpartie oder einem Badeausflug dröhnende Musik, ein lustiges Lagerfeuerchen, der qualmende Schaschlikgrill und anschließend die Verdauungszigarette – selbst wenn im Hochsommer akute Waldbrandgefahr besteht und Warnschilder unübersehbar jegliches Feuermachen verbieten.

Praktizierte Naturnähe: Jagd auf Fische und Pilze

So viel zur negativen Seite des russischen Verhältnisses zu Mutter Natur: Die positive heißt **Angeln** und die „stille Jagd", das **Pilzesuchen.** Dies sind in Russland wahre Volkssportarten, denen gar etwas Kulthaftes anhängt, so ernsthaft wird ihnen gefrönt. Allerdings stellt auch hier, bei aller Freude an der erbaulichen Stille und Abgeschiedenheit eines guten Fischgrundes oder eines pilzhaltigen Herbstwaldes, der persönlich essbare Ertrag einen beträchtlichen Teil des Naturerlebnisses dar. Ökologie findet bei den Russen nicht im Kopf statt, sondern geht – wie angeblich auch die Liebe – durch den Magen.

Gefischt wird zu jeder Jahreszeit und überall, wo es möglich oder auch unmöglich ist. Selbst an nicht sehr vertrauenerweckenden Kanälen stehen Männer (und Frauen auch, obwohl weniger) und halten ihre Rute rituell ins Wasser. Und ohne ein winziges Gummiboot mit einem in Meditation versunkenen Angler, wäre jedes Bild von einem russischen Waldsee irgendwie nicht komplett.

Im Winter wird aus der Angelei dann ein **Extremsport,** aber das hält wahre Liebhaber nicht vom Fischen ab: Sie schultern ihren Eisbohrer und einen als Hocker dienenden Kasten für die Angelutensilien, ziehen sich warm an und gehen hinaus auf zugefrorene Flüsse, Seen und auch aufs Meer. Gut ausgerüstete Zeitgenossen besitzen für die einsame **Eisfischerei** außerdem eine Art Zelt, das sie vor dem eisigen Wind schützt, und Kerze oder Gasbrenner, die den Verschlag wärmen. Wer im Frühjahr allerdings den Moment verpasst, wenn das Eis bricht, findet sich auch schon mal auf einer driftenden Eisscholle wieder. Diese Unglücksfischer sind dann ein Fall für Rettungsboote, Luftkissenfahrzeuge und Hubschrauber des Katastrophenschutzes – der manchmal sogar mehrere Hundert Eisfischer auf einmal aufsammeln muss.

◁ Russland verfügt – trotz punktuell starker Umweltverschmutzung – noch über viel ursprüngliche Natur. Entsprechend üppig fällt der Fang in den Flüssen oft aus.

Drei Stimmen zum Thema Pilzesammeln

047ru-spz

Jegor (46), Ingenieur:
Ich warte immer mit großer Unge-duld auf das passende Wetter. Es heißt, es soll an mehreren aufeinan-derfolgenden Tagen regnen. Dann kann der Boden all die Feuchtigkeit richtig aufnehmen - und erst danach lohnt es sich, Pilze sammeln zu gehen. Oder anders gesagt, erst dann macht es richtig Spaß. Die Zeit im Wald zu genießen, ist meiner Meinung nach eine Philosophie. Man sollte den Wald fühlen können. Trotz meiner jahre-langen Erfahrung als Pilzsammler, bin ich immer noch vorsichtig. Ich nehme nie Pilze mit, bei denen ich mir nicht hundertprozentig sicher bin. Es ist mir lieber, mit leeren Ta-schen nach Hause zu gehen, als wo-möglich mit gefährlichen Konsequen-zen rechnen zu müssen.

046ru-spz

Ksenia (22), Studentin:
Ich persönlich gehe nicht allzu gerne in den Wald. Das Pilzsammeln war für mich noch nie Hobby oder gar Leidenschaft. Während einer Saison schaffe ich es höchstens ein oder zwei Mal, mir die Zeit zu nehmen und ei-nen ganzen Tag umherzuwandern. Und wenn, dann fast immer mit meinem Vater, der tatsächlich sehr erfahren in dieser Sache ist. Ihm kann ich voll und ganz vertrauen. Ich bin schon immer sehr vorsichtig gewesen - man hört ja dauernd ir-gendwelche Geschichten über Pilzver-giftungen. Deshalb traue ich auch

vielen Varianten der Pilzmarinaden nicht, die ich lieber meide, wenn ich zu Besuch bin. Eine schnelle und simple Zubereitung der Pilze ist mir lieber, zum Beispiel kurz angebraten als Füllung für Pfannkuchen. Oder als Pilzsuppe.

Vera (26), Verlegerin:
Früher war das Pilzsammeln ein richtiges Ritual in unserer Familie. Wir nahmen uns immer extra eine Woche Zeit, die wir auf unserer Datscha verbrachten, und sind fast jeden Tag in den Wald gegangen. Ich habe diese Zeit immer genossen und fand es unglaublich spannend, wenn mir mein Vater allerlei über die Pilze erzählt hat. Er hat mir auch beigebracht, die wichtigsten Pilzsorten zu unterscheiden. Heute habe ich leider keine Möglichkeit mehr, mir so einen Urlaub zu gönnen und nur der Herausforderung zuliebe umherzuwandern. Es ist halt auch Glückssache. Man kann mit vollen Körben heimkehren oder eben auch leer ausgehen. Die Tradition, öfter Pilzgerichte zuzubereiten, ist bei mir jedoch geblieben. Also kaufe ich Pilze auf dem Markt.

Interviews: Vera Georgieva (St. Petersburgische Zeitung)

Die Gesellschaft heute

◁ Russlands Staatsmacht kann auch ein freundliches Gesicht machen
(Foto: 008ru-ld)

eration ist eine **demokratische, rechtsstaatliche**
Menschenrechte garantiert und die wesentlichen
ten geachtet werden. Zumindest in der Theorie – so
alles mit rechten Dingen zuginge und tatsächlich die
ige und endgültige Maß aller Dinge wäre.

Verfassung und Präsident

Russlands 1993 nach einem Referendum verabschiedete Verfassung ist ein betont **liberales, fortschrittliches Gesetzeswerk,** in dem den Rechten und Freiheiten des Einzelnen hoher Stellenwert zugesprochen wird: „Russland ist ein demokratischer föderativer Rechtsstaat mit republikanischer Regierungsform" (Artikel 1, Absatz 1). „Der Mensch, seine Rechte und Freiheiten sind das höchste Gut. Anerkennung, Achtung und Schutz der Rechte und Freiheiten des Menschen und Bürgers sind die Pflicht des Staates" (Artikel 2). Dieses Dokument dürfte das wertvollste Erbe der ansonsten reichlich chaotischen und von Krisen geprägten **Jelzin-Zeit** sein. Auch wenn der demokratische Geist unter dessen Nachfolger schwer strapaziert wurde – *Wladimir Putin* weigerte sich während seiner ersten beiden Amtszeiten hartnäckig, ernsthafte Änderungen an der Verfassung vornehmen zu lassen. Dies würde den noch jungen Staat unterminieren, so seine Position. Dabei hätte er seinerzeit mit Leichtigkeit durch eine Zweidrittelmehrheit in der Duma beispielsweise den Verfassungsartikel ändern lassen können, der ihm eine dritte Amtszeit in Folge verbot.

⌂ Im privaten „Putin-Museum" in seiner Heimatstadt St. Petersburg steht Wladimir Putin deutlich über der russischen Verfassung. Er selbst hat sich ihr dagegen trotz aller Machtfülle untergeordnet.

Erst sein Interims-Nachfolger *Dmitri Medwedew* ließ 2008 zwei Korrekturen zu: Auf sein Betreiben hin wurde die Amtszeit des Präsidenten und die Legislaturperiode der Staatsduma um zwei bzw. ein Jahr auf sechs bzw. fünf Jahre verlängert. Diese Änderung betont die besondere Rolle des Staatsoberhauptes im Staatsgefüge: Russland ist eine **präsidentielle Demokratie.** Anders als in Deutschland oder Österreich ist der Präsident (ähnlich wie in den USA oder Frankreich) die wichtigste politische Instanz. Der Präsident bestimmt die Innen- und Außenpolitik, er ist Oberbefehlshaber der Streitkräfte – und er kann den Premierminister (offiziell: den „Vorsitzenden der Regierung") nach eigenem Gutdünken jederzeit entlassen und sich einen Nachfolger aussuchen. Das Parlament kann diesen zwar ablehnen, riskiert dann aber auch seine Auflösung. Der Regierungschef gebietet dabei nicht einmal über alle Minister: Üblicherweise unterstellen sich die russischen Präsidenten per *ukas* (Erlass) die sogenannten fünf **„Machtministerien"** für Äußeres, Inneres, Verteidigung, Justiz sowie Zivil- und Katastrophenschutz direkt. Dem **Regierungschef** bleiben damit faktisch nur die Bereiche Wirtschaft, Verkehr, Soziales und Finanzen zu verwalten. Der symbolträchtig im Moskauer Kreml residierende Präsident hat damit beinahe eine Machtfülle wie einst der Zar – mit dem großen Unterschied, dass er sein Amt nicht der Gnade der dynastischen Geburt, sondern politischen Wahlen verdankt.

„Gelenkte Demokratie"

Allerdings sind sich die meisten Russen durchaus bewusst, dass es seit Ende der 1990er-Jahre bei den **Wahlen im Land nicht gerade korrekt** zugeht: Wahlfälschungen, der Einsatz „administrativer Ressourcen", einseitige Medienberichterstattung im Wahlkampf und der Ausschluss unliebsamer Kandidaten und Parteien unter vorgeschobenen Begründungen stellen nach westlichen Maßstäben den **„Wert" der russischen Demokratie** gehörig infrage.

Die Mehrheit der Russen nimmt das aber sehr gelassen: In einer Umfrage vom April 2014 erklärten 71 Prozent, dass ihnen die Aufrechterhaltung der „Ordnung" wichtiger sei als die Einhaltung demokratischer Prinzipien – unter „Ordnung" versteht man dabei vorrangig politische und wirtschaftliche Stabilität. Und 2013 hatten sich 39 Prozent dafür ausgesprochen, es sei besser, wenn alle Macht im Land in einer Hand läge. „Hart, aber klug und gerecht" soll das Land also am besten gelenkt werden. Nicht umsonst bedeutet **„gosudarstwo",** der russische Begriff für **„Staat",** wörtlich übersetzt **„Herrschaft".** Aufgrund des mit der Einführung der Demokratie einhergehenden wirtschaftlichen Niedergangs und Chaos vom

Extrainfo 4 (s. S. 11)**:** Der deutsche Filmemacher *Hubert Seipel* konnte 2012 für sein Porträt „Ich Putin" dem Kreml-Chef äußerst nahe kommen.

Anfang der 1990er-Jahre gilt der Begriff „Demokrat" in Russland schon beinahe als Schimpfwort: So werden heute üblicherweise die Politiker und „Kreml-Kritiker" (einebeliebte Wortschöpfung der Westpresse) der weitgehend aus den Parlamenten verdrängten westlich-liberalen Kleinstparteien und Gruppierungen bezeichnet.

So gab es in der Geschichte des nachsowjetischen Russlands noch nicht den Fall, dass ein vom Volk bestimmter neuer Präsident gegen den Willen des vorherigen Amtsinhabers in den Kreml einzog: *Boris Jelzin* bestimmte nach langem Zögern *Wladimir Putin* zum **Wunschnachfolger** und überließ diesem am 31. Dezember 1999 mit einem vorzeitigen, freiwilligen Rücktritt (ein einmaliger Vorgang in der Geschichte Russlands) kommissarisch sein Amt. Und *Putin* entschied sich nach acht Jahren Amtszeit für **Dmitri Medwedew** als neuen Präsidenten – der aber wiederum *Putin* mit der Führung der Regierung beauftragte. Obwohl formell *Medwedew* untergeordnet, blieb *Putin* für vier Jahre aber faktisch der Lenker des sog. „Tandems" an der Staatsspitze. 2012 wurde er dann auch erneut mit 64 Prozent der Stimmen zum Präsidenten gewählt. Der deutlich liberaler gesinnte *Medwedew* führt seither als treuer Regierungschef ein politisches Schattendasein. Bis zum Juli 2014 schnellte die Zustimmung für *Putins* Amtsführung aufgrund der Krim-Einverleibung und seiner Position im Ukraine-Konflikt sogar auf 85 Prozent hoch.

Dritter im Bunde ist die 2001 gegründete rechtszentristische **Partei „Einiges Russland" (ER),** deren Vorsitzender seit 2012 *Medwedew* ist. In der 2011 gewählten **Staatsduma** kann die nicht gerade für Eigeninitiative berühmte „Beamtenpartei" mit einer Mehrheit von 53 Prozent die Gesetzgebung ganz im Sinne *Putins* dominieren. Für dieses System hat sich der Begriff **„gelenkte Demokratie"** eingebürgert: Formell entspricht die politische Willensbildung in Russland demokratischen Normen, faktisch bestimmt ein kleiner Kreis in und um den Kreml die Geschicke des Landes. „Man muss schon verstehen, dass wir die Macht nicht mehr abgeben", soll **Wladislaw Surkow** lakonisch gesagt haben. Der ehemalige Vizechef der Präsidentenverwaltung gilt als **Architekt des gegenwärtigen politischen Systems in Russland.**

Föderation ohne Föderalismus

Das heutige Russland ist also stark **zentralistisch** geprägt – auch wenn es der Verfassung nach eine Föderation, also eine Art Bundesrepublik, darstellt. Gegenwärtig gibt es (nach dem völkerrechtlich umstrittenen Anschluss der Krim) 85 Föderationssubjekte. Verwirrend sind die unterschiedlichen Bezeichnungen der einzelnen „Bundesländer" – die aber für deren realen Status fast ohne Belang sind: Es gibt 46 Gebiete *(oblast)*, 22 Republiken mit einer nicht-russischen Titularnation (deren Sprache dort zur gleichberechtigten Staatssprache erklärt werden kann), 9 Regionen *(krai)*, 4 Autonome Kreise *(okrug)*, eine Autonome Oblast (das kleine „Jüdische Gebiet" im Fernen Osten, in dem Juden aber nur noch ein Prozent der Bevölkerung ausmachen) und drei „Städte föderaler Bedeutung" *(goroda federalnogo snatschenija)* – nämlich Moskau, St. Petersburg und Sewastopol.

Präsident *Boris Jelzin* hatte Anfang der 1990er-Jahre die Regionen noch aufgefordert, sich „soviel **Souveränität** wie ihr schlucken könnt" herauszunehmen. Doch dieser Prozess wurde unter *Putin* mit aller Macht zurückgedreht: Die Beispiele **Tschetscheniens** und bedingt auch **Tatarstans** zeigten, dass einzelne Föderationssubjekte auch die Unabhängigkeit anstreben können – und damit die Stabilität und den Zusammenhalt des Gesamtstaates infrage stellen. Im Jahr 2000 unterteilte *Putin* deshalb ganz Russland in sieben übergeordnete administrative **Föderationskreise,** in denen er jeweils einen „Bevollmächtigten Vertreter des Präsidenten" (umgangssprachlich: *generalgubernator*) als **Aufseher der Zentralmacht** einsetzte. 2010 wurde aus dem „Südlichen Kreis" ein achter Föderationskreis „Nordkaukasus" ausgegliedert, um diese von islamischem Extremismus geplagte Region besser kontrollieren zu können. 2014 wurde die frisch einverleibte Halbinsel Krim zum neunten Kreis erklärt.

Auch in Russlands Regionen ist die „Beamtenpartei" ER die stärkste politische Kraft: 72 der 85 regionalen Verwaltungschefs waren im August 2014 Mitglieder von ER. Denn von 2004 bis 2011 wurden die **Gouverneure** (in manchen Föderationssubjekten heißen sie auch Verwaltungsvorsitzender, Oberhaupt, Präsident und in Moskau *mer* – nach dem französischen Wort *maire* für Bürgermeister) nicht mehr direkt ge-

049ru-ld

> Auf dem Bahnhofsgebäude von Birobidschan steht der Stadtname auf Hebräisch – viel mehr Jüdisches gibt es dort nicht mehr

wählt, sondern faktisch **vom Präsidenten ernannt.** Die größte Partei im jeweiligen regionalen Parlament (dies ist – Stand 2010 – überall ER) hat dabei das Recht, dem Staatschef einige Personalvorschläge zu machen. Der Kreml trägt dabei hinter den Kulissen aber schon Sorge, dass sein Wunschkandidat dabei ist. ... Auf diese Weise wurde sichergestellt, dass es in Russland **keine „oppositionellen Regionen"** mit eigensinnigen Verwaltungschefs mehr gibt. Bei Bedarf konnte der Präsident einen Regionalchef auch einfach des Amtes entheben – wie dies im Herbst 2010 dem 18 Jahre lang amtierenden Moskauer Bürgermeister *Juri Luschkow* geschah. 2012 führte der Kreml als demokratisches Zugeständnis die Gouverneurswahlen wieder ein. Allerdings müssen Kandidaten genug Unterstützer unter den Abgeordneten der lokalen Parlamente finden. Dieser „munizipale Filter" erlaubt es weiterhin, unerwünschte Bewerber auszusieben.

Parteien und Opposition

Im Winter 2011/12 erhob sich in Russland unerwartet eine **Protestwelle:** Hatten bis dato Kundgebungen „gegen Putin" selbst in der 10-Millionen-Stadt Moskau höchstens 1000 bis 2000 Demonstranten mobilisiert, so gingen nun plötzlich bis zu 150.000 Menschen unter der Losung **„Für ehrliche Wahlen!"** auf die Straße. Anlass der friedlichen Proteste war die Dumawahl im Dezember 2011, bei der die Opposition Wahlfälscher am Werk sah. In zahlreichen Wahllokalen, so der Verdacht, waren mit Zähl-Manipulationen oder massenhaft eingeworfenen Stimmzetteln die Ergebnisse korrigiert worden. Die von einer schweren Imagekrise gebeutelte Hauspartei **„Einiges Russland" (ER)** hatte zwar 15 Prozent an Zustimmung verloren, bekam mit 49 Prozent der Stimmen (nach dem offiziellen Ergebnis) aber noch eine sichere absolute Mehrheit im Parlament.

Vier Monate später standen Präsidentenwahlen an – und vor allem Angehörige der gebildeten Mittelschicht wollten nicht noch einmal verschaukelt werden. Außerhalb der Millionenstädte fand die Protestbewegung, in der nationalistische und westlich-demokratisch orientierte Kräfte vorübergehend ein Zweckbündnis eingegangen waren, aber faktisch keinen Widerhall. Aufgrund eines sehr restriktiven Parteiengesetzes gab es zum Zeitpunkt der **Duma-Wahl 2011** nur sieben zugelassene Parteien. Ins Parlament kamen neben ER nur drei: Die als einzige echte Oppositionspartei geltende **Kommunistische Partei (KPRF)** bekam 19 Prozent der Stimmen. Auf die bei Kernfragen immer kremltreu agierende rechtsnationale **Liberaldemokratische Partei (LDPR)** des altgedienten Populisten *Wladimir Schirinowski* entfielen 12 Prozent. 13 Prozent holte die moderate Linkspartei **Gerechtes Russland (SR),** die jedoch ebenfalls als putinhörig einzustufen ist.

Der Kreml sah sich gezwungen, der Protestbewegung – Markenzeichen: ein weißes Bändchen am Revers – Zugeständnisse zu machen: Neben der formellen Wiedereinführung freier Gouverneurswahlen war dies vor allem eine drastische **Liberalisierung der Parteienzulassung.** Statt bislang 50.000 reichen nun 500 Mitglieder aus, um eine Partei zu gründen. Die Idee, ganz im Geiste der „gelenkten Demokratie", funktionierte: Wenn man jeder Splittergruppe erlaubt, eine eigene Partei zu gründen, gibt es für die Unzufriedenen aller Couleur keinen Antrieb, sich in einer starken Dachorganisation zusammenzuschließen.

Das Kalkül ging auf: Im Sommer 2014 hatte das Justizministerium 79 Parteien zugelassen – Monarchisten, Grüne, Sozialdemokraten, Sowjetnostalgiker, Frauen, Rentner, Sportler, Kosaken, Autofahrer, Steuerzahler und selbst Datscha-Eigner und „zukünftige Eltern" haben eigene Parteien ins Leben gerufen.

⌃ Bunte Truppe auf verlorenem Posten:
genehmigte Oppositionskundgebung am 1. Mai 2009 in St. Petersburg

Die Protestbewegung verklang dann schnell: Einerseits zerfleischten sich ihre Führungsfiguren schon bald wieder in ihren alten ideologischen Grabenkämpfen und persönlichen Antipathien, andererseits zog Präsident *Wladimir Putin* die Daumenschrauben spürbar an. Nachdem es bei einer Demo zu einer Straßenschlacht mit der Polizei gekommen war, wurden einige Oppositionsführer und -aktivisten zu mehrjährigen **Haftstrafen** verurteilt.

Und Russlands bekanntester Oppositioneller, der Blogger und Antikorruptionskämpfer *Alexej Nawalny,* wurde 2013 in einem höchst fragwürdigen Betrugsprozess zu fünf Jahren Gefängnis verurteilt. Nur weil er bereits um den Moskauer Bürgermeisterposten kandidierte, wurde die Strafe nur einen Tag später gegen Meldeauflagen zur Bewährung ausgesetzt. Für *Nawalny* votierten dann 27 Prozent. Das Jahr 2014 verbrachte er weitgehend unter Hausarrest samt Kontaktsperre, ein weiterer Strafprozess gegen ihn wegen eines Wirtschaftsdelikts läuft.

„Staatsorgane"

Der Züricher Russlandhistoriker *Carsten Goehrke* bezeichnet in seiner 2010 erschienenen (sehr empfehlenswerten) „Strukturgeschichte" Russland als historisch geprägten „autoritären Machtstaat". Er spricht von einer „staatsfixierten Gesellschaft", die bei der Wahl zwischen Chaos und Autokratie letztere als das kleinere Übel vorzieht.

„Daraus, dass dieses autokratisch-oligarchische System seine Schutzfunktion über die Jahrhunderte hinweg weitgehend wahrzunehmen vermochte, zog es seine Überlebensfähigkeit und Legitimation." Dieser vom patriarchalen Glauben an einen „gestrengen, aber um das Wohl des Volkes besorgten Hausvater" getragene Konsens mit einer „die Kontinuität des Systems" sichernden „privilegierten Elite" sei das eigentliche „politische Modell Russland". Versuche der Demokratisierung, wie in der Februarrevolution 1917 oder in den Jelzin-Jahren, mussten deshalb laut *Goehrke* „ins Leere laufen".

Wie die russischen „Bürger" heute – zumindest in der Theorie – ihren Staat konstituieren, wurde im vorherigen Teilkapitel beleuchtet. Jetzt soll es darum gehen, wie umgekehrt **der Staat seine Bürger kontrolliert.** In Russland spricht man dabei meist nicht von „Behörden" oder „Verwaltung", sondern von den **„Staatsmacht-Organen" („organy wlasti")** – kurz „den Organen". Abzugrenzen sind sie eigentlich recht einfach: Ihre Angehörigen – und das sind ziemlich viele – tragen als Zeichen ihrer Machtbefugnis und Unnahbarkeit meist Uniformen (oder Richterroben).

Polizei

Die Russen kennen ihre Polizei als **„Miliz"** – so zumindest hieß sie in Sowjetzeiten und auch noch lange danach, bis sie 2011 im Rahmen einer Reform in **„Polizei" („polizija")** rückbenannt wurde. Dieser von Präsident *Medwedew* verordnete Namenswechsel sollte zum Ausdruck bringen, dass nun eine neue Behörde geschaffen ist, die mit der ebenso verrufenen wie gefürchteten *milizija* der Vergangenheit nicht mehr zu vergleichen ist. Vor der Reform verging wohl kein Tag, an dem in den verbliebenen kritischen Medien nicht über einen neuen **„Milizskandal"** irgendwo im Land berichtet wurde. Damit sind Fälle gemeint, in denen sich Beamte grob über die eigentlich auch für sie geltenden Regeln von Recht und Anstand hinweggesetzt haben: Brutale Milizionäre misshandeln – man könnte auch sagen: foltern – Festgenommene, kriminelle Milizionäre erpressen Unbescholtene mit gefälschten Anschuldigungen, korrupte Milizionäre unterschlagen Beweise, faule Milizionäre wollen keine Anzeigen aufnehmen, rücksichtslose Milizionäre fahren betrunken Fußgänger tot ...

Diese Liste könnte lange fortgesetzt werden – und würde den Eindruck erwecken, dass in den Reihen der Ordnungshüter mehrheitlich psychisch instabile, moralisch verkommene und sozial verantwortungslose Menschen Dienst tun. Gottlob sind unter den Uniformträgern auch fleißige, aufrichtige und ehrliche Beamte – den Autoren sind jedenfalls auch mehrfach solche begegnet.

Bei der **Reform** wurde das Personal auf seine Tauglichkeit hin überprüft, parallel strich man über 20 Prozent der Stellen. Die Verbliebenen werden dafür deutlich besser bezahlt, was sie weniger korruptionsanfällig machen soll. Bei Verstößen ertappte Beamte werden umgehend gefeuert – oft mitsamt ihren Vorgesetzten. Offenbar trägt dies Früchte: Während 2009 gemäß einer Umfrage nur 33 Prozent der Bürger erklärten, sie vertrauten den Ordnungshütern, so waren es 2012 schon 52 Prozent. Innenminister *Wladimir Kolokolzew* ist aber noch nicht zufrieden: So würde die Arbeit einzelner Beamter und Abteilungen immer noch nach den kassierten Bußgeldern und selbst **manipulierten Statistiken** bewertet.

Justiz und Strafvollzug

Russlands Gesetze sind so schlecht nicht, auch das **Justizsystem** als solches ist funktionsfähig – allein, es fehlt im Lande das Vertrauen an gerechte Entscheidungen durch das Rechtssystem. Experten beklagen unisono die **mangelnde Rechtssicherheit** – für viele potenzielle Investoren nach wie vor ein Grund, mit Engagements in Russland vorsichtig zu sein. Denn

Hauptsache, es liegt keine Straftat vor

Russische Polizisten können durchaus die notwendige Hilfe leisten. Aus dem Vorfall sollte nur keine aktenkundige Straftat werden – denn das würde ja die Kriminalitätsstatistik ihres Reviers belasten, was der Laune der Vorgesetzten nicht zuträglich wäre. Dazu zwei selbst erlebte Geschichten:

Innerhalb von zwei Minuten waren an drei Geldautomaten in Buenos Aires von meinem Konto Pesos in Höhe von etwa 500 Euro abgehoben worden. Ich war nie in Argentinien, meine Karte nicht gestohlen. Mein deutscher Bankberater versprach eine Kompensation des Schadens, allerdings brauche es dafür das Aktenzeichen einer Anzeige. Also auf zur Petersburger Polizei: Ich berichtete den Beamten, an welchen Geldautomaten, ganz in der Nähe in einem Einkaufszentrum, das Abfischen meiner Daten vermutlich vor etwa einem Monat passiert sein könnte.

Die Anzeige wurde registriert – aber Wochen später kam der Bescheid über die Einstellung des Verfahrens. Begründung: Der Datenklau könne ja auch anderswo geschehen sein – zum Beispiel intern bei meiner Bank in Deutschland. Außerdem habe der Geschädigte erklärt, er erstatte nur Anzeige, damit ihm der Schaden erstattet werde. Also kein Handlungsbedarf...

Der Schneesturm hatte sich gerade gelegt, als ich kurz nach Mitternacht beschloss, noch den Müll rauszubringen. Im Hof fielen mir Fahrradspuren auf. Wer fährt bei so einem Wetter denn Rad? Und wer hat hier im Hof eigentlich ein Rad stehen – außer mir?! Tatsächlich, mein Rad ist weg! Aber da gab es ja diese Spuren im Schnee ... Ich folgte ihnen, ohne große Hoffnung. Doch sie führten zu einem Hauseingang auf der anderen Straßenseite. Die Tür war offen, doch die feuchte Spur verlor sich auf der Schwelle.

Ein Anruf auf 02, dem Polizei-Notruf – und eine halbe Stunde später waren sieben (!) Beamte vor Ort. Unter der Kellertreppe des Hauses fand sich mein Fahrrad, ein Brecheisen und weiteres Gelegenheits-Diebesgut. Das Bike bekam ich gleich zurück, dafür ging das vom Oberpolizisten diktierte Protokoll in etwa so: Ich hatte mein Fahrrad im Hof abgestellt. Eine Stunde später gehe ich noch mal raus und sehe, mein Rad ist weg. Ich rufe die Polizei. Die Beamten kommen und stellen fest: Ich hatte mein Fahrrad an der Wand gegenüber angekettet ... „Haben Sie Einwände?", fragte der Beamte. „Ja, ich stehe da wie ein Vollidiot." „Macht doch nichts, morgen verschwindet dieses Papier auf ewig im Archiv. Aber verstehen Sie, unsere Statistik."

Lothar Deeg

05Tura

gegen Bestechung, Erpressung, administrativen Druck und das sogenannte **„Telefonrecht"** sind Russlands Richter nicht gefeit.

Bei Letzterem handelt es sich um ein Relikt, dass man eigentlich mit der Sowjetunion für untergegangen halten sollte: Anrufe aus hochrangigen Behörden – sei es das Justizministerium, die Administration des jeweiligen Gouverneurs oder auch der Kreml – bei den entsprechenden Richtern oder Gerichtspräsidenten haben dem Vernehmen nach schon den Gang vieler Prozesse maßgeblich bestimmt. Denn nur wenige Richter haben die Courage, dann anders als von oben „empfohlen" zu entscheiden.

Dass es derartige **Einflussnahme** aus *Putins* Kreml-Administration gab, bestätigte 2008 eine hochrangige Richterin des höchsten russischen Schiedsgerichts: Sie trat als Zeugin bei einem Beleidigungsprozess auf, den ein Kreml-Beamter gegen einen Fernsehjournalisten angestrengt hatte. Der hatte behauptet, dass der im Kreml für Personalpolitik und Ordensvergabe zuständige *Waleri Bojew* „das oberste Schiedsgericht komman-

⌃ Das Leben und die Sitten in Russlands Haftanstalten sind nichts für weiche Jungs

Zurückgehende Häftlingszahlen – aber harte Verhältnisse

In Russland befanden sich im Jahr 2000 noch 975.000 Menschen hinter Gittern. Mitte 2014 waren es nach Angaben der Strafvollzugsbehörde FSIN 675.000 Personen. Die gnadenlose Überfüllung der Haftanstalten, die in früheren Jahren oft von Menschenrechtlern beklagt wurde, stellt also nicht mehr das große Problem dar. Unter den Inhaftierten befinden sich 55.000 Frauen.

Die größte Ballung von Straflagern gibt es übrigens nicht in Sibirien, sondern in der im europäischen Landesteil liegenden Republik Mordowien. Die Haftbedingungen sind dort weiterhin hart. Pussy-Riot-Frau Nadeschda Tolokonnikowa trat 2013 in einen Hungerstreik, weil sie und die anderen Frauen ihrer Brigade gezwungen worden seien, täglich 16 bis 17 Stunden in der Näherei zu arbeiten. Für den Schlaf blieben ihnen bestenfalls nur vier Stunden, einen freien Tag gebe es nur alle anderthalb Monate, klagte sie. Die Pussy-Riot-Sängerin berichtete zudem, dass den Inhaftierten der Lohn für die „Sklavenarbeit" vorenthalten werde: Sie selbst habe für einen Monat Arbeit nur 29 Rubel (0,67 Euro) erhalten. Anders als andere Häftlinge würde sie – offenbar aufgrund ihrer Prominenz – jedoch von Mitgefangenen nicht körperlich misshandelt, um die Produktivität zu gewährleisten.

Zum 1. Juli 2014 bestand das russische Strafvollzugssystem aus acht Gefängnissen und 729 „Besserungskolonien" genannten Straflagern, darunter 130 sogenannte „Siedlungskolonien" (mit angeschlossenen Landwirtschaftsbetrieben und mehr Bewegungsfreiheit). Sechs Lager sind für Häftlinge reserviert, die eine lebenslange Strafe verbüßen. In den letzten vier Jahren sank die Zahl der den jugendlichen Straftätern vorbehaltenen „Erziehungskolonien" von 62 auf 41. In 13 an Frauengefängnisse angeschlossenen „Kinderhäusern" lebten 667 in der Haft geborene Säuglinge und Kleinkinder bis zu einem Alter von drei Jahren. Laut FSIN-Vizechef Anatoli Rudny sollen jetzt mehrere Kinderhäuser so umgestaltet werden, dass die Mütter ihren Nachwuchs nicht nur besuchen, sondern auch mit ihm zusammenleben können.

Durch die schweren Haftbedingungen und die Überfüllung der Gefängnisse entwickelte sich Tuberkulose in der Vergangenheit zu einer ernsthaften Gefahr: Der Strafvollzug wurde förmlich zur Brutstätte der Krankheit. Inzwischen werden Tbc-Kranke grundsätzlich von Gesunden getrennt, aber die Tatsache, dass es noch immer 58 Haftanstalten für Tuberkulose-Kranke (gegenüber 9 für Drogensüchtige) gibt, beweist, dass dieses Problem noch nicht bewältigt ist.

Extrainfo 5 (s. S. 11): Reportage über den Gefängnisalltag in Russland aus dem Jahr 2012

diert" und es in Russland „keine unabhängigen Gerichte gibt, sondern nur von *Bojew* abhängige". Die Richterin sagte aus, dass ihr dieser Beamte 2005 selbst einmal Karriereprobleme angekündigt hätte, wenn sie nicht wie gewünscht entscheide.

Der größte **Kritiker des „Rechtsnihilismus"** im Lande war vorübergehend der Staatspräsident selbst: *Dmitri Medwedew*, selbst studierter Jurist, berief, kaum im Amt, schon eine Beratung zur „Vervollkommnung des Justizsystems" ein und verkündete eine **Justizreform.** „Unser Hauptziel ist es, die Unabhängigkeit der Gerichte in der Realität zu erreichen", so *Medwedew*. Ungerechtfertigte Entscheidungen fielen „oft durch Druck, Anrufe oder – besonders sündhaft – gegen Geld."

Die Einflussnahme ist dabei nur eine Seite des Problems – sie muss auch auf fruchtbaren Boden fallen. Russlands Richtern fehlt es an der angeborenen Immunität gegen die von Staatsapparat, Mafia oder Big Business ausgehende **Korruption:** „Ein unabhängiges Rechtssystem erreichen wir erst, wenn wir eine neue Generation Richter herangezogen haben", meint der landesweit bekannte Anwalt und heutige Kinderschutzbeauftragte *Pawel Astachow*. Es sei üblich, dass nur frühere Mitarbeiter von Polizei, Behörden oder Staatsanwaltschaft zu Richtern bestellt würden.

Immer wieder kommt es in der Ära Putin zu aufsehenerregenden Prozessen, bei denen die Rechtsstaatlichkeit gegenüber der **Staatsräson** oder den Interessen von Eliten hintangestellt wird – Hauptsache, die Angeklagten landen hinter Gittern. Mit zum Teil abenteuerlichen Beweisführungen und der Umdefinition üblicher oder harmloser Vorgänge zu gewichtigen Verbrechen wurden die Haupteigner des Ölkonzerns Yukos, *Michail Chodorkowski* und *Platon Lebedew*, enteignet und für zehn Jahre kaltgestellt. Und vor dem Prozess gegen die Frauen-Protestband **Pussy Riot** erklärte *Putin*, zwei Jahre Haft seien angemessen – genau dieses Urteil wurde gefällt.

In der russischen Bevölkerung gibt es deshalb auch keine besonders hohe Meinung von der Gerichtsbarkeit im Lande: 61 Prozent der Russen sind der Meinung, die Gerichte würden keine gerechten Urteile fällen. Ein gleich großer Teil der Bürger ist aber offenbar bereit, der Justiz trotz aller bekannter Mängel selbst Entscheidungen über Leben und Tod anzuvertrauen: Einer Umfrage von 2012 zufolge befürworten 62 Prozent die Wiedereinführung der **Todesstrafe.** Diese ist zwar noch im Gesetz vorgesehen, wird seit 1999 in Russland aber aufgrund eines Moratoriums weder verhängt noch vollstreckt.

Medwedews Justizreform trug übrigens durchaus Früchte: Richter können bei Bedrohungen **Personenschutz** durch eine Justizspezialeinheit beantragen. Für **Wirtschaftsvergehen** wurden die Höchststrafen gemildert.

Und um die U-Haftanstalten zu entlasten und möglicherweise unschuldige Menschen vor dem Gefängnis zu bewahren, werden als harmlos einzustufende Verdächtige nun vielfach unter **Hausarrest** gestellt und müssen nicht gleich hinter Gitter. Die vor einigen Jahren eingeführten **Schöffengerichte** haben zudem eine andere berüchtigte Tradition des russischen Justizwesens aufgeweicht: Früher traute sich kaum ein Richter, einen glatten **Freispruch** zu verkünden – denn dies wäre ja ein Affront gegen die „Kollegen" von der Staatsanwaltschaft gewesen.

Vom Putinismus zum Eurasismus: Eine neue Staatsideologie?

Die Krim-Krise gärte, der Ostukraine-Konflikt kochte gerade richtig hoch – da tat Europa dem Kreml einen riesigen Gefallen: Beim Eurovision Song Contest (ESC) in Kopenhagen (Mai 2014) wählte man Conchita Wurst zur Siegerin. Das ging Russlands patriotischen Flaggenträgern definitiv zu weit: Brauchte es noch eines Belegs für den anstehenden Untergang des christlichen Abendlandes, bitte, hier war er. Russland solle den ESC boykottieren und stattdessen einen züchtigen Wettbewerb mit dem Titel „Stimme Eurasiens" ausrufen, forderte der KP-Abgeordnete Valeri Raschkin.

In Russland hätte es den Wurst-Auftritt so nicht geben dürfen - zumindest nicht vor einem Publikum mit Personen unter 18 Jahren: Das seit 2013 geltende Gesetz gegen „Propaganda für nicht-traditionelle sexuelle Beziehungen unter Minderjährigen" hätte dies nicht erlaubt. Das Verbot für Gay-Paraden und andere Schwulen-Demos ist nur ein Beispiel dafür, wie Moskau in jüngster Zeit national-konservative Moralvorstellungen flugs in Gesetze umschmiedet: So müssten Nachahmer der wilden „Punk-Andacht" von Pussy Riot vor einem Kirchenaltar jetzt aufgrund eines Gesetzes zum „Schutz religiöser Gefühle" mit noch heftigeren Strafen rechnen.

Parallel schürt der Staat den Argwohn gegen alles, was einen westlichen, also potentiell dekadenten Einfluss auf Russen ausüben könnte. Im weitesten Sinne politisch aktive NGOs mit internationalen Geldquellen müssen sich „ausländische Agenten" nennen und werden streng kontrolliert. Russische Waisenkinder dürfen nicht mehr von US-Bürgern adoptiert werden - eine Ausweitung auf alle Länder, die Schwulen-Ehen erlauben, wird diskutiert. Hardliner in der Politik würden die Präsenz amerikanischer Kulturinstanzen wie Madonna, Marylin Manson oder McDonald's in Russland lieber heute als morgen verboten sehen.

Geheimdienst

Ein unausrottbares Stereotyp: Russlands Geheimdienst ist allmächtig und heißt **KGB**. Es stimmt nur nicht: Der KGB der Sowjetunion wurde schon in den frühen 1990er-Jahren aufgelöst und in mehrere Strukturen zerlegt, die heute in Russland das **Schlapphutwesen** betreiben. Dies sind

- der Inlandsgeheimdienst FSB,
- der Auslandsgeheimdienst SWR,

Bis zum Wiedereinzug Wladimir Putins in den Kreml 2012 hatten Experten mit „Putinismus" eher eine spezifische russische Herrschafts-Taktik als eine Ideologie umschrieben: Es ging um den Erhalt von Macht und Geldquellen einer Elite durch autokratische Herrschaft und Medien-Lenkung. Die individuellen Freiheiten der Bürger waren davon wenig betroffen.

Inzwischen regelt der Staat immer stärker, was gesagt, geschrieben und getan werden darf: Deftige „Mat"-Ausdrücke in den Medien (s. S. 255) sind verboten. Internetseiten werden verstärkt zensiert. Blogger mit großem Zuspruch müssen sich als Massenmedien registrieren. Geschichtsauslegung zum Zweiten Weltkrieg oder dem Anschluss der Krim soll nicht diskutiert, sondern vorgeschrieben werden.

Viele Menschen in Russland halten das für richtig und sogar demokratisch: Die Mehrheitsmeinung wird zum Gesetz. „Im Westen stehen die Menschenrechte über denen des Kollektivs, in der islamischen Welt steht die Religion höher als das Recht des Einzelnen, in Russland sind es die Rechte der Gemeinschaft, kollektive Rechte", erklärte der Philosoph Alexander Dugin in einem „Spiegel"-Interview. Er gilt mit seiner „Eurasischen Bewegung" als Vordenker des neuen Kurses. In der Konsequenz solle sich Russland vom moralisch degenerierten, aber global dominanzsüchtigen „atlantischen" Westen ganz lösen und stärker mit Partnern wie der Türkei, dem Iran, Indien und China kooperieren, fordert Dugin.

Schlägt Putin nun also das vor mehr als 300 Jahren mit der Gründung St. Petersburgs in der russischen Geschichte geöffnete „Fenster nach Europa" wieder zu? Kaum, dazu ist er selbst wie auch die wirtschaftliche Elite schon zu verwestlicht. Es handelt sich eher um die Suche nach der Balance im alten Strategie-Konflikt zwischen „Westlern" und „Slawophilen". Übrigens: Im Votum der russischen ESC-Zuschauer kam Conchita Wurst auf den dritten Platz.

- der Militärgeheimdienst GRU,
- der Föderale Wachdienst FSO (Personenschutz der Staatsspitze),
- die Antidrogenpolizei FSKN.

Eines allerdings stimmt: Diese Organisationen, allen voran der **„Föderale Sicherheitsdienst" FSB,** haben einiges von der **Allmacht** des Sowjetgeheimdienstes geerbt – auch wenn heute nicht mehr der Anspruch besteht, alles und jeden zu kontrollieren. Die KGB-Veteranen vereint aber ein ganz besonderer Korpsgeist und ihr spezielles „Berufsethos" aus Verschwiegenheit, Täuschung und dem fast religiös verklärten Anspruch, am besten zu wissen, was für das Land nützlich und was schädlich ist.

Nicht umsonst heißt es in Russland: „Ehemalige **Tschekisten** gibt es nicht" (Tschekist ist ein Begriff aus der Revolutionszeit 1917–1922: Die *tscheka* genannte „Außerordentliche Kommission" war der erste Geheimdienst der Bolschewiken). Zu ihnen gehört auch *Wladimir Putin,* der einst als junger Offizier dem KGB in Leningrad und Dresden diente. Viele seiner einstigen St. Petersburger KGB-Kollegen haben heute hohe Ämter in Russland inne.

Der FSB ist eine **Mammutbehörde,** die für die Spionageabwehr, die Terrorbekämpfung, den Staatsschutz, die Geheimhaltung, den Grenzschutz und die Bekämpfung der organisierten Kriminalität zuständig ist. Eine politische oder gesellschaftliche Kontrolle dieses Staats im Staate gibt es faktisch nicht – weshalb auch dieses „Organ" intern mit Kriminalität, Korruption und Amtsmissbrauch zu kämpfen hat. Die Mitarbeiter haben im Übrigen bis heute **militärische Ränge.** Auch gibt es spezielle Uniformen, in denen man FSB-Mitarbeiter aber höchst selten erblicken dürfte – schließlich ist es ja ein Geheimdienst!

Militär

„Haben Sie gedient?" In Deutschland käme einem diese Frage hoch antiquiert vor. In Russland sieht die Gesellschaft – zumindest die in der Sowjetunion aufgewachsenen Generationen – die Beteiligung an der „Verteidigung des Vaterlandes" als Pflicht eines jeden Mannes an. Und so war es dann auch: **Fast jeder Mann war in der Armee** – oder hat zumindest als Student im Nebenfach einen Militärkurs belegen müssen und deshalb auch einige Wehrübungen hinter sich. Nicht umsonst gilt bis heute der

▷ Flottengründer Peter der Große inspiziert die heutige russische Marine

23. Februar, der zum „Tag der Vaterlandsverteidiger" verklärte **Grün-dungstag der Roten Armee,** pauschal als eine Art „Männertag" – und damit als Anlass zu einem Trinkgelage.

Auch in Russland lebende männliche Ausländer müssen sich darauf gefasst machen, dass ihnen an diesem Datum von Frauen gratuliert wird: „Sie haben in ihrem Heimatland ja sicher auch gedient ..." Ob das stimmt, ob man Zivi war oder Drückeberger, sozialistischer Waffenbruder in der Volksarmee oder kapitalistisch-imperialistischer Söldner in den Reihen der Bundeswehr – all das spielt dabei keine besondere Rolle.

Apropos: Es erstaunt, wie oft man in Russland Menschen begegnet, die mit Freude erzählen, dass sie – sei es als Kind, Ehefrau oder Soldat – einige Jahre in irgendeinem sowjetischen Garnisonsstädtchen in der DDR gelebt haben. Rückblickend war dies offenbar für alle eine gute Zeit.

Im heutigen Russland sind die Empfindungen für den **aktuellen Militärdienst** nicht mehr so idyllisch: Das Leben in der Armee hat – trotz aller Verklärung und Propaganda in Kreml-hörigen Massenmedien – einen faden bis bitteren Beigeschmack. Die Gehälter der Offiziere sind bescheiden, ihre Wohnverhältnisse in den oft extrem abgelegenen Standorten trist. Allerdings hat sich die Lage gegenüber den 1990er-Jahren doch deutlich gebes-

Drei Stimmen zur Armee und dem Wehrdienst

053ru-spz

⌃ Ljubow G. (50)

Grundsätzlich finde ich es wichtig, dass es eine starke Armee zur Verteidigung des Vaterlandes gibt. Auch den Wehrdienst finde ich notwendig, um den Charakter eines jungen Mannes zu formen. Die Jungs müssen lernen, sich anzupassen und mit anderen Menschen zurechtzukommen. Allerdings ist bei uns das Militär sehr verroht und außerdem von der restlichen Gesellschaft abgeriegelt. Es passieren schlimme Sachen da. In eine solche Armee will man seinen Sohn nicht geben. Mein Sohn hat auch nicht gedient. Wir haben uns an die Soldatenmütter gewandt, das ist eine Organisation, die jungen Männern hilft, die nicht zur Armee wollen – und sie helfen auch denen, die vom Dienst geflohen sind. Letztendlich hat sich herausgestellt, dass mein Sohn gesundheitlich nicht in der Lage ist, zu dienen. Damit man seinen Sohn gerne zum Militärdienst gibt, müsste sich in unserer Armee einiges ändern. Aber ich befürchte, dass es noch lange dauern wird, bis tatsächlich ein Wandel eintritt.

053ru-spz

Ich mache neben meinem Studium eine Offiziersausbildung an einem Militärlehrstuhl. Wenn ich zur Armee muss, habe ich gleich einen höheren sozialen Status als ein normaler Rekrut und werde nicht so schlecht behandelt. Ich lerne zum Beispiel, wie man Truppen motiviert und organisiert. Dazu gehören Dinge wie Kampftaktik und Militärrecht. Es ist alles sehr theoretisch und ehrlich gesagt auch nicht besonders interessant. Aber die Dozenten

⌃ Kostja L. (18)

sind wirklich okay, sie haben viel Erfahrung, aber trotzdem sind sie nicht so streng, wie man sich das beim Militär vorstellt. Ich glaube zwar nicht, dass mir das, was ich hier lerne, in der Armee tatsächlich viel bringen würde. Aber ein weiterer Vorteil ist, dass sich das Risiko, als Student eines Militärlehrstuhls tatsächlich noch eingezogen zu werden, stark verringert. Wir sind mit unserem Abschluss ja quasi Fachleute und man braucht viel weniger Experten als ganz normale Rekruten.

Ich habe bei der Infanterie gedient. Als es 1967 Ärger mit China gab, wurde unser Regiment hinter den Baikalsee verlegt. Die Hubschrauber standen schon bereit, uns im Ernstfall noch näher an die Grenze zu bringen. Das war ein unangenehmes Gefühl, den Krieg so nahe zu spüren. Später haben wir dann an der Transsib eine Militärsiedlung gebaut. Der Wehrdienst dauerte damals drei Jahre, bei der Flotte diente man sogar vier Jahre. So etwas wie die „Dedowschtschina" gab es damals nicht. Obwohl in unserer Truppe auch einige Verurteilte Dienst taten, lief alles korrekt ab und es gab keine Erniedrigungen. Aber früher wurden auch alle normalen Leute eingezogen, heute sind unter den Rekruten lauter Drogensüchtige. Auch die schlechten Lebensumstände der Offiziere wirken sich natürlich auf deren Verhältnisse zu den Soldaten aus.

055ru-spz

Interviews: Hannah Beitzer/Lothar Deeg (St. Petersburgische Zeitung)

△ Nikolaj Z. (64)

sert, als 60 Prozent der Offiziere unter dem **Existenzminimum** vegetierten und auf jeden Offizier ein Soldat kam. „Die Anziehungskraft der Armee war auf einem Tiefpunkt angelangt", so 2010 Russlands erster ziviler Verteidigungsminister *Valeri Serdjukow* – der allerdings 2012 wegen peinlicher Korruptionsfälle in seinem privaten Umfeld zurücktreten musste.

Die Bedingungen, die **Wehrpflichtige** erwarten, sind hart. Zwar wurde der Wehrdienst von 24 auf 12 Monate verkürzt, doch gehören hinter den Kasernenmauern Misshandlungen durch Dienstältere und Willkür durch Vorgesetzte (bis hin zur Sklavenarbeit) zum Alltag. In der Armee ist es in den letzten zwei Jahrzehnten zur Tradition geworden, frisch einberufene Wehrpflichtige systematisch zu quälen. Diese als **„djedowschina" („Großväterchentum")** berüchtigte Praxis wird von den nachrückenden Soldatengenerationen, traumatisiert aufgrund der eigenen Erlebnisse, immer weiter fortgeführt. Presseberichte über Todesfälle, bleibende Gesundheitsschäden, Selbstmorde oder von der Angst getriebene Fahnenflucht tauchen häufig auf.

Kein Wunder also, dass fast alle jungen Männer mit Grauen auf ihren Einberufungsbescheid warten. Tatsächlich dienten in den letzten Jahren dann auch nur noch **etwa zehn Prozent eines Jahrgangs.** Viele kauften sich – sofern nicht wirklich körperlich oder geistig untauglich – entweder direkt bei der Musterungsbehörde oder bei Ärzten mit gefälschten Attesten frei (was 1500 Euro kosten kann) oder suchen sonst einen Weg, den Dienst an der Waffe zu umgehen. Das hat zur Folge, dass beim Militär hauptsächlich eher schlecht gebildete junge Leute aus sozial schwachen Familien landen, die es sich nicht leisten können, sich freizukaufen und auch nicht wegen eines Hochschulstudiums oder kluger juristischer Schritte zurückgestellt werden.

Im Rahmen einer **großen Militärreform** wurde versucht, dieses Dilemma zu durchbrechen. Die aufgeblähte, aber nur bedingt einsatzfähige Armee von 2,9 Millionen Mann (1992) schrumpfte zu einer schlagkräftigen, modernen Truppe von unter einer Million Mann. Schärfere Regeln und Kontrollen intern, aber auch eine strengere Einberufungspraxis sollen mehr Gerechtigkeit und Intellekt in die Truppe bringen. Rekruten werden jetzt möglichst heimatnah eingesetzt. Und Eltern und Menschenrechtler erhalten besseren Zugang zu den Wehrpflichtigen in den Kasernen.

Der 2004 überhaupt erst eingeführte **Zivildienst** ist dabei **keine wirkliche Alternative.** Russische Zivis müssen 21 Monate hart anpacken – meist als Pfleger oder Briefträger. Auch gibt es in der Gesellschaft zwar viel Verständnis für die Tricks der Drückeberger, aber kaum für die Gewissensnöte von Kriegsdienstverweigerern. Diese sind deshalb echte Exoten: Gegenwärtig gibt es in ganz Russland nicht einmal 1000 Zivildienstleistende.

Extrainfo 6 (s. S. 11): Neue Wehrerziehung in Russland –
Film über die Ausbildung von 9- bis 17-Jährigen in militärpatriotischen Jugendklubs

Medien

Die international geachtete Journalistenorganisation „Reporter ohne Grenzen" stellt jedes Jahr ein **Ranking der Pressefreiheit in der Welt** auf. Russland stand dort 2014 auf **Rang 148** von 180 bewerteten Ländern, nur geringfügig besser als Europas Schlusslichter Türkei (154) und Weißrussland (157). Was liegt in Russland im Argen? Fernsehsender stünden unter Kreml-Kontrolle, kritische Medien gerieten regelmäßig unter Druck, Journalisten müssten mit Gewalt und Anschlägen rechnen, urteilt die Organisation.

Die **Kontrolle des Mediensystems** betrifft vor allem das **Fernsehen** – also jenes Medium, mit dem die breite Masse der Bevölkerung erreicht werden kann. Waren unter *Jelzin* die TV-Sender weitgehend in der Hand von – zum Teil oppositionell eingestellten – „Oligarchen", so hat in der Ära *Putin* der Staat hier die Kontrolle an sich gerissen. Direkt zensiert wird dabei selten, es darf sogar Kritik an herrschenden Verhältnissen (wie Beamtenwillkür, Korruption, Verschwendung oder sozialer Ungerechtigkeit) laut werden – aber **keine Vorwürfe an die Staatsführung,** sie würde derartige oder andere Missstände verantworten oder dulden. Nein, im Gegenteil: Meist endet ein solches kritisches Sujet mit dem Hinweis darauf, dass Kreml, Regierung oder Duma sich des Problems bereits angenommen haben und Besserung in Sicht ist. Von den drei großen landesweiten Fernsehsendern gehört einer (**Rossija-1**) dem Staat direkt, einer (**1. Kanal**) ist zu 51 Prozent staatlich und ansonsten in der Hand „regimetreuer" Großunternehmer und einer (**NTV**) untersteht der Medientochter des staatlich kontrollierten Gazprom-Konzerns.

Die Staatsführung darf dabei nach den **ungeschriebenen Regeln der Gleichschaltung** nicht einmal in Form von Satire oder Karikaturen aufs Korn genommen werden. So musste schon 2002 die über Jahre extrem populäre, ebenso giftige wie geistreiche Puppenanimationsshow *Kukly* („Puppen") bei NTV aus dem Programm genommen werden. Diese Tabus beachten auch alle anderen Sender. Während auf den großen Kanälen gelegentlich Sendungen mit unverkennbarer Kreml-Propaganda laufen, halten sich die anderen Stationen mit eindeutigen oder kritischen politischen Aussagen zurück und verzichten auf Hintergrundberichterstattung. Eine Ausnahme ist der **oppositionsnahe Privatsender Doschd.** Er wurde 2014 aber aus fast allen Kabelnetzen geworfen und ist nur noch gegen eine Abogebühr über das Internet zu sehen.

In der **Printpresse** gibt es hingegen einige **Inseln der Meinungsfreiheit und Kritik.** Allerdings leiden Zeitungen und politische Zeitschriften grundsätzlich darunter, dass ihre Auflagen im Vergleich zu westlichen Ländern minimal sind. Der **„Kommersant"**, Russlands führende seriöse überregionale Tageszeitung, kommt nach eigenen Angaben auf eine Auflage von nur 105.000 Exemplaren. Das sind 20.000 weniger als die ähnlich einzuordnende „Neue Zürcher Zeitung" – nur das die Deutschschweiz 4,5 Mio. Einwohner hat und Russland 140 Mio.!

Obwohl die Russen ja bekanntlich als „Lesenation" gelten – auf Printmedien erstreckt sich dieser Mythos also nicht. Der Grund dafür ist, dass Zeitungen (im Gegensatz zum Fernsehen und Gratiswerbeblättern) einerseits Geld kosten und andererseits den Durchschnittsrussen nach Jahrzehnten der **Prawda-Propaganda** bedrucktes Zeitungspapier grundsätzlich als nicht vertrauenswürdig gilt.

Entsprechend bescheiden gestalten sich die Einnahmen der Verlage – würden nicht viele Medien von Konzernen oder reichen Geschäftsleuten unterhalten, kämen sie nicht über die Runden. Dies macht sie aber nicht gerade unabhängiger, denn die meisten **Sponsoren** erwarten **bei Bedarf journalistische Liebesdienste** von ihren Projekten. Die Mehrzahl der Blätter, vor allem in den russischen Regionen, ist dagegen durch Steuervergünstigungen oder „Informationsverträge" wirtschaftlich und ideologisch von der jeweiligen Gebiets- oder Gemeindeführung abhängig geworden und kann es sich deshalb kaum erlauben, die Obrigkeit ernsthaft zu kritisieren.

Dennoch gibt es einen medialen Bereich, in dem die Menschen in Russland frei vielfältige Informationen erhalten, kommunizieren, kritisieren und sich auch organisieren können: das **Internet.** Die erstaunlich professionell gemachten Internetzeitungen Russlands (wie z. B. www.newsru.com, www.gazeta.ru, www.rbc.ru oder – in St. Petersburg – www.fontanka.ru) als auch eine Unzahl von Blogs und sozialen Netzwerken (vorrangig vk.com und Facebook) unterliegen zwar staatlichen Regularien, werden aber nur selten gegängelt – bislang jedenfalls. Selbst das Internetportal der bekannten staatlichen Nachrichtenagentur RIA Nowosti (www.ria.ru) ist sehr ansehnlich und informativ.

Die Zahl der User liegt mit 68 Mio. (2012) gleichauf mit Deutschland – Russland hatte in den letzten Jahren europaweit die größten Zuwachsraten. Die Tatsache, dass sich der Staat in seiner Medienpolitik bewusst auf die Überwachung des Fernsehens zur **Meinungskontrolle** konzentriert, spricht aber dafür, dass die Masse der „Ru-net-User" das Netz nur wenig als Plattform zum Erhalt politischer Informationen benutzt. Mit Ministerpräsident *Medwedew* hat das Ru-net auch eine Art Schutzheiligen – denn *Medwedew* postet, bloggt und twittert selbst fleißig und formuliert dabei eifrig Appelle für Meinungs- und Pressefreiheit.

Von der Rolle einer „vierten Gewalt" im Staate sind die russischen Medien also weit entfernt. Um so mehr, als dass gegen die verbliebenen

Russlands Internet-Zensur läuft sich warm

Im November 2012 endete für das russische Internet die völlige Freiheit – zunächst im Namen des Jugendschutzes: Aufgrund eines neuen Gesetzes, das die operative Sperrung von Websites mit Werbung für Drogenkonsum oder die Beteiligung von Jugendlichen an pornographischen Aktivitäten sowie Anleitungen zum Selbstmord ermöglicht, setzte Russlands Kommunikationsaufsichtsbehörde RosKomNadsor erstmals die IP-Adresse einer Website auf ihre Sperrliste. Russische Provider waren gezwungen, den Zugang zu blockieren.

Im Falle der Website „Lurkomorje" – einer jugendlich-humorigen Enzyklopädie „zur Gegenwartskultur" – hatte die Antidrogenbehörde FSKN an zwei Beiträgen zu Einstiegsdrogen etwas auszusetzen. Die Betreiber reagierten schnell: Sie nahmen die bemängelten Texte von der Seite und baten die Aufsichtsbehörde, ihre Seite wieder von der im Netz einsehbaren Liste der gesperrten Internet-Ressourcen zu nehmen. Nach zwei Tagen war Lurkomorje wieder online – einschließlich eines neuen Lexikon-Eintrags zum Stichwort „Zensur": Er bestand aus weitgehend geschwärztem Text. Das war natürlich Satire.

Damals klagte die Behörde noch, ihre Arbeit gleiche einem „Kampf gegen Windmühlen". Schließlich könne sie niemanden daran hindern, mit gesperrten Inhalten auf andere Webadressen umzuziehen. Inzwischen hat sich das System aber gut eingespielt – wobei auch hilft, dass jedermann auf der Website der Behörde die Möglichkeit hat, diese auf potentiell unzulässige Inhalte hinzuweisen.

Die Behörde kümmert sich auch um das Blockieren von Inhalten, deren Verbreitung per Gerichtsbeschluss verboten wurde. Und da ein 2014 eilig verabschiedetes Gesetz verbietet, Informationen über das „Privatleben eines Bürgers" zu verbreiten, die deren „Ehre, Würde und geschäftliche Reputation" schädigen könnten, ist der freien Kritik bereits ein beträchtlicher Maulkorb verpasst. Blogger mit mehr als 3000 Followern müssen zudem wie Massenmedien für ihre Inhalte haften.

kritischen Journalisten und Medien im wahrsten Sinne des Wortes Krieg geführt wurde. **Nackte Gewalt** wird in einigen Kreisen der russischen Gesellschaft als Mittel angesehen, unangenehmen Publizisten das Maul zu stopfen. Von 1993 bis 2009 wurden in Russland 165 Journalisten ermordet – und meist, wenn als Tatmotiv die professionelle Tätigkeit der Opfer anzunehmen war, blieb die Aufklärungsquote niedrig. Hinzu kamen unzählige Prügel-Überfälle auf Journalisten. Selbst wenn die Schläger oder Killer gefasst wurden, blieben die Auftraggeber meist im Dunkeln. So war es auch im Falle des weltweit Aufsehen erregenden Mordes an *Anna Politkowskaja,* einer prominenten Journalistin der betont machtkritischen Zeitung „Nowaja Gaseta". Als Täter und Organisatoren des schon acht Jahre zurückliegenden Mordes wurden 2014 fünf Tschetschenen zu langen Haftstrafen verurteilt. 2010 wurde der „Kommersant"-Reporter *Oleg Kaschin* vor seinem Moskauer Wohnhaus mit einem Eisenrohr brutal zusammengeschlagen, er überlebte mit schwersten Verletzungen. Der Überfall schockierte Politik und Gesellschaft tief. Seither sind Mordanschläge auf Journalisten eigentlich nur noch in der terror- und gewaltgeplagten Kaukasus-Region geschehen.

Wirtschaft

In der Zarenzeit war der extensiv bewirtschaftete **Agrarstaat Russland** international allenfalls als **Exporteur von Getreide, Pelzen und Kaviar** bekannt. „Unter den von Rußland ausgeführten Industrieerzeugnissen liefern nur **Gummischuhe und Baumwollgewebe** etwas größere Werte", hieß es 1907 in Meyers Großem Konversationslexikon. 6 Prozent der Ausfuhren entfielen allerdings schon damals – dank der zum Russischen Reich gehörenden **Ölfelder von Baku** – auf Petroleum und Naphtaprodukte (Erdöl und Ölerzeugnisse).

Zu Sowjetzeiten dachte dann wohl jeder im Westen bei „russischen Produkten" zunächst an **Panzer, Raketen und Wodka.** Und heute weiß jeder nur oberflächliche Tagesschau-Zuseher, dass Russland dank **Erdgas und Erdöl** eine **Rohstoffwirtschaftsmacht** darstellt, mit der nicht zu Spaßen ist. Von den russischen „Oligarchen", dem Klischee zufolge neureiche Multimilliardäre mit bescheidenen Manieren und zweifelhafter Vergangenheit, haben auch schon alle gehört – und erwarten in deren Scheichtümern Maybachs und Rolls-Royce an jeder Ecke.

Anderen westlichen Zeitgenossen haben sich hingegen die Fernsehberichte über die Not in den späten 1980er- und frühen 1990er-Jahren so tief eingeprägt, dass sie beim ersten Russlandbesuch immer noch über die „vollen Regale" staunen.

In einem Aspekt sind diese Standardvorstellungen allerdings richtig: **Überfluss und Mangel,** verschleuderte Milliarden von Rubel und mühsam gesparte Kopeken liegen in der heutigen Wirtschafts- und Sozialwirklichkeit Russlands nach wie vor eng beieinander.

Wirtschaftsentwicklung: erst industrialisiert ...

In der Sowjetzeit, vor allem in den 1920er- und 1930er-Jahren, wurde aus dem recht rückständigen Agrarstaat Russland mit beeindruckender Geschwindigkeit eine **Industriemacht** – die sich wegen ihrer **Planwirtschaftsideologie** selbst für die fortschrittlichste der Welt hielt. Das propagandistisch wertvolle „Iljitsch-Lämpchen" in jeder Bauernhütte war dabei eher Nebenprodukt des Modernisierungsplans unter dem Motto **„Sowjetmacht plus Elektrifizierung":** Bergwerke, Kraftwerke und Raffinerien dienten vorrangig zur Energieversorgung von neuen Stahlwerken, Chemiefabriken und Aluminiumhütten, die in gigantischen Dimensionen aus dem Boden gestampft wurden.

Industrialisiert wurden auch Landwirtschaft und Wohnungsbau: **Kolchosen** (Genossenschaften) und **Sowchosen** (staatliche Agrarbetriebe) bewirtschafteten im großen Stil das flache Land, während in den Städten ab Mitte der 1950er-Jahre der dringend nötige billige Wohnraum in rationeller **Plattenbauweise** aus dem Boden gestampft wurde. „Arbeiter und Kolchosbäuerin", so der Titel eines berühmten Monumentaldenkmals aus den 1930er-Jahren, wurden zum Idealtypus der Sowjetmenschen

◁ Kaviar war einst eines von Russlands exklusiven Exportgütern. Heute sind die „Vorkommen" knapp geworden – so wie es irgendwann einmal auch mit Öl und Gas geschehen wird.

bestimmt – auch wenn deren zum Staatswappen erkorene Symbolwerkzeuge Hammer und Sichel zunehmend durch schwere Technik verdrängt wurden.

Gegenüber der **Schwer- und Rüstungsindustrie** wurden die **Konsumgüterindustrie** und die **Produktion hochwertiger und vielfältiger Nahrungsmittel** dagegen nur schwach entwickelt. Von vielen im Rest der Welt alltäglichen Waren konnten die Sowjetbürger nur träumen: Sie waren **Defizit** – erst recht in der Provinz. Auch der Dienstleistungssektor blieb in der staatlichen Planwirtschaft ein Stiefkind, sieht man einmal von dem in der Sowjetzeit massiv ausgebauten Eisenbahn- und Flugverkehr ab. Infrastruktur und Technik für den privaten und gewerblichen Kraftfahrzeugverkehr bekamen hingegen längst nicht so viel Aufmerksamkeit. Bis heute hält sich deshalb das Sprichwort, dass es in Russland „keine Straßen, sondern nur Richtungen" gebe. Privatinitiative und privates Wirtschaften waren nur in ganz engem Rahmen erlaubt – wer zu starkes Gewinnstreben zeigte, konnte sich als „Spekulant" strafbar machen.

… dann privatisiert

Mit diesem Erbe (und diesen Erblasten) wurde die drei Generationen lang im Sozialismus erzogene russische Gesellschaft Anfang der 1990er-Jahre brutal und unvermittelt in die **Ära der Marktwirtschaft und der finanziellen Unwägbarkeiten** geworfen. Begriffe wie „unternehmerisches Denken", „Preisbildung" oder auch „Inflation" waren für die meisten Menschen völliges Neuland und schwer zu verstehen. In den **Geldentwertungswellen von 1991 und 1998** verloren prompt viele Normalbürger ihre Ersparnisse – und hegen seither gegen den Banksektor und den Rubel ein gewisses Grundmisstrauen. Gleichzeitig bildete sich im Rahmen der vom Volksmund *prichwatisazija* (ein Wortspiel aus „Privatisierung" und dem Verb *prichwatit* – „mitnehmen") getauften Auflösung des staatlichen Eigentumsmonopols an den Produktionsmitteln eine **neue Kaste von Wirtschaftsbossen.** „Eigentum verpflichtet?" – von wegen: Vielen von ihnen ging es nur ums schnelle Ausschlachten der Beute. Auch waren die wenigsten dieser reichen „Neuen Russen" als Manager geschickt genug, um ihren Besitz den Bedürfnissen der Marktwirtschaft anzupassen. Viele sowjetische Großbetriebe gingen deshalb bankrott, wurden zerschlagen oder schrumpften bis zur Unkenntlichkeit zusammen: Russland rutschte vom **Kommunismus** direkt in den **Raubritterkapitalismus.**

▷ Angebot im Überfluss: das Moskauer Kinderkaufhaus „Detski mir"

In dieser chaotischen Umbruchzeit blühten allerdings auch schnell die ersten Pflänzchen der nun **legalisierten Privatwirtschaft:** Weniger aus unternehmerischer Berufung als aus der puren Not heraus, mussten die Menschen nach Dingen suchen, die sich mit Gewinn herstellen oder beschaffen und verkaufen ließen. Der bis dato unterentwickelte **Handel** wurde zum Wirtschafts- und Beschäftigungsmotor. Dies allerdings auf einem zunächst eher archaischen Niveau: Erst Tapeziertische, dann kleine Verkaufszelte, schließlich Kioske und Kellerläden wurden in der Jelzin-Ära zu überall sichtbaren **Symbolen der neuen Wirtschafts(un)ordnung.**

Heftiger Abstieg und neuer Aufstieg

Der ökonomische Niedergang war gewaltig: Bis 1998 war das Bruttoinlandsprodukt (BIP) Russlands auf 57 Prozent des Wertes von 1990 eingeschrumpft. Der **Staatsbankrott 1998,** begleitet von einer Rubel-Abwertung auf ein Drittel des vorherigen Wertes, entpuppte sich im Nachhinein aber als Segen: Heimische Produkte waren gegenüber der ins Land geschwappten Importflut plötzlich wieder konkurrenzfähig und die Wirtschaft sprang wieder an. Auch der Weltmarkt meinte es mit Russland gut: Der **Ölpreis** (und in dessen Gefolge immer auch der **Gaspreis**) stieg von einem historischen Tiefststand von 11 Dollar pro Barrel Ende 1998 bis zum weltweiten Finanzcrash 2008 (Höchststand der Ölpreisblase: 147 Dollar) stetig an. Da Russland in diesen Jahren zum **weltweit größten Exporteur von Energieträgern** aufstieg, flossen gewaltige Summen ins Land.

Ladas und Inomarki: die Russen und ihre Autos

Zu Sowjetzeiten war der Besitz eines Privatwagens ein echtes Privileg. Selbst wer (wie der junge Wladimir Putin) nur einen kleinen Heckmotor- betriebenen Saporoschez sein Eigen nennen konnte, durfte sich bereits hoch über die unmotorisierten Massen der Werktätigen erhaben fühlen. Ein Moskwitsch oder Shiguli waren Ausweis für bürgerlichen Wohlstand, eine kommode Wolga-Limousine Zeichen der Zugehörigkeit zur Elite. Andere Modelle als dieses Auto-Quartett gab es faktisch nicht – und wer jemals ein Fahrzeug ergattert hatte, hegte und pflegte es wie ein Juwel. Für so profane Dinge wie die tägliche Fahrt zur Arbeit wagten die wenigsten Autobesitzer ihre Fahrzeuge zu missbrauchen. Eine alsbaldige Massenmotorisierung wurde von der Sowjetmacht zwar versprochen, aber über die Losung „Das Auto ist kein Luxus, sondern ein Verkehrsmittel" kam sie dabei nicht we- sentlich hinaus.

Als um 1990 die ersten westlichen (Gebraucht-)Wagen ins Land kamen, wurde die automobile Rangskala radikal umgekrempelt: Eine Inomarka (ausländisches Auto) eröffnete ihrem Besitzer neue Dimensionen bei Fahr- komfort und Zuverlässigkeit und bot oft den Prunk von bis dato nicht be- kannten Ausstattungsdetails wie Servolenkung, Automatikgetriebe oder Klimaanlage. Importautos wurden zum Prestigeobjekt Nr.1: In den 1990er- Jahren galt der damals besonders dick geratene S-Klasse-Mercedes (im Volksmund „Sechshunderter" genannt) als das Nonplusultra bei Geschäfts- leuten, während schwarze 7er-BMW zum klassischen Banditendienstwagen avancierten – und damit auch zum Traumwagen aller Vorstadtjungs. 2003 wurden der Spielfilm „Bumer" sowie 2004 der Song „tschjorny bumer" (schwarzer BMW) des Rappers Serjoga zu echten Hits.

Der Secondhand-Autoimport nahm trotz erklecklicher Zollgebühren ge- waltige Ausmaße an. Während sich der europäische Landesteil hauptsäch- lich in Deutschland und den Beneluxstaaten versorgte, wurden Sibirien und der Ferne Osten mit rechtsgelenkten Autos aus Japan überschwemmt. Gegen diese Konkurrenz zogen die einheimischen Fabrikate schnell den Kürzeren: Mit Ausnahme von AvtoVAZ (Handelsmarke: Lada) in Togliatti und der kleinen Geländewagenschmiede UAZ in Uljanowsk sind die sowje- tischen Pkw-Hersteller ausgestorben. Ein Auto einer heimischen Marke zu kaufen oder zu besitzen, gilt jetzt als Zeichen für Geiz, Armut, übertriebe- nen Patriotismus oder die alte Überzeugung, ein guter Automobilist müsse sein Fahrzeug auch selbst reparieren können – was aufgrund der früher bescheidenen Qualität von Lada & Co. auch des Öfteren nötig war.

AvtoVAZ (wo inzwischen Renault eine 50-Prozent-Beteiligung hält) wur- de in der Krise 2009 mit massiven Staatssubventionen vor der Pleite ge-

rettet. Mit einem Marktanteil von
ca. 25 Prozent ist die Billig-Marke
aber nach wie vor landesweiter
Marktführer. Doch in den reichen
Innenstädten der Metropolen Moskau und St. Petersburg fällt ein
Lada inzwischen geradezu auf.
Dominiert wird das großstädti-
sche Straßen- und Staubild von
frisch aussehenden Kompakt- und
Mittelklassewagen, von denen viele mittlerweile zollvergünstigt in
Russland gebaut werden. Ford,

Toyota, GM (Chevrolet, Opel), Nissan und Hyundai/Kia haben Werke im
Raum St. Petersburg eingerichtet. Volkswagen/Skoda und Peugeot/Citroën
produzieren im Gebiet Kaluga und Renault in Moskau. In Kaliningrad und
Wladiwostok gibt es Montagewerke für verschiedene Marken.

Wer hingegen glaubt, sich etwas Größeres leisten zu können (und das
Prestigedenken unter Autofahrern ist immens), wählt meist einen Geländewagen – am besten schwarz und mit finster getönten Scheiben. Ökologische
oder gar politisch-korrekte Bedenken wegen des hohen Spritverbrauchs eines solchen „dship" (von: Jeep) macht sich dabei niemand: Man kann sich
die Erhabenheit eben leisten, zumal der Treibstoff mit Preisen von ca. 0,70
Euro pro Liter erschwinglich ist. Zur Rechtfertigung des Allrad-Kultes müssen der russische Winter und die oft wirklich miserablen Zufahrtswege zu
den Datschen herhalten. Auf dem flachen Land gelten hingegen nach wie
vor die schlichten Niva-Geländewagen von Lada, alte Lastwagen oder urige Beiwagenmotorräder als adäquate Fortbewegungsmittel. Und schon so
mancher Städter musste dort mit seinem Luxus-Offroader Bekanntschaft
mit einer alten Weisheit der russischen Allradgemeinde machen: „Je höher
die Geländegängigkeit, desto weiter muss man laufen, um einen Traktor
zu holen."

⌃ Die Produktion von Russlands schlichtem Volkswagen, dem „Shiguli"
von Lada, wurde erst 2012 eingestellt – nach 41 Jahren!

Die Wirtschaft dankte es mit **stabilen Wachstumsraten:** Im Boom-Jahrzehnt von 1999 bis 2008 (das mit der Amtszeit von *Wladimir Putin* als Regierungschef und dann als Präsident zusammenfällt) wuchs die Wirtschaftsleistung jedes Jahr durchschnittlich um 7 Prozent. 2007 war dann auch das BIP-Niveau von 1990 wieder übertroffen.

Der **neue Wohlstand** kam auch zunehmend bei der Bevölkerung an, deren real verfügbare Einkommen sich verdoppelten: Riesige Shoppingmalls und „Hyper-Märkte" garnieren inzwischen alle russischen Millionenstädte – denn die stetig **wachsende Kaufkraft** der **neuen Mittelklasse** wird noch durch einen enormen Nachholbedarf im Konsum befeuert. Dabei geht es nun nicht mehr nur um alltägliche Waren, sondern auch um langlebige Anschaffungen: Wer zu Geld kommt – und das waren in letzter Zeit eben viele – denkt vorrangig über die Anschaffung einer standesgemäßen Wohnung und eines neuen fahrbaren Untersatzes nach. So löste Russland im Frühjahr 2008 kurzfristig Deutschland als größten Markt Europas für fabrikneue Pkws ab – ungeachtet des weiterhin unzulänglichen Straßennetzes. Im Krisenjahr 2009 musste die russische Wirtschaft dann aber einen **heftigen Einbruch von 7,9 Prozent** verkraften. Die Öl-Dollars sprudelten nicht mehr wie gewohnt, Investitionen wurden drastisch zurückgefahren, selbst der Staat musste plötzlich sparen. Allerdings hatte der Kreml während der vorherigen fetten Jahre etwa 600 Mrd. Dollar aus den Öl- und Gasexporterlösen in **Fonds für schlechte Zeiten** zurückgelegt. Dieser Sparstrumpf wurde nun geöffnet, um Haushaltsdefizite und Konjunkturprogramme zu finanzieren und den Bankensektor samt dem abrutschenden Rubel-Kurs zu stabilisieren. Deshalb ist Russland alles in allem relativ gut durch die Krise gekommen und muss sich im Gegensatz zu vielen anderen Staaten auch nicht mit einem drückenden Schuldenberg herumschlagen.

2010 und 2011 lag das Wirtschaftswachstum wieder über 4 Prozent. Dank ihrer **Aufholjagd** spielt die russische Wirtschaftskraft nun auch im europäischen Vergleich nicht mehr in der untersten Liga: Das kaufkraftbereinigte Bruttoinlandsprodukt lag 2013 nach Angaben des *CIA-Factbook* mit 18.100 US-Dollar pro Kopf etwa auf der Höhe der EU-Staaten Lettland und Kroatien. Seit 2013 stagniert die Wirtschaft jedoch. Die Krim-Krise 2014 führte zu Kapitalflucht und Wirtschaftssanktionen, was die Lage noch verschärfen wird.

▷ Die Container im St. Petersburger Hafen sind vor allem mit importierten Lebensmitteln und Konsumgütern gefüllt – und nicht etwa mit russischen Exportwaren

Entzug von der Rohstoffnadel

„Von wenigen Ausnahmen abgesehen entwickelt und produziert das heimische Business nicht jene Waren und Technologien, die die Menschen brauchen. Und es handelt damit, was es nicht selbst hergestellt hat: Rohstoffe oder Importwaren ... Russische Produkte zeichnen sich durch ihre überaus niedrige Konkurrenzfähigkeit aus."
Dmitri Medwedew, 2009

Die Natur hat Russland reich beschenkt – allerdings mehr unter- als oberirdisch. Die klimatischen Risiken und Schranken für die landwirtschaftliche Nutzung des weiten Landes werden volkswirtschaftlich gesehen durch die im Boden lagernden Energie-Rohstoffe mehr als kompensiert: Russland verfügt über **ein Viertel der Weltgasreserven, 19 Prozent der Kohlereserven und etwa 8 Prozent der Ölreserven weltweit.** In der Ölförderung überrundete Russland von 2008 bis 2010 sogar den langjährigen Weltspitzenreiter Saudi-Arabien.

Diese Bodenschätze werden mehrheitlich exportiert, beim Erdgas ist Russland weltgrößter Verkäufer. Das Land verfügt damit über eine üppig sprudelnde Geldquelle – die aber nicht nur ein Segen ist: Die vergleichsweise einfach zu erzielenden Einnahmen aus dem Rohstoffgeschäft bremsen Innovationen und eine nachhaltige Wirtschaftsentwicklung in den anderen Sektoren – nach dem Motto: Was sollen wir mühsam Geld mit der Produktion von Waren und Dienstleistungen verdienen, wenn es von

alleine fließt? Oder umgekehrt: Warum gefragte Waren selbst produzieren – wenn wir sie auch einfach kaufen können?

Erschwerend kommt hinzu, dass der **gewinnbringende Energiesektor** – in Form der Konzerne **Gazprom** (Erdgas), **Rosneft** (Öl) und **Transneft** (Ölpipelines) – zum Großteil **vom Staat kontrolliert** wird. Auf diese Weise wurden die Energiequellen nicht nur zur Hauptgeldkuh, sondern auch zur strategischen Waffe des russischen Staates.

Doch die Öl- und Gasvorräte sind endlich und der Preis des „Schwarzen Goldes" latent instabil. „Russland muss **weg von der Rohstoffnadel**" lautet deshalb seit Jahren eine von der Staatsspitze wie von Wirtschaftsexperten im In- wie Ausland gebetsmühlenhaft wiederholte Forderung.

Dies ist nicht einfach, denn die industrielle Erbmasse der Sowjetzeit ist technologisch eher Low-Tech: Neben Rohstoffen und Ölprodukten exportiert Russland vor allem Ausgangsmaterialien wie **Stahl, Aluminium oder Holz,** aber fast keine fertigen Produkte, die man daraus herstellen könnte – von den „vier Ks" (Kernkraftwerke, Kampfflugzeuge, Kriegsschiffe und Kalaschnikow-Gewehre) einmal abgesehen.

Selbst der Inlandsbedarf an Automobilen, Elektrogeräten und allerlei Maschinen wird mehrheitlich importiert oder aus verschiedenen ausländischen Komponenten im Land montiert. Arbeitsintensive Massenwaren wie Kleidung oder Spielzeug kommen – wie in Europa auch – vorrangig aus China ins Land.

Vom Rest der Welt weitgehend unbemerkt, hat sich Russland in den letzten Jahren wieder zu einer **Agrarmacht** gemausert. Jedenfalls schaffte es das Land, zu einem der größten Getreideexporteure der Welt aufzusteigen. Vor allem in den besonders fruchtbaren Schwarzerdegebieten im Süden Russlands haben sich als Nachfolger der meist brachliegenden einstigen Sowchosen und Kolchosen Agro-Konzerne gebildet oder niedergelassen, die wie damals den Anbau betont großflächig betreiben.

Auch der russische Staat hat erkannt, dass die **Landwirtschaft** Zukunft hat – und dass deren Förderung die einzige Chance ist, den weiten ländlichen Raum vor dem endgültigen Niedergang zu bewahren: Neben den Bereichen Gesundheit, Bildung und Wohnungsbau wurde der „Agro-industrielle Komplex" 2006 zu einem der mit Milliardenaufwand geförderten **„Nationalen Projekte"** erklärt.

Sie sollen, wie damals Staatschef *Wladimir Putin* sagte, „Russland bis 2020 zu einem der lebenswertesten Länder der Welt machen" und zugleich Russlands „Humankapital" im internationalen Vergleich stärken. Mit einer solchen massiven **Umverteilung der Rohstoffgewinne** in den Agrar- und Sozialsektor allein ist Russland aber nicht für eine globalisierte Weltwirtschaft fit zu machen.

Putins Interims-Nachfolger *Dmitri Medwedew* prägte deshalb ein anderes Schlagwort für die nötige Entiehungskur: Er schrieb sich die **„Modernisierung" Russlands** auf die Fahnen: In der Ökonomie sah er **besonderen Handlungsbedarf** bei der Steigerung der Produktivität, der Verbesserung der Energie-Effizienz und beim Ausbau der Verkehrsinfrastruktur. Als russische Zukunfts-Branchen protegiere er die Kommunikationstechnik, Wissenschaft und Forschung sowie davon profitierende Hightechproduktionen, vor allem in der Nanotechnologie. Aber auch das vorhandene enorme Know-how in der Raumfahrt und Raketentechnologie, in der Atomenergie, im Schiffs- und Flugzeugbau sowie in der Softwareentwicklung sollten nach *Medwedews* Vorstellungen dazu beitragen, Russland im 21. Jahrhundert von einem behäbigen Reich der sprudelnden Energiequellen und der rauchenden Schwerindustrie in eine saubere, **flexible und dynamische Volkswirtschaft** mit hoher Wertschöpfung zu verwandeln. Prinzipiell gelten diese Prioritäten weiterhin, *Putin* setzte nach seiner Wiederwahl nur noch das Ziel obenauf, Russland bis 2018 beim Investitionsklima zu einem der 20 besten Länder zu machen. Der WTO-Beitritt 2012 und die flexible Währungspolitik können zwar als Erfolge der letzten Zeit gel-

Ein Fünftel der Wirtschaft liegt im Schatten

Der Anteil der Schattenwirtschaft in Russland liegt bei rund 20 Prozent, schätzt der Leiter der staatlichen Statistikbehörde, Alexander Surinow. In der Krise 2008–2009 sei sie noch gewachsen, „als die Krisenfolgen sich bemerkbar machten und die Situation auf dem Arbeitsmarkt sich verschlechterte", so Surinow.

Schattenwirtschaft gibt es in vier Hauptbereichen: Neben einem eindeutig illegalen Sektor von Produktion und Dienstleistungen (wie Raubkopien oder Prostitution) gibt es auch viel „versteckte Produktion". Dabei wird das Ausmaß der Produktion eines Betriebes verheimlicht, entweder um keine Steuern zu zahlen oder Arbeitsgesetze zu umgehen. Hinzu kommt der Sektor der informellen Tätigkeiten, wie das Erteilen von Nachhilfestunden, das Ausführen schöpferischer Auftragsarbeiten oder Computer-Wartungen, der in der Regel auch keinen Eingang in Steuererklärungen findet. Vierter Bereich sind Eigenleistungen, Selbstversorgung und Nachbarschaftshilfe, vor allem in der Landwirtschaft und auf den Millionen von Datscha-Grundstücken.

André Ballin (Russland Aktuell)

ten, doch ansonsten beklagen Experten „wirtschaftspolitische Ideenlosigkeit". Und je schlaffer die ökonomische Dynamik wird, umso stärker setzt die Regierung auf altbewährte Rezepte, Geld hereinzubringen – durch eine Erhöhung von Steuern und verstärkte Ölförderung. Auch die Staatsquote steigt wieder: Der Anteil des Staates an der Wirtschaftsleistung liegt bei 50 Prozent.

Die soziale Pyramide

Wer Russland heute nur nach ersten Eindrücken von den Hauptstraßen Moskaus oder St. Petersburgs beurteilt, der glaubt sich in einer Tiefkühlversion von Las Vegas oder Marbella: Nobelboutiquen und feine Sushi-Bars reihen sich aneinander, mit Edelkosmetik geschminkte Blondinen im Pelz stöckeln vorbei und den Straßenrand säumen dunkle Limousinen und schwere Geländewagen. Wer hier nicht auffallen möchte, sollte einen Range Rover fahren.

Reichtum wird unverkrampft ausgestellt. Dennoch greift es heute zu kurz, für **Russlands Luxusklasse** nur die in den 1990er-Jahren populären Klischees von der „Russenmafia" und den „Neuen Russen" zu bemühen (jenen Beutelschneidern, die beim Ausverkauf der sowjetischen Erbmasse zu fragwürdig-schnellem Reichtum kamen). **Heute wird in Russland weitgehend legal Geld gemacht** – aber auch dies im großen Stil: Nicht nur mit dem Export von Öl und Gas, Stahl, Aluminium oder Holz ist jede Menge Valuta zu machen. Auch im Inland rollt der Rubel dank des boomenden Einzelhandels und der Geschäfte mit Immobilien, Autos, Kommunikations- und Computertechnik oder Werbung.

Auf der Spitze des goldenen Eisbergs thront (nach dem letzten Reiche-Russen-Ranking von „Forbes" im April 2014) dabei keiner der international berühmt-berüchtigt gewordenen **Oligarchen** wie *Roman Abramowitsch* oder *Oleg Deripaska* – sondern seit drei Jahren schon der wenig bekannte *Alischer Usmanow*. Der 18,7 Mrd. Dollar schwere gebürtige Usbeke hat sein Vermögen mit Erz und Stahl sowie im Mobilfunk und Internetbusiness verdient. 13 russische Multimilliardäre verfügten 2014 über ein Vermögen von jeweils über 10 Mrd. Dollar. Nur in den USA gibt es mehr Superreiche.

Um **das andere Russland** zu sehen, muss man sich in St. Petersburg nur ein, zwei Straßenblocks von der Glitzermeile Newski Prospekt entfernen: Hier, in den schlecht beleuchteten Hinterhöfen und den muffigen Treppenhäusern beginnt das Land der zimmerweise vergebenen „Kommunalwohnungen" und der engen Wohnungen der kleinen Leute, das sich so

auch durch die Plattenbauquartiere von Kaliningrad bis Magadan zieht: Alleinerziehende Mütter, Alkoholiker, Arbeitslose, Kranke, ungebildete Arbeiter, Behinderte und viele Rentner bilden den **grauen Sockel** der an der Spitze dick vergoldeten russischen Sozialpyramide. In den Müllcontainern bleiben hier Alu-Dosen nicht lange liegen – auch wenn man dafür nur ein paar Kopeken Recyclingprämie bekommt.

Immerhin, die **Armut** ist in Russland definitiv **auf dem Rückzug:** Nach der amtlichen Statistik lebten 2013 noch 15,7 Mio. Menschen, also etwa 11 Prozent der Bevölkerung, von weniger Geld als dem offiziell errechneten Existenzminimum. 2003 waren es 29,3 Mio. Menschen (20 Prozent) und im Jahr 1993 sogar 46 Mio. (31 Prozent). Allerdings ist diese **Einkommensgrenze** so tief angesetzt, dass deutsche Hartz-IV-Sätze in Russland wie Geschichten aus dem Schlaraffenland klingen: Von 7688 Rubel pro Kopf und Monat (etwa 160 Euro) kann man dank des in Russland billigen Brotes zwar nicht verhungern, aber auch nicht wirklich leben. Dennoch müssen in Russland viele Menschen mit derartig bescheidenen oder nur geringfügig größeren Budgets über die Runden kommen. *Goehrke* be-

⌃ Was für die einen nur eine leere Flasche ist, bedeutet für andere ein Stück Brot

Porträt: Roman Abramowitsch, der Krösus

Schillerndste Figur unter Russlands Superreichen – und auf seine Weise auch „typisch russisch" – ist Roman Abramowitsch: Der 1966 geborene Waisenknabe jüdischer Abstammung soll Anfang der 1990er-Jahre seine Karriere im Big Business mit der illegalen Aneignung von 5000 Tonnen Heizöl begonnen haben. Mit viel Chuzpe, guten Beziehungen und Rückendeckung durch den Jelzin-Clan brachte er es zum Herrn über den Ölkonzern Sibneft und den Aluminiumkonzern Rusal. Auch an Aeroflot und dem landesweiten TV-Kanal ORT hielt er große Anteile. Dabei versteckte sich Abramowitsch geradezu vor der Öffentlichkeit: Aus den 1990er-Jahren gab es kaum Bilder von ihm – obwohl er als „Kassenwart" des „Jelzin-Familie" genannten Klans galt.

Unter Putin musste er sich legalisieren und politisch engagieren, um weiterhin seine Geschäfte ungestört vorantreiben zu können: Er ließ sich 2000 zum Gouverneur der ebenso abgelegenen wie bitterarmen Provinz Tschukotka an der Beringstraße wählen – dort, wo Russland auf Alaska trifft. Seine Gefolgsleute übernahmen das politische Management, Abramowitsch pumpte Geld in die unterentwickelte Gegend am Ende der Welt – kurzum, die Berichte über das Elend der Tschuktschen verstummten alsbald. Nach seinem Coming-out als Superreicher kannte Abramowitsch kein Under-

statement mehr: In seiner neuen Wahlheimat London kaufte er 2003 kurzerhand den traditionsreichen Fußballklub Chelsea. 2005 machte er dann den Kern seines russischen Wirtschaftsimperiums zu Bargeld: Für etwa 11 Mrd. Euro verkaufte er Sibneft an die halbstaatliche Gazprom. Ein solcher „Ausstieg" ist in Russland nicht jedem vergönnt: Der Anfang der Putinära ähnlich „schwere" Oligarch Michail Chodorkowski kuschte nicht vor dem Kreml, er förderte die Opposition und dachte wohl auch über eine eigene politische Karriere nach. Von 2003 bis 2013 schmorte er deshalb nach zwei fragwürdigen Prozessen im Gefängnis, sein Ölkonzern Yukos wurde darüber hinaus wegen angeblicher Steuerschulden enteignet und zerschlagen.

Abramowitsch kann hingegen sein Geld in neuen Business-Aktiva anlegen (zum Beispiel in der Gold- und Bauindustrie), aber auch im liebsten Hobby des inzwischen zweimal geschiedenen sechsfachen Vaters: Er liefert sich mit arabischen Ölpotentaten ein Wettrennen darum, wer den längsten ... Freizeitkahn hat: 2004 erwarb er die 115 Meter lange Pelorus (als Ersatz für die 2003 gekaufte Le Grand Bleu von nur 108 Metern Länge), doch das reichte nicht lange gegen die Nahost-Konkurrenz. 2010 wurde von Blohm+Voss in Hamburg die Eclipse an ihn ausgeliefert: ein 163 Meter langes Luxusetablissement mit 23 Schlafzimmern, zwei Hubschrauberlandeplätzen, Antipaparazzi-Laser, Raketenabwehrsystem, Bord-U-Boot, Schlafzimmer mit Schiebedach und was man eben sonst noch so braucht für ein ausgefülltes und von 40 Bodyguards bewachtes Leben. Der ungenannt bleibende Kaufpreis dürfte mindestens 300 Mio. Euro betragen haben. Daneben besitzt Abramowitsch als Privatjets eine Boeing 767 und einen Airbus A340 sowie mehrere Villen und Schlösser in England, Frankreich und Russland. Und kaum hatte er eine neue Freundin, die Moskauer Kunstgaleristin Daria Schukowa, da erwarb er 2008 mit dem Triptych, 1976 von Francis Bacon für 86,3 Mio. Dollar das damals teuerste Gemälde der Nachkriegskunst.

Seine Geschäfte – er macht jetzt vor allem in Stahl und Gold – gehen aber krisenbedingt nicht mehr so blendend: Unter den russischen Superreichen stand er 2014 nur noch auf Rang 14.

◁ Ein schwimmender Palast: Doch inzwischen hat Abramowitsch eine Yacht, die nochmal 50 Meter länger ist als die „Pelorus", mit der er 2008 in St. Petersburg einlief

…alisierten eigentlichen Verlierer" der russischen Gesell-
…les 21. Jahrhundert auft etwa ein Drittel.

…ein definiertes **„Basiswarenpaket"** als Maßstab zur Be-
…nutsgrenze und rechnet die Lage weiterhin schön. Fra-
…e Menschen direkt, ob sie sich für arm halten, so ant-
…ragen etwa 15 bis 25 Prozent mit „ja". Dabei sind die
Russen in der Masse bescheidene Leute: Schon ab einem Einkommen auf
dem Niveau des **Durchschnittslohns** (2013 lag dieser bei 29.800 Rubel,
ca. 700 Euro) scheint Zufriedenheit einzukehren, stellten die Demosko-
pen fest. Dann nimmt in den Meinungsumfragen der Ruf nach staatlicher
Unterstützung deutlich ab und die Aussage „Jeder ist für sein Wohlerge-
hen selbst verantwortlich" tritt in den Vordergrund.

Der Durchschnittslohn sagt allerdings wenig aus über die **Einkommensverhältnisse** in den einzelnen Branchen, denn auch hier ist die Schere zwischen Arm und Reich groß: Bei Banken und im Ölbusiness verdienen die
Arbeitskräfte konstant über das Doppelte des Durchschnittslohns, in der
Landwirtschaft aber nur die Hälfte. Bescheidenheit erwartet der russische
Staat auch weiterhin von seinen an der Sozialfront stehenden Bediens-
teten: **Lehrkräfte** und das **medizinische Personal** kommen nur auf etwa
80 Prozent des Durchschnittslohns.

Das **niedrige Lohnniveau** sorgt allerdings auch für eine **hohe Beschäf-
tigungsquote** im Land – die Arbeitslosenquote ist mit 4,9 Prozent (Stand
Mai 2014) im europäischen Vergleich sehr niedrig. Von diesen 3,9 Millionen arbeitslosen Menschen ist aber nur ein Viertel bei den Arbeitsämtern
als jobsuchend gemeldet. Dies liegt daran, dass viele gar kein Interesse an
den dort vorrangig vermittelten Billiglohnstellen haben und sich lieber mit
Gelegenheitsjobs, Schwarzarbeit oder illegalem Tun über Wasser halten,
bis sie (vielleicht) wieder eine neue Stelle finden. Außerdem berechnet
sich die vom Staat ausgezahlte Arbeitslosenunterstützung anhand des
zuletzt bezogenen **Grundgehaltes.** Und dies wurde und wird bei vielen
Arbeitnehmern gegenüber den diversen **Prämien und Zulagen** bewusst
niedrig angesetzt – weil so der Arbeitgeber am längeren Hebel sitzt, kann
er diese doch bei Fehlverhalten oder schlechtem Geschäftsgang einfach
streichen.

Die breite Masse der russischen Bevölkerung lebt also bescheiden, aber
wenigstens in einigermaßen **stabilen Verhältnissen** – auch dank der bei
vielen Familien noch üblichen partiellen Selbstversorgung mittels Garten-
bau auf dem Datscha-Grundstück. Dabei vermeiden russische Soziologen
und Politiker aber unisono, von der „Unterschicht", der „Arbeiterklasse"
oder dem einst so gepriesenen „Proletariat" zu sprechen – schließlich befindet sich hier die Mehrheit des Wahlvolkes.

Preise für Alltagsgüter (in St. Petersburg)

- 1 kg Schwarzbrot: 0,71 €
- 1 kg Schweinefilet: 7,35 €
- 1 kg Gefrierfisch: 3,50 €
- 1 kg Kartoffeln: 0,82 €
- 1 kg Mohrrüben: 0,60 €
- 1 l Milch: 1,09 €
- 0,5 l Bier: 0,92 €
- 1 Schachtel Zigaretten: 0,98 €
- 1 doppelter Burger: 1,87 €
- 1 Metrofahrt: 0,58 €

(berechneter Währungskurs:1 Euro = ca. 48 Rubel)

Lieber philosophiert man darüber, wie groß die **„Mittelschicht"** denn inzwischen geworden ist. Während es nach dem Ende der Sowjetunion in der Regel hieß, in Russland gebe es, zumindest materiell gesehen, gar keine Mittelklasse, so werden inzwischen doch **20 bis 30 Prozent** zu diesem Gesellschaftssegment gezählt – und in den Großstädten noch bedeutend mehr. Doch darüber, ob nun jede Familie mit einem gefestigten Einkommen, die sich gute Bildung und medizinische Versorgung, ein Auto, einen Auslandsurlaub oder die eine oder andere größere Anschaffung finanzieren kann, bereits der Mittelklasse zuzurechnen ist, gehen die Geister unter den russischen Soziologen auseinander.

Denn gegenüber westlichen Standards wird die russische Mittelklasse beim Einkommen niedriger angesetzt: Schon 21 Quadratmeter Wohnfläche pro Kopf und 400 bis 550 Euro pro Familienmitglied im Monat sind nach landläufiger Meinung genug, um nicht mehr zu den „kleinen Leuten" zu gehören. Einen Lebensstandard auf dem Niveau der bürgerlichen Mittelklasse in den entwickelten Ländern könnten in Russland wohl nur etwa 7 Prozent der Bevölkerung vorweisen, erklärte *Tatjana Malewa*, Direktorin des Institutes für Sozialpolitik.

Unter diesen zehn Millionen wohlhabenden Russen gibt es **jede Menge Reiche** und auch **viele Superreiche** – bis hinauf zu den nicht wenigen **Multimilliardären.** Das durchschnittliche Einkommen der reichsten 10 Prozent der Bevölkerung ist 16,2 Mal so hoch wie das der ärmsten 10 Prozent. Dieser Faktor – weltweit ein anerkanntes Maß für die soziale Gerechtigkeit einer Gesellschaft – ist in Russland für europäische Verhältnisse extrem hoch (zum Vergleich: Deutschland ca. 7, in den USA 15, in

Extrainfo 7 (s. S. 11): Die Doku „Generation Gold: Hausbesuch bei reichen Russinnen" gewährt Einblicke in das Leben der russischen Oberschicht.

Brasilien 39). In Moskau, wo sich Russlands Reichtum ballt, liegt er sogar bei 33.

Eine kleine soziale Errungenschaft der letzten Jahre ist, dass dieser Wert nach 2007 nicht mehr weiter anwuchs. Dennoch bedeuten die **krassen Einkommensunterschiede** für die russische Gesellschaft eine **schwere moralische Belastung,** die sich durchaus einmal wieder revolutionär „entladen" könnte: Während die ganz oben glauben, ihr Status erfordere den Umstieg von BMW auf Bentley, muss man sich ganz unten schon freuen, wenn das Geld einmal für neue Schuhe reicht. Das schürt Neid – und man erinnert sich gerne an andere Zeiten: In den Köpfen ist als Sozialideal noch immer die sowjetische „klassenlose Gesellschaft" verankert, wo der Einkommensunterschied zwischen dem ärmsten und dem reichsten Zehntel mit dem Faktor 4,4 in der Tat sehr gering war.

Räumliche Kontraste: Stadt und Land

Moskau ist mit 12,1 Mio. Einwohnern **Europas größte Stadt** – und inzwischen mit seinen Glitzermeilen, Luxuswohnanlagen und auch seinen gigantischen Verkehrsstaus zu einer echten Metropole von Welt aufgestiegen. Als „Megapolis" titulieren russische Medien deshalb gerne die russische Hauptstadt – dies ist wohl die heutige Entsprechung zu dem ebenfalls etwas anmaßenden historischen Titel des „Dritten Roms".

Das heute 5,1 Mio. Einwohner zählende **St. Petersburg** gilt unter Städteplanern als einer der seltenen gelungenen großen Würfe im Städtebau. Der heutige Beiname der „russischen Kulturhauptstadt" verrät, dass die einstige Zarenmetropole auch gegenwärtig Identität und ihren verdienten Platz im **internationalen Städteranking** inne hat. Die **regionalen Zentren** wie Nischni Nowgorod, Kasan, Rostow-am-Don, Perm, Jekaterinburg, Nowosibirsk oder Wladiwostok verbreiten inzwischen ebenfalls ansatzweise **großstädtisches Ambiente** – Sowjettristesse ade! Fußgängerzonen, schicke Cafés und Kinocenter im Stadtzentrum, Autohäuser, Möbelhäuser und Shoppingmalls am Stadtrand sind zu den Attributen aller „erfolgreichen" Regionalzentren geworden.

Tristesse in der Provinz: das Sterben der Dörfer

Doch jenseits des ca. 100 Kilometer breiten „Speckgürtels" um die russische Hauptstadt verflacht die Urbanisierung des Landes in tiefer **Provinzialität.** Russische Regionalhauptstädte mit 300.000 Einwohnern wirken schläfriger als deutsche Kreisstädte mit 30.000 Bürgern.

Extrainfo 8 (s. S. 11): „Wunder der Natur: Baikal – die geheimnisvolle Seele Sibiriens" – deutschsprachige Doku über einen der legendärsten Orte Russlands

063ru-ld

Die Kleinstädte – von eher wenigen historisch wertvollen Ausnahmen abgesehen – scheinen optisch völlig austauschbar: Auf einem Aufmarsch-tauglichen zentralen (gegenwärtigen oder früheren) „Lenin-Platz" steht ein überall gleich scheinendes Lenin-Denkmal, darum gruppieren sich einheitlich graue Standardplattenbauten, ein Administrationsgebäude und eine Kaufhalle. Und wer sich dann auf das in Russland im Relief tatsächlich meist „flache Land" hinausbewegt, gelangt schnell in Dörfer, die vielleicht äußerlich wie stille Idyllen scheinen, im Innern aber von **Depression und Niedergang** gekennzeichnet sind.

Auf dem Lande sind die Lebens- und Verdienstmöglichkeiten drastisch eingeschränkt, deshalb herrscht unter der noch zu Initiative und Verände-rungen fähigen jüngeren Generation eine eminente **Landflucht.** So war

⌃ In vielen russischen Dörfern passiert einfach gar nichts mehr

Nordrussland: ein Holzfällerdorf ohne Brennholz

Von ökologisch nachhaltiger Waldwirtschaft haben die Bewohner des einsamen Holzfällerdorfes Schoschelzy am Rande des nordrussischen Dwinski-Urwalds noch nie etwas gehört. Aber was es bedeutet, wenn natürliche Ressourcen schneller verbraucht werden als sie nachwachsen, spüren sie am eigenen Leib. Von den Behörden vergessen, führt Schoschelzy ein kärgliches Leben ohne Zivilisationsanschluss. Den Bewohnern mangelt es an allem. Sogar an Brennholz.

Vor dem Dorf kommt uns ein hoch beladener Lastwagen entgegen: Auf der Ladefläche liegen gestapelt Dielen, Fenster und Türen - wieder ein Haus weniger in Schoschelzy, dem abgelegenen Holzfällerdorf im Gebiet Archangelsk.

Auf der Dorfstraße - einer in den meterhohen Schnee gedrückten Fahrspur - entflammt kurz darauf ein heftiger Streit: Ein paar alte Männer beschimpfen Jewgenija Menschikowa, dass sie Häuser ohne Bezahlung „an Fremde" weggibt. Aber Jewgenija, eine der wenigen im Dorf, die so etwas wie eine Arbeitsstelle haben, ist nicht auf den Mund gefallen: Die Häuser des Dorfes gehören schließlich der Gemeindeverwaltung im fernen Selmenga. Und wenn jemand von dort ein Papier bringt, dass ihm ein leer stehendes Haus zum Abriss zu geben sei, habe sie sich zu fügen - sie sei ja nur „Gehilfin des Hausverwaltungsmeisters". Ohnehin würden die Dorfbewohner sonst - „ihr seid doch ein einziges Diebespack!" - jedes Haus in kürzester Zeit in eine unbewohnbare Ruine verwandeln.

Noch zehn Jahre gibt sie ihrem sterbenden Dorf. Aber Jewgenija will nicht weg aus Schoschelzy, sie wurde hier geboren. Von einst über 500 Bewohnern sind noch etwa 210 geblieben - ohne Lebensgrundlage und ohne Hoffnung, dass ihr 1946 gegründetes Dorf noch eine Zukunft hat. „Der Wald reicht nicht mehr, es gibt keine Arbeit, die Leute gehen weg", fasst Anatoli Tscheburin wortkarg die Lage zusammen. Als Pensionär mit einer kleinen Rente gehört Anatoli zu den „Reichen" im Dorf. Die Leute leben von Kartoffeln aus dem Garten und Beeren und Pilzen aus dem Wald.

Unternehmergeist oder Eigeninitiative braucht man hier nicht zu suchen: Zwei, drei Generationen lang haben die Dorfbewohner im Dienst staatlicher Forstbetriebe keine andere Arbeit gekannt als Bäume fällen, zuschneiden und abflößen. Weit ums Dorf herum haben sie die Taiga mit den über 200 Jahre alten, kräftigen Urwaldstämmen abgeholzt. Nachgewachsen ist im harten Nordklima noch nicht viel. Schoschelzy wurde schon Ende der 1980er-Jahre unrentabel und die Dörfler ließen sich in der Folge gleich mehrfach verraten und verkaufen: Ihr Holzbetrieb wurde in eine Kooperative umgewandelt, privatisiert, ausgeplündert, ruiniert. Und dann ließ sich *das Dorf noch einer vermeintlich „perspektivträchtigeren" Nachbargemeinde in einem anderen Landkreis zuschlagen.*

Deshalb fühlt sich nun weder die alte noch die neue Verwaltung für das abgelegene Dorf richtig zuständig: Die 15 Kilometer lange Zufahrtsstraße wird im Winter nicht mehr regelmäßig geräumt. Im Februar kam der Bus drei Wochen lang nicht durch – sonst verkehrt er einmal die Woche: Keine Chance für die Männer aus dem Dorf, zur Arbeit zu kommen. Wer aus Schoschelzy hinaus will – und sei es, um Hilfe zu holen – muss Ski anschnallen. Die Telefonleitung ist schon lange zusammengebrochen und Diesel für den Stromgenerator liefert die Gemeinde auch nur noch fassweise zu Feiertagen. Dann veranstaltet die Jugend eine „Diskothek".

064ru-ld

Die Leute von Schoschelzy sitzen im Abseits, im Dunkeln und in der Kälte. Um genug Brennholz aus dem Wald zu holen, bräuchten sie wegen des vielen Schnees einen Traktor. Doch den gibt es nicht im Dorf, genauso wenig wie Autos oder Treibstoff. Wegen Brennholzmangels wurde schon die Schule geschlossen, die 22 Kinder werden in Privathäusern unterrichtet. „Wir werden nicht krank und wir sterben nicht, denn aus Schoschelzy führt kein Weg ins Spital oder auf den Friedhof", spottet Hausverwalterin Jewgenija. Ihre alte Mutter schweigt. Schließlich kommt das Gespräch beim Schein einer Petroleumlampe auf das einstige Flugfeld hinter dem Dorf. Bis 1995, ist der Babuschka schließlich zu entlocken, konnte man aus Schoschelzy noch in die Kreisstadt fliegen. Morgens hin und abends zurück.

⌃ Verwaltungsgehilfin Jewgenija mit ihrer Familie

es auch schon zu Sowjetzeiten, als die schnelle Industrialisierung massenweise Arbeitskräfte vom Land in die Städte saugte. Doch nach dem Zerfall der ebenso strengen wie verlässlichen Strukturen aus Kolchos und Kommunistischer Partei kollabierte in vielen Dörfern in den 1990er-Jahren auch die gewohnte Lebensgrundlage der Menschen.

Wer noch persönliche Energie und Reserven aufbieten konnte, kehrte dem gar nicht mehr glücklichen Landleben den Rücken – auf den Dörfern blieben die Alten, die Ungebildeten und die Alkoholiker zurück. Die Folge sind „aussterbende Dörfer" – wo es weder Kinder noch Schule und oft auch keinen Laden mehr gibt. Die „Bibliothek" oder das „Kulturhaus", wo einst gewisse Ansätze eines kultiviert-kollektiven Landlebens gepflegt wurden, sind dort schon lange vernagelt, geplündert oder abgebrannt.

Fragt man in einem solchen Dorf Menschen, die noch Herren ihrer Sinne sind, was hier **das größte Problem** ist, kommt meist ein und dieselbe Antwort: **der Suff.** Männer, die gar nicht oder wenigstens nur selten und dann in Maßen trinken, kann man in vielen typischen russischen Dörfern an einer Hand abzählen – wenn es sie überhaupt noch gibt.

Oft genug sind auch die Zufahrtswege so verkommen, dass Siedlungen selbst im europäischen Landesteil nur noch mit Allradfahrzeugen erreichbar sind. Und auf der als Fahrweg nicht mehr gebrauchten Dorfstraße wachsen dann ungestört junge Bäume.

Steht in einem Dorf hingegen **ein neues Kirchlein** – die alten wären heute überdimensioniert, haben die Sowjetzeit aber meist ohnehin nicht überstanden – so ist dies ein Zeichen dafür, dass hier eine leidlich intakte Dorfgemeinschaft mit einem Kern aus einigen engagierten Leuten und einem aktiven Priester dem wirtschaftlichen wie moralischen Niedergang die Stirn bietet.

Oft gehört dazu der nach der Wende neu entstandene Berufsstand der *fermer:* **Private landwirtschaftliche Familienbetriebe** wurden nicht nur von ehemaligen Kolchosbauern, sondern auch von stadtflüchtigen Intellektuellen und Ingenieuren aufgebaut. Doch viele von ihnen sind in den letzten 25 Jahren gescheitert oder tun sich schwer, mit beiden Beinen auf den Boden zu kommen: Fehlendes Kapital, verworrene Grundeigentumsverhältnisse, die großen Distanzen zu den Absatzmärkten und die Konkurrenz durch billige Importe machen ihnen das (Über-)Leben schwer. Hinzu kommt, dass in den der Armut und dem Alkohol verfallenen Dörfern nach Jahrhunderten der Kollektivwirtschaft der **Neid und das Misstrauen** gegenüber neuen initiativkräftigen „Kulaken" groß ist: Diebstahl, Sabotage und Brandstiftung haben schon viele Existenzen ruiniert.

Mehr Glück haben meist jene Stadtflüchtigen, die mit einer **„Geschäftsidee"** jenseits der üblichen Landwirtschaft aufs Land gegangen sind: Sie

Extrainfo 9 (s. S. 11): Film über Aussteiger in Mittelrussland – zurück zur Natur!

züchten Pferde, Hunde, Bienen oder betreiben ein Kunsthandwerk und können so spezielle **Marktlücken für sich nutzen.**

In den letzten Jahren entdeckt aber auch die kapitalkräftige Wirtschaft die russische Landwirtschaft wieder: Mancherorts wurden Großbetriebe reanimiert oder neu gegründet – ganz professionell mit Businessplan, Managern und neuer Technik. **Agro-Holdings** kaufen immer mehr Land auf. Angesichts der Tristesse rundum können die Glücklichen, die hier einen Job ergattern, allerdings nicht mit einem hohen Lohnniveau rechnen. Wenigstens ist das Leben auf dem Land aber weiterhin billig.

Landbewohner auf Zeit: die Datschniki

Anders als im dicht besiedelten Mitteleuropa ist für die russische Landbevölkerung das Pendlerdasein keine Alternative. Die Wege in die nächste Stadt sind einfach zu weit und oft auch zu schlecht, um sie täglich oder auch nur jede Woche einmal zurückzulegen. Und die niedrigen Löhne erlauben den Menschen auch nicht, größere Kosten für den Arbeitsweg aufzubringen.

Dennoch fließt – jedenfalls in der warmen Jahreszeit – jedes Wochenende eine Verkehrslawine aus den Städten hinaus aufs Land und wieder zurück. Doch sie geht auf das Konto besserverdienender Städter, die zu ihren **Datschen** hinausfahren.

Das *datscha* genannte (vom russischen Verb *dat* – geben, zuteilen) Wochenend- oder Ferienhaus draußen vor der Stadt war **in der Zarenzeit ein Privileg** der höheren Klassen. Doch in den vergangenen ca. 50 Jahren sind die privat genutzten Frischluftparzellen zu einem sowohl die Landschaft wie auch den **Alltag der Russen prägenden Faktor** geworden: Rund um Moskau gibt es etwa eine Million Privathäuser, von denen aber nur 15 Prozent ganzjährig bewohnt werden. Landesweit gibt es ca. 22 Millionen Datschen – womit in etwa drei von vier städtischen Familien über eine solche „private Freizeitoase" verfügen dürften.

„In jedem Russen steckt ein Bauer", so eine in Russland vielzitierte Redewendung. Daran ist viel Wahres – die meisten *datschniki* ackern mit Inbrunst in ihren Gärten, auch wenn das Verhältnis zwischen investierter Arbeitszeit bzw. Erhaltungskosten und dem Erlös in Form von hauseigenem Gemüse nicht unbedingt mit der modernen Agro-Wirtschaft und deren Supermarktangeboten konkurrieren kann. Doch ein eigener Garten ist auch ein Stück Sicherheit: In den mageren und chaotischen 1980er und 1990er-Jahren sicherte der **Eigenanbau** auf der Datscha vielen Familien schlichtweg das Überleben. Das wertvolle Know-how der Gemüsezucht und – nicht minder wichtig – vom fachkundigen Aufbereiten und Konser-

Drei Stimmen zum Datscha-Leben

067ru-spz

066ru-spz

Irina (40), Sozialarbeiterin: *Freitagabends ist es beinahe unmöglich, die Stadt zu verlassen, da alle auf die Datscha fahren und die Straßen blockieren. Pensionäre leben sogar das halbe Jahr dort, ab Mai, wenn die Gartensaison beginnt. Die Gartenarbeit wird vor allem von den Frauen verrichtet. Sie ziehen die Pflanzen groß und ernten die Gurken, Karotten, Radieschen, Zwiebeln, Äpfel, Johannisbeeren, Stachelbeeren und all die anderen Produkte. Dann verarbeiten sie sie weiter, zu Kompott etwa. Obwohl die Frauen die Hauptarbeit im Garten leisten, sind auch die Männer auf der Datscha nicht faul. Sie reparieren beispielsweise die Häuser.*

Natascha (27), Ingenieurin: *Heute komme ich nur noch auf die Datscha, um meinen Eltern bei der Gartenarbeit zu helfen, wenn sie darum bitten. Vor allem natürlich im Frühjahr, wenn beispielsweise das Gewächshaus errichtet werden muss für die Tomaten. Deswegen bedeutet „Datscha" für mich heute, anders als früher, vor allem Arbeit. Ich liebe die Natur sehr. Das wurde wohl früh angelegt, im Alter von zwei bis drei Jahren, als ich im Erdboden saß, Häuser baute und mit Zwiebeln spielte. Wenn diese Liebe von meinen auf der Datscha gesammelten Naturerfahrungen stammt, so bin ich sehr dankbar* *dafür. Jeder Mensch sollte ein Bewusstsein für die Umwelt haben. Ob ich dank unseres eigenen Gartens einen anderen Geschmack entwickelt habe? Auf jeden Fall weiß ich, dass die eigenen, natürlich gewachsenen und angebauten Produkte anders und viel besser schmecken als die aus dem Supermarkt!*

Valentina (61), Lehrerin: *Ich freue mich den ganzen Winter darauf, im Sommer endlich wieder auf die Datscha fahren zu können. Allerdings macht es hier wenig Sinn, richtige Beete anzulegen, denn das Häuschen gehört mir nicht, es ist nur für die Saison gemietet. Außerdem ist der Boden sehr sumpfig. Ich pflanze deshalb nur einige Blumen an, damit es hübscher aussieht und ernte die Johannisbeeren an den drei, vier Büschen auf dem winzigen Grundstück. Außerdem habe ich im Wald Farne und Bäumchen ausgegraben und hierher versetzt. Eigentlich bin ich ganz froh, dass ich hier den Rücken nicht ständig krumm machen muss, nur weil es sich in Russland gehört, auf der Datscha Gemüse und Kartoffeln anzupflanzen. Ich finde es wichtiger, dass man sich in den Ferien erholt.*

065ru-ld

Interviews: Mirjam Voerkelius/Lothar Deeg
(St. Petersburgische Zeitung)

vieren von allerlei Feld-, Garten- und Waldfrüchten hat auf diese Weise in Russland selbst unter Stadtbewohnern über einige Generationen hinweg überdauert.

Die gegenüber der Landbevölkerung vergleichsweise wohlsituierten *datschniki* sind mancherorts zum **einzigen Wirtschaftsfaktor** in brachliegenden Siedlungen geworden: Ihnen kann man selbst produzierte Lebensmittel verkaufen und ab und an brauchen sie auch helfende Hände bei Reparatur oder Ausbau ihrer Landsitze. Denn bei deren Ausgestaltung und Perfektionierung scheinen viele Hausbesitzer allen **Individualismus und Besitzerstolz** zeigen zu wollen, der ihnen in der Stadt durch das Leben in einer normierten Plattenbauwohnung verwehrt ist: Ein Türmchen auf dem Dach, ein extra Häuschen für die *banja* (russische Sauna) und ein Teepavillon im Garten müssen einfach sein. Manche Besitzer engagieren sogar **Wächter,** die unter der Woche darauf achten, dass die in den Freizeitvillen angesammelten Güter nicht verflüssigt – sprich von den Arbeits- und Hoffnungslosen der ungleichen Dorfgemeinschaft gestohlen und in Wodka umgewandelt werden.

Hat man sein Häuschen hingegen in einer *sadowodstwo* genannten **Gartensiedlung,** entfällt dieser Konflikt weitgehend: Hier stehen die Datschen dicht an dicht und das soziale Gefüge der Hobbysiedler ist einheitlicher. Man kennt sich, man kontrolliert sich und man kooperiert nachbarschaftlich. Die Siedlergemeinschaft organisiert oft auch eine Bewachung der Kolonie in der kalten Jahreszeit, denn dann werden die verwaisten Datschen geradezu planmäßig ausgeplündert. Zum **Datscha-Jahresrhythmus** gehört deshalb auch, am Ende der Saison allen wertvollen Hausrat wieder in die Stadtwohnung zu schaffen. Umgekehrt dient die Datscha traditionell als Endlager für zu Hause ausrangierte Gerätschaften und Möbel, die zum Wegwerfen irgendwie doch zu schade erscheinen.

068ru-ld

◁ Individuell, romantisch und – wenn möglich – höher als die Nachbarhäuser: eine entstehende Nobeldatscha

Dank der vielen Neureichen kann eine Datscha inzwischen auch eine von hohen Mauern umgebene, schicke bis pompöse Vorstadtvilla in einer elitären Neubausiedlung sein. Doch die meisten Gartenkolonien stammen noch aus der Sowjetzeit, als die Kollektive einzelner Betriebe Land zur Eigenbewirtschaftung zugewiesen bekamen. Üblicherweise erhielt damals jeder Interessent **eine kleine Parzelle von 600 Quadratmetern** (*schest sotok*: „600", wurde mit der Zeit fast zu einem Synonym für Datscha), auf der man ein Holzhäuschen errichten und gärtnern durfte.

Unter *Chruschtschow* und *Breschnew* unterlag der Datscha-Bau strengen Regeln: Die Häuschen durften nicht winterfest und unterkellert sein und als zweite Etage war allenfalls ein ausgebautes Dachgeschoss statthaft. Heute gelten diese Regeln nicht mehr, weshalb in vielen der alten Gartenbaukolonien inzwischen solide Gebäude in oft abenteuerlichem Materialmix errichtet wurden. Für die kleinen Grundstücke mit den schmalen Zufahrtswegen dazwischen erscheinen sie oft ein, zwei Spuren zu wuchtig – böse Zungen vergleichen den architektonischen Wildwuchs schon mit dem brasilianischer Favelas!

Urbane Miseren: Monostrukturstädte

Der „Niedergang des russischen Dorfes" ist zweifellos eine landesweite Tragödie. Doch in vielen kleinen und mittelgroßen Städten in der Provinz sieht es nicht unbedingt besser aus. Hier macht sich eine andere **Folge der sowjetischen Planwirtschaftsstruktur** bemerkbar: Städtische Siedlungen verdanken ihre Entstehung oft nicht dem Umstand, dass an diesem Standort mehrere wirtschaftsgeografische Faktoren ein Wachstum auslösten, sondern dass hier **ein einziger Wirtschaftsbetrieb** von den staatlichen Planern verortet wurde – und dies in der Regel gleich mit dem typisch sowjetischen Größenwahn. Die Folge sind „Monostrukturstädte", deren Gedeih und Verderb von einem einzigen Kombinat, einem Bergwerk, Kraftwerk oder gar einem Militärstützpunkt abhängt.

Die bekanntesten Beispiele für derartige Kunststädte im Gefolge von großen Werksansiedlungen sind in Russland etwa **Togliatti,** der Standort des Lada-Werkes AvtoVAZ an der Wolga, die neben dem riesigen Kamaz-Lkw-Werk aus dem Boden gestampfte Retortenstadt **Nabereschnyje Tschelny** in Tatarstan oder die Stahlwerksstadt **Magnitogorsk** im Ural. Daneben gibt es aber auch viele kleine und über ihre Regionen hinaus kaum bekannte Monostrukturstädte.

Solange die kommunistische Zuteilungswirtschaft funktionierte und die Schlote qualmten, herrschte dort in der Regel kein Mangel. Gerät jedoch das Unternehmen oder dessen ganze Branche in die Krise, bieten sich in solchen Siedlungen für die Bevölkerung **extrem wenig Erwerbsalternativen** – ganz zu schweigen von dem Problem, dass die meisten Bewohner nichts anderes gelernt haben als ihren Fabrikjob.

Besonders heikel ist die Situation von Monostrukturstädten, die **in klimatisch extremen Lagen** errichtet wurden: So befindet sich weit im Norden Sibiriens die nur per Schiff oder Flugzeug zu versorgende 175.000-Einwohner-Stadt **Norilsk** – in der acht bis neun Monate im Jahr Schnee liegt und die Polarnacht 45 Tage dauert. Norilsk entstand durch die Arbeit von Sträflingen unter *Stalin*, die hier Erze mit hohem Gehalt an Nickel und anderen Buntmetallen schürfen mussten. Später wuchs neben den reichen Vorkommen auch noch ein riesiges Metallurgiekombinat heran, das heute finanziell gesehen wieder eine Goldgrube ist. Norilsk bezahlt dafür aber einen hohen Preis: Es gilt als eine der ökologisch am schwersten belasteten Städte der Welt.

Klimatisch ähnlich harsche Bedingungen herrschen in **Workuta,** einer nur per Bahn und nicht über Straßen zu erreichenden Bergbaustadt im äußersten Nordostwinkel Europas. Da die Kohleförderung dort zurückgeht, **schrumpft** die einsame Stadt in der Tundra gegenwärtig beträchtlich: Anfang der 1990er-Jahre lebten hier noch 116.000 Menschen, jetzt sind es noch 62.000. Gefördert wird dieser Prozess aber auch durch ein **staatliches Umsiedlungsprogramm:** Der menschenleer scheinende, aber dennoch „übervölkerte" polare Norden Russlands soll von dort nicht mehr benötigten Personen befreit werden und diesen soll ein angenehmeres und gesünderes Leben in milderen Breiten ermöglicht werden.

Vielvölkerstaat Russland

Ziemlich weit vorne in der Verfassung der Russischen Föderation steht, dass diese ein Vielvölkerstaat ist. Tatsächlich leben seit Urzeiten **viele Völker** auf dem riesigen Staatsgebiet – nämlich über 100. Bei den letzten Volkszählungen wurden sogar an die 200 verschiedene Ethnien erfasst. Doch diese Vielfalt geht in erster Linie auf das Konto moderner Migrationsbewegungen, finden sich in der Liste doch auch Kroaten, Kubaner oder US-Amerikaner.

Unter den alteingesessenen Völkerschaften dominieren die **Russen.** Sie stellen mit etwa 111 Mio. Menschen knapp unter 78 Prozent der Bevölkerung. Ungeachtet der Landesgröße gibt es unter den Russen im Übrigen **fast keine Regionaldialekte** – auf Kamtschatka reden die Menschen kaum anders als in Kaliningrad. Lediglich Ur-Moskauer und Südrussen können von einem trainierten Sprachgehör identifiziert werden.

Zweitgrößte Gruppe sind mit knapp vier Prozent die moslemischen **Ta-taren,** von denen etwa 5,3 Mio. in Russland leben. Sie waren im 16. Jahrhundert auch das erste größere nichtslawische Volk, das an der damaligen Ostgrenze unter die Herrschaft Moskaus geriet. Platz drei geht an die etwa drei Millionen **Ukrainer.** Über eine Million Angehörige zählen die **Baschkiren** und **Tschuwaschen,** die wie die Tataren zu den Turkvölkern gehören, sowie das Kaukasusvolk der **Tschetschenen.** Auch gibt es über 1 Million in Russland lebende **Armenier.** Gastarbeiter werden bei Volkszählungen nur partiell erfasst: Die Statistik verzeichnete 2010 nur 300.000 Usbeken.

So weit Russlands Grenzen sind, so enorm ist auch die **ethnische Vielfalt:** Als Einheimische und Eingeborene im direkten Sinne dieses Wortes betrachten sich sowohl 2000 **Samen** auf der polaren Halbinsel Kola als auch die **russischen Griechen** am Schwarzen Meer oder die 150.000 **Koreaner,** deren Vorfahren unter *Stalin* aus der Gegend um Wladiwostok nach Zentralasien deportiert wurden. In ihrem einstigen historischen Siedlungsgebiet zwischen der estnischen Grenze und St. Petersburg fanden sich 2010 auch noch ganze 64 **Woden** – das langsame Verschwinden dieses finnougrischen Völkleins ist wohl nicht mehr aufzuhalten. Bei der Volkszählung 1926 hatten sich noch 700 Sowjetbürger als Woden erklärt. 1848 zählte das Volk noch 5150 Köpfe.

Vor allem Ostsibirien und der Kaukasusraum – also die historisch gesehen jüngeren territorialen Eroberungen des Russischen Reiches – bieten bis zum heutigen Tag ein vielseitiges und buntes ethnisches Bild. In **Sibirien** und dem **Fernen Osten** wurden die eingeborenen Völker aber schnell von den russischen Einwanderern wenn schon nicht assimiliert, so doch zumindest zahlenmäßig überrundet. Die größten nicht-russischen Ethnien sind hier die zur mongolischen Völkergruppe gehörenden **Burjaten** und das weit nach Nordosten bis zum Kältepol der Erde vorgedrungene Turkvolk der **Jakuten** – beide Ethnien zählen heute knapp eine halbe Million Menschen. Jakuten wie Burjaten sind heute Titularnationen von entsprechenden Föderationsrepubliken an den Siedlungsschwerpunkten dieser Völker.

In der endlosen Taiga und Tundra, in abgelegenen Gebirgstälern oder einsamen Küstenstrichen konnten sich gegenüber der russischen Übermacht auch zahlreiche schon immer sehr **kleine Nomaden- oder Jägervölker** behaupten – von den **Yupik** (offiziell „Eskimosy" genannt) am Eismeer bis zu knapp 300 **Tasen** im südlichen Primorjegebiet, die aus einer Vermischung von Chinesen mit Ureinwohnern hervorgingen. Doch schon 2002 fanden die Volkszähler nur noch fünf Träger der tasischen Sprache – die Idiome der kleinen Völkerschaften Russlands sind genauso vom Untergang bedroht wie deren traditionelle Lebensweisen.

Extrainfo 10 (s. S. 11): Doku über das Leben eines Jungen aus dem Volk der Chanten in Nordwestsibirien

Russlanddeutsche:
das Volk der An-, Über- und Aussiedler

Beginnend mit der Ära Peters des Großen war Russland für gut zwei Jahr-
hunderte ein für Deutsche attraktives Einwanderungsland. Zunächst ka-
men, offiziell angeworben oder auf eigene Faust, vor allem Fachkräfte in
die russischen Städte: Die Modernisierung des Staates verlangte nach kom-
petenten Offizieren, Beamten, Medizinern, Wissenschaftlern, Ingenieuren
und Handwerkern - bis hin zu Förstern und Bauern. Mitte des 19. Jahr-
hunderts lebten in der Hauptstadt St. Petersburg etwa 40.000 bis 60.000
Deutsche - das waren 8 bis 10 Prozent der Bevölkerung. Ein damaliger
Russlandreisender stellte fest, dass es „fast keinen Marktflecken von irgend-
einer Bedeutung gebe, wo es gänzlich an Deutschen gefehlt hätte". Auch
als Unternehmer suchten und fanden Deutsche in Russland ihr Glück: So
wuchs die von zwei Hamburgern in Wladiwostok gegründete Firma Kunst
& Albers bis zum Ersten Weltkrieg zum größten Handelshaus in Russisch-
Fernost heran - „ein Welthaus ersten Ranges" mit „palaisartigen Magazi-
nen", wie 1902 der Journalist Rudolf Zabel, einer der ersten ausländischen
Transsib-Reisenden, bemerkte.

Weit mehr Deutsche kamen jedoch als bäuerliche Siedler ins Land, nach-
dem Zarin Katharina die Große - bekanntlich selbst eine Deutsche - unter
ihren Landsleuten Kolonisten anwerben ließ. Man versprach ihnen kosten-
loses Land, die Befreiung von Steuern und Militärdienst, Religionsfreiheit,
Kredite für den Hausbau und Selbstverwaltung ihrer Siedlungen - und
dies in einem Land, in dem noch die Leibeigenschaft herrschte! Die meisten
Übersiedler kamen aus Schwaben und Hessen und ließen sich an der Wol-
ga, aber auch in der Ukraine, auf der Krim, im Kaukasusvorland sowie im
Umland von St. Petersburg nieder. Als einige Generationen später in diesen
Gegenden das urbare Land knapp wurde, zogen deutsche Gruppen weiter
nach Osten und ließen sich im südlichen Ural, im Norden Kasachstans und
in Westsibirien nieder. Anders als die Deutschen in den Städten assimilier-
ten und vermischten sich die Landbewohner wenig mit ihrem russischen
Umfeld - in der relativen Isolation bewahrten sie sogar die Dialekte ihrer
Heimatregionen besser, als es dort der Fall war.

Bei einer Volkszählung 1913 wurden 2,4 Mio. Deutsche in Russland ge-
zählt. Der Erste Weltkrieg (mit Deutschland als Hauptgegner), die Revolu-
tionswirren und Repressionen minderten die Zahl der „Sowjetdeutschen"
bis 1934 auf 1,4 Mio. Allerdings wurde 1924 an der mittleren Wolga die
„Autonome Sozialistische Sowjetrepublik der Wolgadeutschen" mit der
Stadt Engels als Hauptstadt ausgerufen. 1939 stellten hier, auf einem Gebiet

von der Größe des heutigen Bundeslandes Brandenburg, 367.000 Deutsche 60 Prozent der Bevölkerung. Besonders autonom war die deutsche ASSR allerdings nicht – Kollektivierung und stalinistischer Terror trafen die Wolgadeutschen genauso wie andere Sowjetbürger. Mit Kriegsausbruch 1941 wurden die in Russland lebenden Deutschen pauschal zu Kollaborateuren erklärt, nach Sibirien und Kasachstan deportiert und dort zur Zwangsarbeit verpflichtet. Die deutsche Sprache war den Trud-Armisten („Arbeitssoldaten") damals verboten – ebenso wie deutsches Brauchtum und lutherische oder mennonitische Gottesdienste. Hunderttausende überlebten diesen Völkermord nicht.

Trotz ihrer Befreiung und Rehabilitierung in den 1950er- und 1960er-Jahren wurde die Wolgadeutschen-ASSR, anders etwa als die Republik der ebenfalls deportierten Tschetschenen und Inguschen, nicht wieder hergestellt. Die Russlanddeutschen verteilten sich auf der Suche nach Bildung und Arbeit über die ganze UdSSR – wenngleich in Sibirien weiterhin einige mehrheitlich deutsche Dörfer bestanden. Ansonsten führten Assimilierung, Atheismus und gemischte Ehen dazu, dass viele Russlanddeutsche zwar einen deutschen Familiennamen und vielleicht noch eine Erinnerung an eine Deutsch sprechende Großmutter haben, sich aber in der Praxis nicht weiter von Durchschnittsrussen unterscheiden.

Ende der 1980er-Jahre setzte mit der beginnenden Freizügigkeit die massenhafte Emigration der Russlanddeutschen ein. Die Bundesrepublik Deutschland gewährte allen, die ihre „deutsche Volkszugehörigkeit" nachweisen konnten, als „Aussiedler" bzw. „Spätaussiedler" samt Familienangehörigen die Einreise, wesentliche Starthilfen und einen deutschen Pass. 1994 erreichte der Exodus mit über 200.000 Personen seinen Höhepunkt. Insgesamt sind von 1950 bis 2005 über 2,3 Mio. Menschen aus dem Gebiet der Sowjetunion nach Deutschland übergesiedelt. In Russland selbst bezeichneten sich bei der Volkszählung 2010 noch etwa 395.000 Menschen als Deutsche. Sie sind als ethnische und kulturelle Minorität anerkannt, doch offiziellen Status genießt die deutsche Sprache nur in zwei 1991 geschaffenen „Nationalkreisen": Halbstadt im Altaigebiet und Asowo bei Omsk. Hier wurde mit massiver finanzieller Unterstützung aus Deutschland versucht, Russlanddeutsche zum Bleiben zu bewegen und zugleich Landsleute aus anderen GUS-Republiken anzusiedeln. Diese Maßnahmen sollten den Migrationsdruck auf Deutschland verringern und die kulturelle Identität der Russlanddeutschen bewahren. Die Abwanderung wurde dadurch aber langfristig nicht gestoppt – auch in ihren zwei Reservaten sind die Deutschen inzwischen gegenüber den Russen in der Minderheit.

Im **Kaukasus** geraten ethnologische Karten hingegen zu einem kaum durchschaubaren **Flickenteppich aus etwa 50 Völkern,** wobei hier drei große Völkerfamilien aufeinander treffen: **Indoeuropäer** (neben den Russen sind dies z. B. die Armenier und Osseten), **Turkvölker** (z. B. Aserbaidschaner und Karatschajer) und **Kaukasusvölker** (z. B. Abchasen, Georgier oder Tschetschenen). Zwar wurde im zu Russland gehörenden Vorland und am Nordhang des Großen Kaukasus in politischer Hinsicht durch die Schaffung von sieben nationalen Republiken eine gewisse Vereinfachung der Ethno-Geografie postuliert. Doch wie komplex es dort zugeht, beweist schon die Namensgebung: Selbst ausgewiesene Russlandkenner werden sich schwer tun, auf Anhieb die **sieben nationalen Republiken der Region** (von West nach Ost sind dies: Adygeja, Karatschajewo-Tscherkessien, Kabardino-Balkarien, Nordossetien, Inguschetien, Tschetschenien und Dagestan) korrekt aufzuzählen – obwohl zumindest einige von ihnen wegen anhaltender Konflikte und Terrorismus ständig in den Schlagzeilen sind. **Dagestan,** die größte dieser Republiken, ist seinerseits ein Vielvölker-

Neuer Volksstamm in Russland: die „Kaliningrader"

Bei der im Oktober 2010 durchgeführten Volkszählung haben im Gebiet Kaliningrad mehrere Menschen ihre Nationalität als „Kaliningrader" angegeben. Die Exklave an der Ostsee scheint also ihr eigenes Völkchen zu gebären.

Bei der Volkszählung konnte jeder Befragte seine ethnische Zugehörigkeit selbst bestimmen, die Volkszähler sollten eintragen, was ihnen genannt wurde. Eine Liste der „zulässigen Nationalitäten" gab es nicht, auch wurden keinerlei Nachweise der ethnischen Zugehörigkeit gefordert. Wie Galina Tschurikowa, die Leiterin der Kaliningrader regionalen Abteilung der Statistikbehörde RosStat darlegte, hätten sich auf diese Weise einige Befragte im Gebiet zu „Kaliningradern" erklärt. Wie viele Menschen sich so identifizieren, konnte sie nicht sagen, es habe aber eine ganze Reihe solcher Fälle gegeben.

Ganz offenbar wirkt sich die zwei Jahrzehnte dauernde Isolation der von Polen und Litauen umgebenen russischen Exklave mittlerweile auf das Selbstverständnis der etwa 950.000 Bewohner aus. Bei der Volkszählung hatten sich etwa 82 Prozent der Bewohner des Bernsteinlandes als Russen und je 3,5 Prozent als Weißrussen und Ukrainer bezeichnet. Nach Litauern und Armeniern stellten Deutsche mit 0,8 Prozent dort die sechstgrößte Bevölkerungsgruppe.

Extrainfo 11 (s. S. 11): Die dreiteilige Doku „Kaliningrad – eine deutsch-russische Versöhnungsgeschichte" gewährt Einblicke in das Leben im ehemaligen Königsberg.

staat mit einem guten Dutzend größerer Ethnien und noch einigen kleinen Gruppen. Der größte Volksstamm in Dagestan, die Awaren, stellt nur etwa 30 Prozent der Bevölkerung.

Binnenmigration mit ethnischem Hintergrund

Anders als in Sibirien sind im **östlichen Teil der Nordkaukasusregion** die Russen eine ethnische Minderheit: In Dagestan stellen sie vier Prozent, in Tschetschenien zwei und in Inguschetien nur ein Prozent der Bevölkerung, in Nordossetien und Kabardino-Balkarien etwa ein Fünftel. In der Sowjetzeit war der Anteil der slawischen Bevölkerung hier allerdings signifikant höher – doch die vergleichsweise traurige wirtschaftliche Lage sowie Terror, Gewalt und Unrecht bis hin zum offenen Krieg haben viele Menschen zur Abwanderung in andere Teile Russlands bewogen.

⌃ Bergidylle im Kaukasus. Doch politisch und ethnisch ist die Region an Russlands Südgrenze nicht so friedlich

Dem **Migrantenstrom** aus den südlichen Provinzen haben sich aus den gleichen Gründen auch viele Angehörige der dort gebürtigen Völker angeschlossen. Hinzu kommt, dass vor allem bei der moslemischen Bevölkerung der Region die Geburtenraten deutlich höher liegen als bei den Russen und ein Teil des Nachwuchses deshalb fast zwangsweise emigrieren muss.

Auch aus **Aserbaidschan, Armenien und Georgien** sind viele Menschen auf der **Flucht vor Armut und Konflikten** und auf der Suche nach neuen Erwerbsgrundlagen in die russischen Metropolen, aber auch in provinzielle Gegenden gezogen.

Dort trafen sie auf eine – ebenfalls vom Schicksal nicht verwöhnte – einheimische Bevölkerung, in der große Kreise sowohl allem Fremden wie auch jeglichen Konkurrenten auf dem Arbeitsmarkt mit Misstrauen bis Abneigung begegneten. Die **„Kaukasier"** haben sich dabei in den letzten zwei Jahrzehnten eine signifikante Rolle im Lebensmittelhandel (vor allem auf den Märkten) wie auch in der Gastronomie erarbeitet – nicht zuletzt, weil ihre durch Klanstrukturen gestützten großen Familienverbände der dabei geforderten ganzwöchigen, oft fast rund um die Uhr gehenden Arbeit besser gewachsen sind. Aber auch in anderen Wirtschaftssektoren bis hin zum Big Business (dem legalen wie dem illegalen) sind in Russland Geschäftsleute aus der Kaukasusregion nicht selten.

Xenophobie bis zu Mord und Totschlag

Spannungen blieben nicht aus: **Russen und Kaukasier** haben so **unterschiedliche Mentalitäten** wie Finnen und Italiener, das Unverständnis für Traditionen und Verhaltensmuster ist beidseitig. Südländische Machos vergreifen sich schnell einmal in Ton und Auftritt gegenüber selbstbewussten russischen Frauen – und dann trifft auch noch die den stolzen Bergbewohnern eigene gewisse Großspurigkeit und Arroganz auf das geduckte Untertanentum des russischen Proletariats. Hinzu kommen die fast überall auf der Welt sichtbaren Spannungen zwischen einem selbstbewusster und teilweise radikaler werdenden Islam und der christlich-westlichen Welt – sowie der von kaukasischen Terroristen (vor allem aus Tschetschenien, Dagestan und Inguschetien) immer wieder mit blutigen Anschlägen bewusst nach Moskau getragene **Terrorismus.**

Von der friedlich zusammenlebenden großen sozialistischen Völkerfamilie, die in der Sowjetzeit propagiert wurde, ist deshalb die Multikulti-Farbe abgeplatzt: Zum Vorschein kam **hässliche Fremdenfeindlichkeit** – die in der russischen Öffentlichkeit weit weniger als politisch unkorrekt gilt als in Westeuropa. Die Kaukasier werden von Russen gerne verächtlich als „Schwarze" diffamiert, die wiederum ihrerseits über die Slawen als „Schweinefresser" schimpfen.

Doch bei Verbalattacken bleibt es nicht: **Rechtsradikale Nationalisten** haben sich die schlichte Losung „Russland den Russen!" auf die Fahnen geschrieben – und in den letzten Jahren aus purem **Rassenhass** in russischen Großstädten schon Hunderte wehrlose Fremde totgeschlagen oder niedergemetzelt. Opfer derartiger Angriffe sind meistens Mittelasiaten, Roma, Kaukasier mit oder ohne russischen Pass, Studenten aus Afrika oder Asien und selbst Angehörige der sibirischen Völker – also faktisch alle, die äußerlich nicht wie Slawen aussehen. Selbst Kinder waren unter den Toten.

Lange Zeit schien es, als würde der russische Staat die maßlose rassistische Gewalt als „Rowdytum" verharmlosen und nicht ernsthaft verfolgen. In den letzten Jahren wurden aber mehrere der wahllos mordenden Skinhead- und Neonazibanden ermittelt und abgeurteilt. Die Haupttäter waren dabei oft noch nicht einmal volljährig. So wurde 2007 ein 17-Jähriger wegen 19 Morden zur Jugendhöchststrafe von zehn Jahren verurteilt. Bei seiner Festnahme hatte er sich mit 37 Morden gebrüstet.

Im Dezember 2010 kam es in Moskau zu einer wahren **Pogromstimmung,** nachdem bei einem Streit zweier Gruppen an einer Bushaltestelle ein Fan des Fußballklubs Spartak von einem Kaukasier erschossen worden war. Die Polizei hatte zudem die Dummheit begangen, die Begleiter des Schützen noch in der gleichen Nacht wieder auf freien Fuß zu setzen. Daraufhin machte die rechte Jugend mobil. Nur durch ein massives Polizeiaufgebot konnten in Moskau und Umgebung in den nächsten Tagen ernsthafte Zusammenstöße zwischen jungen Russen und Kaukasiern verhindert werden – wobei unter Letzteren ebenfalls die Bereitschaft stieg, Gewalt mit Gegengewalt zu vergelten. Auch in St. Petersburg, Samara und Rostow-am-Don kam es in diesem Zusammenhang zu Zusammenstößen und Massenfestnahmen.

Die Staatsführung zeigte sich alarmiert, denn **erstmals schien Russland eine ethnisch motivierte soziale Explosion zu drohen** – die den schwelenden Kaukasuskonflikt in die Städte und die Massen tragen würde: Bei einem Treffen mit Chefs von Fußballfanklubs erklärte der damalige Ministerpräsident *Wladimir Putin* (den auch die meisten Nationalisten als Leitfigur akzeptieren), dass die Kraft des Vielvölkerstaates Russland immer darin bestanden habe, sich gegenseitig zu achten. „Wenn wir das nicht verstehen", warnte *Putin,* „wenn wir dauernd wie Verrückte mit dem Klappmesser rumlaufen, zerstören wir diese Kraft, bekommen kein großes Russland, sondern ein von inneren Widersprüchen zerrissenes Land, das auseinanderfällt und von jedermann auf die Knie gezwungen werden kann."

„Gastarbajtery": Russland als Einwanderungsland

Auch wenn Russland aus europäischer Perspektive angesichts des durchschnittlichen Lebensstandards als eher armes Land gelten muss (aus dem entsprechend viele Menschen versuchen auszuwandern), so ist es heute zugleich eines der „beliebtesten" **Einwanderungsländer** weltweit. Russlands Metropolen, aber auch der stellenweise beinahe entvölkerte ländliche Raum, bieten **Erwerbsmöglichkeiten** für Menschen, deren größtes Kapital Fleiß, Fertigkeiten und zwei Hände sind – und für die selbst das bescheidene russische Lohnniveau gegenüber der Arbeitslosigkeit zu Hause einen Fortschritt darstellt. Auf Baustellen, als Straßenkehrer oder im Reinigungsgewerbe, als Hilfsarbeiter in der Landwirtschaft, auf Märkten oder in Lagerhallen, aber auch als Taxi- oder Busfahrer sind *gastarbajtery* (ein erst in den 1990er-Jahren in Russland populär gewordenes deutsches Lehnwort) im letzten Jahrzehnt zu einem gewohnten Bild geworden. Das Sahnehäubchen auf der Einwanderungsbewegung bilden vergleichsweise wenige ausländische Fachkräfte, die als gut bezahlte Manager, Ausbilder oder leitende Ingenieure von großen Unternehmen in Russland gebraucht werden.

Allerdings fließen nach Russland andere **Migrantenströme** als in den Rest Europas: Afrikaner und Araber verschlägt es nur wenige hier her – und wenn doch, dann meist nur als Studenten. Die große Masse der Einwanderer kommt **aus anderen GUS-Staaten** – meist allein und oft nur vorübergehend, um ihre zu Hause gebliebenen Familien zu versorgen. Gegenüber Auswanderungswilligen aus anderen Ländern der Welt haben sie den Vorteil, dass sie (mit Ausnahme der Bürger Turkmenistans) **ohne Visum nach Russland einreisen** können. Außerdem ist aufgrund der gemeinsamen sowjetischen Vergangenheit in Mittelasien und im Südkaukasus Russisch nach wie vor die am weitesten verbreitete (Fremd-)Sprache. Das laut Poet *Turgenjew* „große, mächtige, wahrhaftige und freie" Idiom ist überall Standard im Schulunterricht und als Lingua franca auch gebräuchlich im Umgang zwischen Angehöri-

070ru-ld

gen verschiedener Sprachgruppen sowie innerhalb gemischt-ethnischer Familien.

Wie viele **Arbeitsmigranten** sich in Russland aufhalten, ist kaum abzuschätzen. Die Weltbank sprach in einer Untersuchung 2010 von 12,3 Mio. Menschen (der zweithöchsten Zahl weltweit nach den USA) – wobei sie diese Zahl offenbar vorrangig aus der Höhe der Geldüberweisungen ins Ausland extrapolierte: 2010 flossen aus Russland 18,6 Mrd. Dollar ins Ausland – primär nach **Usbekistan,** in die **Ukraine** und nach **Tadschikistan.** Aber auch aus **Kirgistan** und **Moldawien** kommen viele Gastarbeiter nach Russland.

Die Pass- und Ausländerbehörde namens „Föderaler Migrationsdienst" (FMS), bezifferte die Zahl der Ausländer in Russland anhand seiner inzwischen lückenlosen Erfassung aller Ein- und Ausreisen auf 10,4 Millionen – einschließlich aller Touristen, Privatbesucher und Studenten. FMS-Chef *Konstantin Romodanowski* beziffert dabei die Zahl der illegal arbeitenden Migranten auf 3,5 Millionen. 1,8 Millionen Ausländer seien in Russland mit einer legalen Aufenthalts- und Arbeitserlaubnis tätig.

Die Mehrzahl der Migranten **arbeitet also schwarz** und ist dabei oft hilflos der Willkür von Arbeitgebern oder -vermittlern ausgeliefert. Immer wieder gibt es Presseberichte, wie bei Razzien und Überprüfungen auf Baustellen oder in Fabriken unter unmenschlichen Bedingungen untergebrachte **„Arbeitssklaven"** entdeckt werden, denen sowohl ihre Dokumente wie auch der Lohn vorenthalten werden. Am **illegalen Status** der Masse der Gastarbeiter verdient aber auch eine **Nutznießerkoalition** aus Polizisten, Geschäftemachern und korrupten Beamten: Die einen fangen gerne fremdländisch aussehende Menschen auf offener Straße zu Dokumentenüberprüfungen ab und lassen die Opfer gegen ein sattes **Schmiergeld** wieder laufen. Die anderen verhelfen ihnen auf mehr oder weniger legalen Wegen zu echten oder auch gefälschten Arbeits- oder Aufenthaltsgenehmigungen.

Der FMS bemüht sich inzwischen, den Anteil der legalen ausländischen Arbeitskräfte zu erhöhen – 2010 etwa durch Einführung eines schlichten, etwa 50 Euro teuren Arbeitspatents, mit dem GUS-Bürger bei Privatunternehmern arbeiten dürfen. Gleichzeitig werden ertappte illegale Einwanderer ausgewiesen und mit Strafen sowie einer bis zu fünf Jahre dauernden

◁ Ob Ukrainer oder Usbeken – der Straßen- und Hochbau kommt in Russland nicht mehr ohne Arbeitskräfte aus anderen Ländern aus

Einreisesperre belegt. Doch der Zustrom der Migranten gehorcht nicht immer den Planungen der Bürokraten: In vielen der wirtschaftlich schwächeren Regionen wird die jährlich von den Verwaltungen beantragte Zahl der Arbeitserlaubnisse nicht ausgeschöpft – während im reichen Moskau angeblich höchstens jeder zehnte Gastarbeiter auch über eine offizielle Arbeitserlaubnis verfügt.

Doch ohne die **billigen Importarbeitskräfte** wären viele Branchen in Russland – vor allem der **Bau**, der Einzelhandel und der Busverkehr – gegenwärtig nicht funktionsfähig. Es ist offensichtlich, dass sich zumindest in den wohlhabenden Großstädten nicht mehr genug Einheimische für schlecht bezahlte, harte und schmutzige Arbeiten finden.

Die Behauptung, die Ausländer würden die Kriminalität steigern, ist nach den Worten des obersten Migrationskontrolleurs *Romodanowski* **„Populismus mit nationalistischem Einschlag".** Nur 3,8 Prozent der aufgeklärten Verbrechen werden von Ausländern begangen. Dabei entspricht die Zahl der zehn Millionen Immigranten etwa 7 Prozent der Bevölkerung: „Die meisten Arbeitsmigranten sind ehrliche und anständige Leute mit vielen Kindern, die nur Geld für ihre Familien verdienen wollen", sagt er. Auch die in Russland schon seit 150 Jahren immer wieder beschworene **„gelbe Gefahr"** durch eine Unterwanderung aus China erklärte *Romodanowski* für haltlos: In Russland würden sich mehr Deutsche als Chinesen aufhalten.

Spätaussiedler auf Russisch: Heimkehr der „Landsleute"

In den 1990er-Jahren siedelten aus den anderen **ehemaligen Sowjetrepubliken** auch Hunderttausende **ethnischer Russen** oder **Angehörige anderer in Russland beheimateter Nationen** (wie Tataren oder Russlanddeutsche) nach Russland über. Dieser **Zustrom** linderte über Jahre den drastischen Rückgang der Bevölkerungszahlen aufgrund der geringen Geburtenrate und der hohen Sterblichkeit. Heute ist dieser Strom jedoch beinahe versiegt – obwohl der russische Staat und etwa 40 Regionen inzwischen ein Förderprogramm für die Übersiedlung von *sootetschestwenniki* („Landsleuten") eingerichtet haben. Das Programm lockte von 2006 bis 2013 aber nur 100.000 Personen nach Russland. Vor allem die russische Ostseeexklave, das Gebiet **Kaliningrad** sowie die Regionen in den (im Vergleich zum benachbarten China) „untervölkerten" Gebieten des Fernen Ostens versuchen auf diese Weise, neue „Einheimische" zu gewinnen. **Grenzgebiete und Standorte großer Investitionsprojekte** werden den Übersiedlern dabei bevorzugt vermittelt – im Gegensatz zu den Metropolen Moskau und St. Petersburg.

Krisenherde Kaukasus und Krim

Der Nordhang des **Großen Kaukasus** befindet sich historisch gesehen noch nicht lange unter russischer Herrschaft: Während Georgien, Aserbaidschan und Armenien – Gebiete mit einer langen (und weithin christlichen) Kulturgeschichte – schon zu Beginn des 19. Jahrhunderts aus türkischer und persischer Vorherrschaft an das wachsende Moskauer Imperium übergingen, waren die moslemischen „Bergvölker" wenig geneigt, sich den Russen zu unterwerfen. Sie leisteten Widerstand und konnten erst in einem jahrzehntelangen Krieg niedergerungen werden. Die Namen der von den Russen gegründeten Städte und Festungen wie **Wladikawkas** („Beherrsche den Kaukasus") und **Grosnaja krepost** („furchterregende Festung") – heute **Grosny** – zeugen noch heute von dem zähen Eroberungskrieg. Und geradezu legendär ist bis heute der **Widerstand,** den _Imam Schamil_ über 20 Jahre mit den Tschetschenen und Dagestanern leistete: Erst 1859 wurde er besiegt und gefangen genommen.

Fast zur gleichen Zeit beendete Russland im Fernen Osten mit der **Gründung von Wladiwostok** („Beherrsche den Osten") 1860 auch seine territoriale Expansion in dieser Richtung. In der nur von winzigen, verstreut lebenden Urvölkern bewohnten Ussuritaiga konnte Russland seine Vorherrschaft militärisch und ethnisch schnell zementieren. Diese Gegend an der chinesischen Grenze scheint heute nicht weniger „russisch" zu sein als das Tausende Kilometer entfernte Kernland. Doch im von ebenso kriegerischen wie stolzen Völkern bewohnten Kaukasus tat sich das Imperium auch in der Folge schwer, das Areal wirklich zu unterwerfen – geschweige denn zu integrieren: Wenn auch die Städte und die Verkehrswege in den Ebenen einigermaßen kontrolliert werden konnten, blieben die abgeschiedenen **Bergdörfer im Ostkaukasus** doch eine ganz andere Welt. Im kollektiven Gedächtnis der Region war Russland eben nur die jüngste in einer Reihe von Großmächten, die diese alte Kulturregion im Laufe der Jahrhunderte und Jahrtausende beherrscht haben. Bestes Zeugnis dafür ist die **Stadt Derbent im Süden Dagestans** – mit einem Alter von über 2500 Jahren heute Russlands älteste Stadt: Hier geboten auch schon Osmanen, Perser, Mongolen, Araber – und auch Hunnen und Römer kamen fast bis vor die Festungstore ...

Der Übergang zur Sowjetherrschaft brachte den Kaukasusvölkern nur formell etwas Selbstständigkeit: Einige **Autonome Sozialistische Sowjet-Republiken (ASSR)** wurden gegründet, doch die Grenzziehungen und die Zusammenlegungen einzelner Ethnien waren willkürlich. Als 1942 die **deutsche Wehrmacht** auf ihrem Vormarsch zu den strategisch wichtigen Ölfeldern von Baku in die Region vorstieß, traf sie sowohl auf Einheimische, die in den Reihen der Roten Armee kämpften, als auch auf Verbündete in Form von **Widerstandsgruppen,** die darauf drängten, die Sowjetherrschaft abzuschütteln. Der **Vorwurf der Kollaboration** traf anschließend mit der ganzen Härte des Stalinismus zahlreiche Völker der Region: Sie wurden nach Mittelasien deportiert. So wurden im Frühjahr 1944 etwa 500.000 Tschetschenen und Inguschen nach Kasachstan und Kirgisien verfrachtet. Ihre tschetschenisch-inguschetische ASSR löste man auf, erst 1957 wurden die **Wajnachen** (ein Oberbegriff für Tschetschenen und Inguschen) ebenso wie **Kalmücken, Karatschajer und Balkaren** rehabilitiert und ihnen die Rückkehr in ihre wiederhergestellten Republiken erlaubt. Der Umstand, dass in der Zwischenzeit viele Siedlungen und Ländereien von Russen oder Nachbarvölkern vereinnahmt worden waren, bescherte der Region zusätzlichen sozial-ethnischen Sprengstoff – zumal die dortige Gesellschaft noch **wenig individualistisch-rechtsstaatlich** orientiert ist, sondern von Klanstrukturen mit ihren Gerechtigkeitsmustern aus Familienehre, Sippenhaft und Blutrache geprägt wird.

Tschetschenien: erstickter Separatismus

Besonders unter den **Tschetschenen,** dem größten Volk der Region, blieb die **antirussische Stimmung** auch bis in die späte Sowjetzeit erhalten. Als sich 1991 die Sowjetunion in ihre 15 Hauptbestandteile auflöste, erklärten die Tschetschenen ihre Souveränität. Doch anders als die nun unabhängig werdenden Sowjetrepubliken war ihre ASSR Bestandteil der Russischen Sozialistischen Föderativen Sowjetrepublik (RSFSR) – und deren neuer Machthaber *Boris Jelzin* wollte eine weitere Erosion seines damals auf schwachen Füßen stehenden Staates verhindern: Die **Unabhängigkeitserklärung** der tschetschenischen Separatisten unter Führung des Luftwaffengenerals *Dschochar Dudajew* wurde von Moskau nicht anerkannt – aber faktisch geduldet, denn das russische Militär zog sich aus Tschetschenien zurück und überließ den Abtrünnigen dabei sogar Panzer und Flugzeuge. Das Brudervolk der **Inguschen** wollte bei der gewagten Sezession allerdings nicht mitmachen: Sie gründeten ihre eigene Republik, die – nur etwas größer als das Saarland – sich weiterhin zu Moskau bekannte.

Das nun de facto unabhängige „**Itschkerija**" verwandelte sich schnell in eine echte **Räuberhochburg** mit mittelalterlichen Sitten: Der Handel mit Drogen, Geiseln, Sklaven und gestohlenem Öl florierte, die russische Bevölkerung ergriff größtenteils die Flucht. Im Dezember 1994 wollte *Jelzin* dem Spuk ein Ende bereiten und schickte (schlecht vorbereitete) Truppen nach Grosny. Der **Erste Tschetschenienkrieg** begann – und führte zu ei-

nem militärischen wie humanitären Fiasko: Grosny wurde zwar erobert, war nach drei Monate dauernden Kämpfen aber ein Trümmerfeld. Die Tschetschenen zogen sich vorübergehend in die Berge zurück – nur um ein Jahr später die Stadt zurück zu erobern.

Die **russische Armee war faktisch geschlagen** – und der blutige Krieg wurde von der Bevölkerung Russlands moralisch nicht mitgetragen. Insofern war es logisch, dass Moskau 1996 einen Waffenstillstand akzeptierte: In der Vereinbarung von Chasawjurt sagte Moskau den Abzug seiner Truppen zu, die Klärung der **Unabhängigkeitsfrage** wurde auf 2001 vertagt. International fand Tschetscheniens Streben nach Souveränität aber kaum Rückhalt, da das Land weit davon entfernt war, wie ein zivilisierter Staat zu erscheinen: Die Macht lag faktisch in der Hand einflussreicher **„Feldkommandeure",** die mit ihren Truppen und Klans einzelne Städte oder Regionen kontrollierten. Die Regierung in Grosny versuchte ihrerseits ihren Einfluss mit einer **scharfen Islamisierung** zu festigen: Als

◠ Der junge Regionalpotentat Ramsan Kadyrow herrscht heute unangefochten über Tschetschenien

074jnra

⌃ Tschetscheniens Clan-Älteste sind Respektspersonen –
das weiß auch das russische Militär

Gesetz galt fortan die Scharia. Dieser Staat der *Wahhabiten* – wie Islamisten im Kaukasus genannt werden – festigte seine Kontakte zu religiösen Eiferern aus dem arabischen Raum und wurde von diesen mit Geld, Waffen und Kämpfern versorgt.

1999 fielen tschetschenische Rebellen im benachbarten Dagestan ein, um dort örtlichen Wahhabiten beizustehen. Nun war nicht mehr von einem unabhängigen Tschetschenien die Rede, sondern von der Schaffung eines **islamischen Gottesstaates im Kaukasus.** Die russische Regierung unter dem damals frisch berufenen Premierminister *Wladimir Putin* nahm diese „Invasion" zum Anlass, Tschetschenien mit Gewalt wieder unter die Kontrolle Moskaus zu holen: Der **Zweite Tschetschenienkrieg** begann. Diesmal gingen Militär und Geheimdienst professioneller, aber auch radikaler vor. Nach etwa neun Monaten war die Republik zwar noch gründlicher zerstört, aber weitgehend unter Kontrolle der russischen Truppen. Der tschetschenische Widerstand war jedoch nicht gebrochen: Kampfgruppen und die Separatistenregierung zogen sich in die Berge oder als Zivilisten getarnt in den Untergrund zurück und verlegten sich auf **Partisanentaktik und Terrorakte** – auch außerhalb der Kaukasus-Region.

Ganz nach dem Motto „Teile und herrsche" ließ *Putin* in Grosny eine Moskau-treue Regierung unter Leitung des gemäßigten religiösen Oberhauptes Mufti *Achmat Kadyrow* einsetzen, die sich die **Reintegration Tschetscheniens in die Russische Föderation** auf die Fahnen schrieb. Unter kriegsmüden, moderaten Moslems und der tschetschenischen Geschäftswelt fand dieser Kurs breiten Rückhalt – zumal Russland jetzt den Wiederaufbau mit satten Transaktionen großzügig finanzierte. *Kadyrow* wurde 2004 bei einem Bombenanschlag getötet, 2007 übernahm sein wenig zimperlicher Sohn *Ramsan* als Präsident der Teilrepublik die Macht in Tschetschenien.

Formell gelten hier jetzt die gleichen demokratischen Spielregeln und rechtlichen Standards wie im Rest Russlands, faktisch wird Tschetschenien jedoch wie ein **Lehen** vom ebenso reichen wie mächtigen **Kadyrow-Klan** verwaltet und hat auf diese Weise ein gehöriges Maß an „Unabhängigkeit" erzielt. *Kadyrows* Leute lieben es, „zu klotzen statt zu kleckern": In „Grosny-City" sind 45 Stockwerke hohe Wolkenkratzer emporgewachsen, die Hauptstraße der vor 15 Jahren fast völlig in Ruinen liegenden Stadt ist ideal herausgeputzt und heißt auf *Ramsan Kadyrows* Wunsch nach dessen Idol „Wladimir-Putin-Prospekt". Behörden, Polizei und sogar die in der Region stationierten Kampftruppen wurden im Lauf der Jahre weitgehend **tschetschenisiert** – womit der anhaltende Konflikt mit den radikalen Islamisten/Separatisten den **Charakter eines Bürgerkriegs** bekam. Viele einfache Separatisten-Kämpfer wurden von *Kady-*

Die schwersten Terroranschläge in Russland

- *1995 griff eine tschetschenische Kampfgruppe unter Schamil Bassajew die Kleinstadt Budjonnowsk im Gebiet Stawropol an. Im Krankenhaus trieben sie über 1600 Geiseln zusammen. Es gab über 140 Tote. Die Geiselnehmer handelten der russischen Regierung einen Waffenstillstand in Tschetschenien ab und konnten sich nach fünf Tagen unter dem Schutzschirm von Geiseln zurückziehen.*

- *1999 wurden bei nächtlichen Bombenanschlägen auf zwei Moskauer Wohnblöcke sowie auf Häuser in Bujnaksk (Dagestan) und Wolgodonsk (Gebiet Rostow) 292 Menschen getötet. Die Anschlagserie lieferte eine zusätzliche Begründung für den zweiten Tschetschenienkrieg. Amtlich nicht bestätigte Berichte sprechen von einer Verwicklung russischer Geheimdienstler in die Vorbereitung der Terrorakte.*

- *2002 wurden in einem Moskauer Musicaltheater 850 Zuschauer von einer Terrorgruppe als Geiseln genommen. Nach drei Tagen stürmte ein Sonderkommando das Gebäude, nachdem ein geheimes Betäubungsgas eingesetzt worden war. 39 Terroristen wurden erschossen, 130 Geiseln starben an den Folgen des Gaseinsatzes. Kurz vor Jahresende fuhren Selbstmordattentäter zwei mit Sprengstoff beladene Autos auf das Gelände des Regierungsgebäudes in Grosny. 83 Menschen kamen ums Leben.*

- *2004 war das schlimmste Terrorjahr: Im Februar sprengte sich ein Attentäter in einem Zug der Moskauer Metro in die Luft, 41 Tote waren*

row mit Jobs in seinen Sicherheits-Organen zum Überlaufen bewogen, sodass 2009 nach zehn Jahren der über das Land verhängte **Status der „Antiterroroperation"** aufgehoben werden konnte. Dies hat aber nichts daran geändert, dass Tschetschenien nach wie vor ein unsicheres Pflaster ist, wo Menschen- und Bürgerrechte wenig zählen. Doch die Spirale von Terror und Gegenterror ist immerhin gestoppt. Was bleibt, ist die Erinnerung, dass hier am Ende des 20. Jahrhunderts in zwei von beiden Seiten rücksichtslos geführten Sezessionskriegen etwa **160.000 Menschen ihr Leben verloren.**

Krieg im Alltag: islamischer Extremismus und Terrorismus

Für die in die unwegsamen Wälder und Berge sowie ins benachbarte Georgien geflohenen tschetschenischen Kampfgruppen waren die dortigen Grenzen bedeutungslose Linien. Sie operierten nun auch in den Nachzu beklagen. Im August wurden zwei in Moskau gestartete Tupolews auf Inlandsflügen von Tschetscheninnen gesprengt, 89 Menschen verloren ihr Leben. Ein weiterer Selbstmordanschlag an einer Moskauer Metrostation kostete 10 Menschen das Leben. Am 1. September, dem ersten Schultag, stürmte ein Terrorkommando eine Schule im nordossetischen Beslan und nahm etwa 1000 Geiseln. Eine Befreiungsaktion endete in einem Blutbad, bei dem 334 Geiseln umkamen, darunter viele Kinder.

- 2006 griffen etwa 150 Untergrundkämpfer gleichzeitig diverse Amtsgebäude in Naltschik, der Hauptstadt Kabardino-Balkariens, an. 87 Angreifer, 12 Zivilisten und 35 Sicherheitsbeamte wurden getötet.

- 2009 steuerte ein Attentäter eine rollende Bombe in das Polizeihauptquartier von Nasran in Inguschetien. 25 Beamte wurden getötet.

- 2010 sprengten sich in der Moskauer Metro fast zeitgleich zwei Attentäterinnen in die Luft. 40 Fahrgäste kamen ums Leben, über 100 wurden verletzt.

- 2011 war das Ankunftsterminal des Moskauer Flughafens Domodedowo Schauplatz eines Bombenanschlags: Ein Attentäter aus Inguschetien riss 36 Menschen mit in den Tod, darunter befanden sich auch je ein Bürger Deutschlands, Österreichs und Großbritanniens.

- 2013 gab es drei Terroranschläge mit 41 Toten in Wolgograd, verübt von Selbstmordattentätern aus Dagestan in zwei Bussen sowie im Bahnhof.

barrepubliken **Dagestan und Inguschetien** und griffen russische Soldaten und Polizeikräfte an. Diese wiederum gingen gegenüber der ortsansässigen Bevölkerung oft mehr als rücksichtslos vor: Bei sogenannten **„Säuberungen"** von Dörfern wurde geplündert, gebrandschatzt, vergewaltigt, entführt und gemordet. Gewalt, Erniedrigungen und Folter bei Verhören wurden zu einem üblichen Mittel der Informationsbeschaffung in diesem schmutzigen Krieg. Das gebar nur neuen Hass und Rachsucht. Mit der Zeit schlossen sich mehr und mehr junge Einheimische der **islamischen Guerilla** an, zumal es in der bitterarmen und kriegsversehrten Region außer der Abwanderung oder dem Dienst bei Behörden, Armee oder Polizei ohnehin kaum Zukunftsperspektiven gibt.

Ungeachtet der fortwährend von den Antiterrortruppen gemeldeten „Liquidierungen" von Gegnern schien die Zahl der aktiven **Untergrundkämpfer** lange Zeit nicht abzunehmen – zumindest wenn man die Häufigkeit der großen wie kleinen **Terrorakte** betrachtet. Meldungen von Mordanschlägen, Sprengfallen, Hinterhalten und Angriffen auf Polizeipatrouillen und -posten kamen bis Mitte 2011 fast täglich aus dem Kaukasus und gehörten zum Alltag der Region. 2010 registrierte das russische Innenministerium 609 Anschläge, bei denen 242 Angehörige der Sicherheitskräfte getötet und 620 verletzt wurden. Unter der Zivilbevölkerung wurden 127 Menschen getötet und 536 verletzt. Die Stärke des bewaffneten Untergrunds wurde im Frühjahr 2011 auf etwa 1000 Kämpfer geschätzt.

Die Ideologen der Wahhabiten ködern ihren Nachwuchs mit Versprechen vom „süßen Leben im Paradies", wenn sie nur bereit seien, im **„Heiligen Krieg"** gegen die Ungläubigen ihre irdische Existenz für den Traum von einem Scharia-Emirat im Kaukasus hinzugeben. Der von Korruption, Willkür, Postenschacher und der Klanwirtschaft der oberen Zehntausend geprägte Staat im Kaukasus samt seiner weltlichen Begleiterscheinungen wie Alkoholgenuss und dem „unkeuschen Benehmen" von Frauen muss ihnen dagegen wie die Ausgeburt der Hölle erscheinen. Russlands neuer Reichtum geht ohnehin an den meisten Menschen in dieser Region vorbei. Zuletzt stießen immer wieder auch radikale Konvertiten russischer Abstammung oder Moslems aus anderen Regionen zu den Untergrundkämpfern.

Einen **radikalislamischen Untergrund gibt es in allen kaukasischen Republiken** von Karatschajewo-Tscherkessien im Westen bis Dagestan im Osten. Formeller Anführer war lange Zeit **Doku Umarow,** der sich 2007 vom „Präsidenten der tschetschenischen Untergrundregierung" zum „Emir des kaukasischen Emirates" erhob. Eine Vernetzung mit Al Qaida, den Taliban und arabischen Sponsoren konnte als gegeben gelten. Jedoch erkannten nicht alle Kommandeure von Terrorzellen *Umarows* Oberhoheit an und schienen sich geradezu einen Wettbewerb zu liefern, wer die meisten und größten Anschläge begeht.

Umarows letztes Lebenszeichen war ein Aufruf, bei den Olympischen Winterspielen in Sotschi 2014 Terrorakte zu begehen. Die aufwendig inszenierten (und massiv abgesicherten) Spiele im Kaukasus verliefen im Februar 2014 jedoch ungestört. *Umarow* war zu diesem Zeitpunkt schon tot – es heißt, er wurde im August 2013 von einem eingeschleusten Agenten vergiftet. Bald nach den Spielen bestätigten Behörden wie Untergrund seinen Tod. Parallel wurden im Rahmen einer allgemeinen **Antiterroroffensive** mehrere Gruppen aufgerieben und zahlreiche führende Köpfe liquidiert. Zu offenen Gefechten kommt es eigentlich nur noch, wenn Polizei oderAntiterrorkräfte Untergrundkämpfer in ihren Unterschlupfen aufstöbern. Berichte über zahlreiche im syrischen Bürgerkrieg kämpfende Islamisten aus Russland lassen vermuten, dass sich mittlerweile viele der verbliebenen aktiven Untergrundkämpfer dorthin abgesetzt haben. Im

Kaukasus kehrte jedenfalls ab Jahresbeginn 2014 spürbar Ruhe ein. Doch nur wenige Wochen später entwickelte sich nur unweit westlich der Konflikt um die Krim und die Ostukraine zu einer internationalen Krise.

Halbinsel Krim: im Handstreich annektiert

Die sonnige und milde Krim war im russischen Selbstverständnis immer ein ganz besonderer Flecken Erde – und dies nicht erst, seit die Schwarzmeer-Halbinsel durch den Anschluss an Russland im Frühjahr 2014 zum Auslöser eines **tiefen politischen Zerwürfnisses** zwischen dem Westen und Moskau wurde.

Bei Redaktionsschluss dieses Buches im Oktober 2014 war die Lage allerdings so, dass weniger der von den NATO-Staaten und der ukrainischen Führung als völkerrechtswidrig gegeißelte (und fast ohne Blutvergießen erfolgte) Anschluss der Krim als der bereits sieben Monate währende kriegerische Konflikt in der Ostukraine das Verhältnis zwischen West und Ost schwer belastete und Anlass für gegenseitige Sanktionen bot. Die **Einverleibung der Krim** in den russischen Staatsverband **wird von westlichen Experten und Politikern** zwar weiterhin formell **nicht akzeptiert,** aber faktisch als vollendete Tatsache hingenommen.

Die russische Bevölkerung betrachtet in seltener Einmütigkeit den Anschluss der Krim als richtig: 85 bis 90 Prozent begrüßten ihn laut Umfragen im Frühjahr 2014. 86 Prozent betrachteten ihn dabei als **„Resultat der freien Meinungsäußerung"** der dortigen Bevölkerung, nur 6 Prozent sahen eine **illegale Annexion.** Zweifellos punktet der Kreml zu Hause auch mit dem Argument, dass man mit der von „freundlichen grünen Männchen" geleisteten militärischen Unterstützung für die Sezession und dem anschließenden Blitz-Beitritt zur Russischen Föderation der (ethnisch mehrheitlich russischen) Krim das Schicksal der anschließend vom Krieg verheerten ostukrainischen Gebiete Donezk und Luhansk erspart hat. Wer den Vorgang eher historisch betrachtet, sieht ihn als Korrektur der 1954 von *Chruschtschow* „aus einer Laune heraus" verfügten Übergabe der Halbinsel von der Russischen an die Ukrainische Sowjetrepublik – und wer in strategischen Dimensionen denkt, betont die damit verbundene Sicherung der russischen Marinestützpunkte in und rund um Sewastopol.

Auf der Krim selbst sprachen sich im März 2014 bei einem – **international nicht anerkannten – Referendum** angeblich 96,5 Prozent der Wähler (bei ca. 84 Prozent Beteiligung) für den Beitritt zu Russland aus. Gegen den Anschluss stellte sich nur der „Medschlis", eine Organisation der Krim-Tataren, die 11 Prozent der Gesamtbevölkerung von 2,35 Mio. Menschen stellen. Das unter Stalin 1944 nach Zentralasien deportierte muslimische Volk hat mit den Russen schließlich schlechte Erfahrungen gemacht.

Für ausländische Reisende bedeutet die gegenwärtige Lage, dass sie bei Problemen während eines Krim-Aufenthaltes **nicht mit konsularischer Hilfe** durch die diplomatischen Vertretungen ihrer Länder in Moskau rechnen können, da diese die Krim weiterhin als ukrainisches Staatsgebiet betrachten. Die Botschaften in Kiew haben jedoch faktisch keine Möglichkeit, auf der Krim tätig zu werden. Außerdem ist zu beachten: Wer über Russland (also per Fähre oder Flugzeug) auf die Krim eingereist ist, muss sie auch wieder auf dem gleichen Weg verlassen. Die ukrainischen Behörden lassen an der Demarkationslinie zum „vorübergehend besetzten Gebiet" in beiden Richtungen nur eigene Staatsbürger sowie Ausländer passieren, die zuvor legal in die Ukraine eingereist sind. Man kann die Krim also auch auf dem Landweg besuchen, benötigt dafür aber ein russisches Visum, da Russland dies als Einreise in sein Staatsgebiet betrachtet.

Kriminalität

Im Herbst 2010 schockierte **ein zwölffacher Mord** ganz Russland. Im Haus eines Landwirts in Südrussland waren an einem Feiertag die Bewohner, zwei Nachbarn und eine zu Besuch angereiste Familie niedergemetzelt worden. Unter den Toten waren sogar zwei Säuglinge. Schockierend war nicht nur das Blutbad, sondern auch die Umstände, die danach bei den Ermittlungen und durch Medienberichte über das Leben in der Gemeinde Kuschtschowskaja im Gebiet Krasnodar ans Tageslicht kamen: Wie sich zeigte, war der 30.000-Einwohner-Ort seit Jahren **von einer Banditengruppe beherrscht und terrorisiert** worden. Die sogenannte „Zapok-Bande" erpresste, mordete und vergewaltigte, wie es ihr gefiel. Polizei, Staatsanwaltschaft und Kommunalverwaltung taten nichts dagegen – ganz im Gegenteil: Viele ihrer Beamten waren verängstigt oder steckten mit der Bande unter einer Decke und schlugen Ermittlungsverfahren nieder, wenn es Beschwerden oder Anzeigen gab. Der Anführer der Bande war nicht etwa ein tumber Räuberhäuptling, sondern der reiche Juniorchef der größten Agrarfirma im Umland. **Sergej Zapok** saß im Gemeinderat und schmückte sich sogar mit einem Doktortitel in Soziologie: „Soziokulturelle Besonderheiten des Lebensstils und der Werte heutiger Dorfbewohner" lautete der Titel seiner 2006 verteidigten Doktorarbeit …

Der samt Angehörigen ermordete *Fermer* war offenbar einer der wenigen, die sich weigerten, Schutzgelder an die Zapok-Leute zu zahlen. Außerdem verdächtigte ihn der Banditenchef, 2002 dessen Bruder ermordet zu haben – was aber nicht stimmte.

Das **Treiben der Agrarmafia** und ihrer willigen Helfershelfer wäre wohl auch nach dem Blutbad so weitergegangen, hätte man nicht nach dem Massaker ein professionelles Ermittlerkommando aus Moskau nach Kuschtschowskaja in Marsch gesetzt. Nach einem Monat war die Tat weitgehend aufgeklärt: Neun mutmaßliche Mörder – darunter *Zapok* – wurden verhaftet, zahlreiche Beamte gefeuert und auch knapp 100 Ermittlungsverfahren wegen Verbrechen eingeleitet, die seinerzeit die korrumpierte Miliz und Staatsanwaltschaft unter den Tisch hatten fallen lassen.

Die ernüchternde Bilanz des Falles: Mit Geld, Gewalt und Unverschämtheit kann man in Russland nach wie vor weit kommen, denn Beamte sind dann käuflich, Beschwerden zwecklos und die Behörden blind. Zumindest in der Provinz konnte eine brutale Mafia den **Rechtsstaat noch im Jahre 2010 komplett aushebeln** und nach ihren eigenen Gesetze leben. Aufgrund des Massenmords mussten *Zapok* und seine Spießgesellen dann allerdings 2013 mit Strafen zwischen 19 Jahren und lebenslanger Haft büßen.

Organisierte Kriminalität: die „Russenmafia"

Landesweit gesehen treibt es die sprichwörtlich gewordene „russische Mafia" aber nicht mehr so wild: Zum einen sind in den **Bandenkriegen der 1990er-Jahre** viele ihrer Legionäre und Kommandeure schlichtweg aufgerieben worden. Zum anderen haben sich die Cleveren unter den Überlebenden schon längst mit ihrem auf kriminellen Wegen erarbeiteten Grundkapital **ins legale Business verzogen** und geben heute den ehrbaren Geschäftsmann: Egal ob Wurstfabrik, Hotel oder Gastronomie, Tankstellenkette oder Autohandel, Immobilien oder Straßenbau – bei so manchem mittleren bis großen Wirtschaftsimperium sollte man sich besser nicht zu genau für die Vorgeschichte ihrer Inhaber und die Wurzeln des geschäftlichen Erfolgs interessieren.

Die **rauen Sitten von damals,** als Schutzgelder mit Gewalt erpresst wurden und sich rivalisierende Banden schon mal auf offener Straße gegenseitig über den Haufen schossen, sind weitgehend passé: Aus Schlägertrupps wurden Sicherheitsfirmen mit offiziellen Lizenzen und Geschäftsübernahmen managt man jetzt nach bester Heuschreckenmanier, allenfalls angereichert mit etwas Urkundenfälschung und Bestechung. Das richtig große Geld versprechen heute ohnehin eher **Beziehungen und Verfilzungen mit der Politik** und hohen Verwaltungsebenen, wo millionen-, wenn nicht milliardenschwere Aufträge und Projekte zu holen sind.

Ein Teil der **„autoritären Geschäftsleute"** (wie die russische Presse Mafiabosse gerne umschreibt, denn manche von denen gehen auch schon
mal wegen Verleumdung vor Gericht) kontrolliert natürlich auch heute
noch die Branchen am Rande oder jenseits der Legalität wie Prostitution, Glücksspiel, Drogen- und Menschenhandel. In diesen Kreisen haben
seit sowjetischen Zeiten neben einer rein slawischen russisch-ukrainischen
Mafia auch Tschetschenen, Georgier und Armenier beträchtliches Gewicht – nur international werden sie alle zusammen mit dem Etikett **„Russenmafia"** beklebt.

⌃ Trotz hoher Polizeipräsenz ist Moskau kein wirklich sicheres Pflaster

Allerdings zeigt der Staat der organisierten Kriminalität mittlerweile mit Erfolg die Zähne: So war 2009 *Wladimir Barsukow,* das Oberhaupt der lange Zeit in St. Petersburg berüchtigten Tambower Mafia, für 15 Jahre ins Gefängnis geschickt worden. Nachgewiesen werden konnten ihm zwar keine Morde oder andere Gewalttakte, sondern nur die illegale „Kaperung" von 13 Unternehmen und Erpressung. Auch das 2009 in Kraft getretene fast totale Verbot von Geldspielautomaten und Spielkasinos in Russland sowie die Schließung des riesigen Tscherkisowo-Schmugglermarktes in Moskau haben der klassischen Mafia das Wasser ein gutes Stück weit abgegraben.

Und wenn die Luft dünn wird, kommt es prompt zu **Verteilungskämpfen** um die knapper werdenden Pfründe und die Oberaufsicht im Gewerbe: 2010 wurde in Moskau dem 73 Jahre alten *„Opa Hassan"* von einem Scharfschützen in den Bauch geschossen. Der in Georgien geborene Kurde *Aslan Usojan* galt in eingeweihten Kreisen als oberster Pate der landesweit aktiven kaukasischen Mafia. Ein Jahr zuvor hatte ein Killer auch den prominenten russischen Paten *Wjatscheslaw Iwankow* (68) auf gleiche Weise ins Jenseits befördert. Fazit: Solange Russlands Mafiabosse nicht im Bett sterben, lebt die Mafia noch ...

⌂ Russlands Justiz fackelt nicht lange mit Kriminellen:
Auch für Jugendliche gibt es „Zonen", wie die Strafanstalten genannt werden

Alltagskriminalität: Anzeigen oder bleiben lassen?

Mit Terrorismus und der organisierten Kriminalität, ja selbst mit der allgegenwärtigen Korruption, wird „Iwan Normalverbraucher" in Russland gottlob nur höchst selten direkt und persönlich konfrontiert. Anders sieht es bei der ganz gewöhnlichen Kriminalität aus: Opfer eines Diebstahls, einer Körperverletzung oder eines Betrugs wird rein rechnerisch gesehen jeder russische Staatsbürger irgendwann einmal in seinem Leben.

Das geht aus der Statistik hervor, die für das Jahr 2013 in Russland 1539 Verbrechen pro 100.000 Einwohner zählte. Das bedeutet, auf 1,5 Prozent der Bevölkerung kommt eine Straftat pro Jahr – oder auf jeden Bürger eine in 65 Jahren. Immerhin gibt es die erfreuliche Entwicklung, dass die Kriminalität seit dem Spitzenjahr 2006 kontinuierlich zurückgeht: Damals wurden 2706 Verbrechen pro 100.000 Köpfe gezählt. Im ersten Halbjahr 2014 meldeten die Behörden einen erneuten **Rückgang der Kriminalität** um 3 Prozent gegenüber dem Vorjahr.

47 Prozent aller registrierten Verbrechen sind **Diebstähle.** In der Tat ist die Wahrscheinlichkeit, Opfer eines Wohnungseinbruchs oder eines Taschendiebstahls zu werden, so hoch, dass es für die meisten Russen zum Alltag gehört, hier alle möglichen **Vorsichtsmaßnahmen** zu treffen: Die Wohnungstür ist mit mehreren Schlössern und oft auch einer Alarmanlage gesichert, viele Hausgemeinschaften finanzieren gemeinsam eine Consierge oder wenigstens Videoüberwachung im Treppenhaus. Auch in öffentlichen Verkehrsmitteln hantiert niemand arglos mit seiner Handtasche oder dem Geldbeutel herum – die Erkenntnis, dass gleich nebenan ein Dieb stehen könnte, fährt eigentlich immer mit. So ist es kein Wunder, dass **ausländische Touristen** in der Moskauer oder St. Petersburger Metro bevorzugte **Opfer von Langfingern** sind: Die Vorsicht ist bei ihnen meist geringer und die Beute höher.

Allerdings geht nur in die Statistik ein, was auch der Polizei gemeldet wird (und dort zur Bearbeitung angenommen wird, denn tendenziell lassen sich die Beamten ihre lokale Kriminalitätsstatistik und die Aufklärungsquote nur ungern vermasseln, s. S. 152). Solange nicht wichtige Ausweispapiere abhanden gekommen sind, wird wegen eines typischen Taschendiebstahls, eines Einbruchs ins Auto oder einer Prügelei unter Betrunkenen kaum jemand im Nachhinein Anzeige erstatten. Die Chancen auf Ergreifung der Täter und Wiederbeschaffung des Gestohlenen sind ähnlich gering wie das Vertrauen der Bürger in die Leistungsfähigkeit ihrer Polizei. Deshalb gibt es in der russischen Kriminalstatistik auch ungewöhnliche regionale Unterschiede. Die „kriminellsten Regionen" liegen demnach weit im Osten: 2013 waren dies das Primorje- und das Sabaikalgebiet, wo die Verbrechensquote um 3000 pro 100.000 Einwohner im Jahr lag. Am sichersten ist es der Statistik nach ausgerechnet in der Kernzone des Terrorismus und Extremismus, in Inguschetien und Tschetschenien, wo der Wert um 300 pro 100.000 Einwohner liegt.

Man kann dieses Phänomen natürlich auch mit dem Umstand zu erklären versuchen, dass der Anteil der Kinder an der Gesamtbevölkerung in diesen Gebieten bedeutend höher ist als im Rest Russlands – aber realistischer ist wohl die Annahme, dass die Menschen dort aufgrund ihrer Lebenserfahrung noch weitaus mehr Grund haben, nicht zur Polizei zu gehen. Hinzu kommt, dass in Russland Versicherungen von Hausrat oder Autoteilen gegen Diebstahl weit weniger verbreitet sind als in Westeuropa. Wozu braucht man dann also ein eventuell erst nach stundenlangen Wartezeiten auf der Wache erstelltes Protokoll? So nimmt es nicht wunder, dass die Zahl der gemeldeten kriminellen Taten in Deutschland pro 100.000 Einwohnern nach BKA-Daten fast fünfmal höher ist als in Russland – nämlich 7433 im Jahr 2013!

Ein deutliches Indiz, dass der Alltag in Russland trotz allem seit vielen Jahren weit weniger sicher und wesentlich gewalttätiger als in Deutschland ist, stellt die Zahl der **Tötungsdelikte** dar: 2001 wurden 23 von 100.000 Menschen im Jahr Opfer von Mord und Totschlag oder einem Versuch dazu, 2013 lag die Quote bei 25,6. Und diese Zahl ist dann glaubwürdiger im Vergleich mit der deutschen Kriminalstatistik, wo sie bei nur 2,5 liegt. In Russland wird also zehnmal häufiger Menschen nach dem Leben getrachtet als zwischen Elbe und Donau.

Geschlechter und Familie

◁ Überstrenge Erziehung einerseits, häufige Vernachlässigung andererseits: Kinder haben es in Russland nicht leicht (Foto: 010ru-ld)

Rollenverhalten von Frauen und Männern

Um eine Ahnung von den Geschlechterrollen in Russland zu bekommen, genügt oft ein einziger Blick auf die allerkleinsten Mitglieder der Gesellschaft. Die kommen in ihrer großen Mehrheit entweder **hellblau oder zartrosa** gewandet daher, nach dem alten Klischee von Junge und Mädchen. Und nicht immer sieht der Beobachter nur an der Kleidung, ob da Männlein oder Weiblein vor ihm auftaucht. Nein, auch der Kinderwagen kann in diese Kitschfarben getaucht sein und das Spielzeug ebenso. Zu Hause setzt sich der Wahnsinn fort: Im Kinderzimmer herrschen diese Töne in der Einrichtung vor, beim Töpfchen, beim Lätzchen und zu guter Letzt auch bei Löffelchen und Tellerchen.

Eine derartige Konditionierung auf das spätere Leben – **starke Jungs und schwache Mädchen** –, kann eigentlich nur schiefgehen, denn **das starre Rollenschema** funktioniert natürlich nicht. Sowohl in den Köpfen als auch in den Herzen und allemal in der Wirklichkeit sieht es ganz anders aus als in der Kinderstube.

Die Frau: stark in allen Lebenslagen

Frauen in Russland sind erstaunliche **Allrounder** und in Wahrheit **das starke Geschlecht.** Denn sie wuppen Haushalt, Mann, Kinder und Beruf und schaffen es bei dieser Vielfachbelastung auch noch, sich um das eigene Wohlbefinden zu kümmern und sozialen Austausch zu pflegen.

PL-ru9/0

Eine solch „starke Frau" ist Katja, meine Freundin aus der Fankurve im Stadion. Sie ist 40 und wohnt mit ihrem Mann, zwei Kindern und der Schwiegermutter in einer Dreizimmerwohnung in einem Neubauviertel im Norden von St. Petersburg. Sie ist als Managerin im Buchhandel tätig und schiebt ständig Überstunden. „Nebenbei" kümmert sie sich im Vorstand des Fanklubs um den Organisationskram. Wenn ich sie anrufe, höre ich meist etwas in der Art: „Du kannst gerne kommen, aber ich muss noch saugen und die Küche saubermachen. Ach, ich hole dich an der Metro ab, dann kann ich gleich auch noch einkaufen gehen ..." Katja ist im Dauerstress, von morgens halb acht bis in die Nacht hinein. Denn ihr Mann Denis ist zwar ein netter Kerl, aber im Haushalt hilft er nicht. Wenn's hochkommt, macht er mit der 13-jährigen Tochter Xenia vielleicht einmal die Hausaufgaben, und damit hat es sich dann zum Thema Teilnahme an den Alltagssorgen. Ist Xenia krank, geht Katja mit ihr zum Arzt; gibt es Probleme in der Schule, spricht sie mit den Lehrern und für das Kulturprogramm am Wochenende und in den Ferien ist natürlich auch Katja verantwortlich ...

So oder ähnlich ergeht es vielen russischen Frauen. Denn die Entscheidung **Familie oder Beruf** gibt es hier nicht – es ist selbstverständlich, dass jede Frau arbeiten geht und heiratet und (wenigstens) ein Kind bekommt. Trotz der enormen Belastung sind russische Frauen in ihren Berufen durchaus erfolgreich. **Frauenpower** im höheren Management von Firmen ist keine Ausnahme – ihr Anteil soll etwa bei 20 Prozent liegen, Tendenz steigend. Frauen malochen aber auch auf Baustellen und im Straßenbau (das ist ein sowjetisches Erbe) – es gibt so gut wie keinen Berufszweig, in dem sie nicht vertreten sind.

Der Mann: Schwächling und Macho zugleich

Russische Männer präsentieren sich gerne stark. Seit eben jener *Putin* in der Öffentlichkeit die Muskeln spielen lässt und sich als Biker, Rallyefahrer, Tiefseetaucher und Kampfjet-Pilot dem Volk präsentiert, hat der **Machokult** in Russland so richtig zu einer Renaissance gefunden. Waren es in den 1990er-Jahren die „kriminellen Autoritäten", die den „Macher" heraushängen ließen, stehen heute **sportlicher Wagemut** und **Heldengebaren** ganz oben auf der Tagesordnung.

◁ Egal was kommt, russische Frauen bewahren ihren Charme und ihre Ruhe – selbst bei einem Schneesturm jenseits des Polarkreises

Schwule und Lesben in Russland: „Wir wollen uns mehr zeigen!"

Die „nichttraditionellen" sexuellen Minderheiten müssen seit 2012 mit einem restriktiven Gesetz leben, dass „Schwulen-Propaganda gegenüber Minderjährigen" verbietet. Was bedeutet das für die Betroffenen? Ein Gespräch mit den Bewohnern einer großen Schwulen- und Lesben-WG in St. Petersburg.

In dem reichlich heruntergekommenen uralten Haus unweit des Pracht-Boulevards Newski Prospekt versuchen sie ihr Lebensmodell zu leben, das bei den meisten ihrer Mitbürger immer noch Unverständnis oder gar kategorische Ablehnung hervorruft. Natürlich gibt es Treffpunkte von Schwulen und Lesben – hinter den verschlossenen Türen von Klubs sind sie mehr oder minder ungestört. Das trifft aber nur auf die beiden größten Städte Russlands zu. Im südrussischen Krasnodar sei eine öffentliche Zurschaustellung des „Andersseins" geradezu gefährlich, erzählt Polina. Und Schwulenparaden, wie sie im Westen üblich sind, werden auch in Moskau und St. Petersburg durchweg mit Verbot belegt.

Sie ist nach St. Petersburg gezogen, weil dort die Freiheit für Schwule und Lesben immer noch am größten ist. Sie weiß auch, warum gerade hier das erste Gesetz gegen „Schwulenpropaganda" erlassen wurde: „Petersburg ist die Gay-Hauptstadt Russlands und damit ein mächtiger Anziehungspunkt. Das Gesetz war ein gezielter Schlag, um die Leute abzuschrecken und fernzuhalten." Auf die Frage, ob sie jetzt Angst habe, auf die Straße zu gehen, weil jede öffentliche Kundgebung unter das „Schwulengesetz" fallen könnte, sagt sie: „Das Gesetz löst bei vielen das Gegenteil aus. Wir wollen uns jetzt noch mehr zeigen. Damit die Leute endlich verstehen, dass wir keine Missgeburten sind. Die Homophoben stellen uns ja gerade so hin, als würden wir Leute überfallen und vergewaltigen."

Aber viele überlegen nun auch, ob es nicht besser wäre, ins Ausland zu gehen und um politisches Asyl zu bitten. Das betrifft besonders Paare, die heiraten und Kinder haben wollen. Mascha und Ada, die auch in der WG wohnen, träumen zum Beispiel davon, eine richtige Familie zu gründen. Sie möchten das aber in Russland versuchen, weil sie sich als Patriotinnen ihres Landes verstehen. Mascha sieht die Legalisierung der gleichgeschlechtlichen Ehe übrigens als eine mögliche Lösung für die demographischen Probleme Russlands: „Das löst sofort einen Babyboom aus, weil alle erst zum Standesamt laufen und dann Kinder kriegen werden." Die derzeitige vorherrschende Homophobie verweist solche Ansätze aber (noch?) in das Reich der Utopie.

Extrainfo 12 (s. S. 11): „Küssen verboten! Russland outet sich" –
In dieser Doku geht es um die Probleme von Schwulen und Lesben in Russland.

Das ist aber nur die Fassade – dahinter sieht es oft sehr traurig aus. Russische Männer haben eine **Lebenserwartung** von knapp 65 Jahren (Frauen kommen auf ein Durchschnittsalter von knapp 75 Jahren) – im europäischen Vergleich eine erschreckende Tatsache (in Deutschland z. B. werden Männer im Schnitt 78 und Frauen 83 Jahre alt). Ein Drittel der jungen Männer, die zum Wehrdienst gezogen werden, ist volluntauglich. Von den Einberufenen hat wiederum die Hälfte gesundheitliche Probleme.

Der russische Mann leidet unter **Depressionen** und **Alkoholismus,** er betreibt Raubbau an seiner Gesundheit und klagt immer öfter über **Impotenz.** Oder besser: Er klagt nicht, denn das würde dem Idealbild des Machos nicht entsprechen – er kehrt das Problem unter den Tisch. Davon wird es aber nicht aus der Welt geschafft. Dass es existiert und eklatant ist, zeigt sich nicht zuletzt an der in den letzten Jahren mehr und mehr forcierten Werbung für Potenzmittel.

Russische Psychologen erklären die schreiende Diskrepanz zwischen Anspruch und Wirklichkeit im Leben der Männer mit den **Bürden der Vergangenheit:** Russland war immer ein autoritärer Staat, in dem Männer keine Chance auf freie Entfaltung und Selbstverwirklichung hatten. Zu Sowjetzeiten potenzierte sich das Problem um ein Vielfaches.

Und das heutige Russland setzt die **Schizophrenie** fort: Die Gesellschaft fordert den „starken Mann" und erzieht den Schwachen – das Muttersöhnchen, das aus der Obhut der omnipotenten Mama in die Arme der selbstbewussten Gattin stolpert und sowohl hier als dort unglücklich ist. Die vielen **Muttersöhnchen** sind wiederum die Folge einer anderen Besorgnis erregenden Entwicklung: Viele Frauen ziehen nach der Scheidung ihre Kinder alleine groß und werfen sich ihnen in Ermangelung eines Lebenspartners sozusagen emotional in die Arme, ersticken damit deren Individualität und verhindern die freie Entfaltung zu einem selbstständigen und selbstsicheren Menschen.

Familie

Die Familie wird in Russland sehr groß geschrieben – der **Zusammenhalt zwischen den Generationen** ist stärker und dauerhafter als in vielen westlichen Gesellschaften. Oft leben mehrere Generationen unter einem Dach, und das meist sehr beengt. Großeltern, Eltern und Kinder müssen sich miteinander arrangieren. Das Leben in der Familie ist dadurch häufig ein Balanceakt: Drei Generationen mit (mindestens) drei unterschiedlichen Lebensentwürfen unter einen Hut zu bekommen, ist eine Kunst, die jeden Tag neu geübt werden will.

Auch für dieses Thema liefert Katja ein gutes Beispiel: Sie hat mit Denis die gemeinsame Tochter Xenia. Den mittlerweile erwachsenen Sascha hat Katja aus erster Ehe mitgebracht. Er ist nicht ihr leiblicher Sohn. Als sie sich von ihrem ersten Mann trennte, überließ er ihr das Sorgerecht für den Kleinen.

Im Haushalt lebt außerdem Denis' Mutter, eine schwierige Frau, wie Katja oft klagt. Sie muss sich mit ihr gutstellen – das gebietet die in Russland herrschende Achtung vor der älteren Generation. Es hat aber auch ganz praktische Gründe: Die Schwiegermutter kümmert sich tagsüber um Xenia, wenn Katja auf der Arbeit ist. Wäre sie nicht da, würde das Mädchen zu einem der vielen „Schlüsselkinder" werden, die unter der Woche ohne elterliche Zuwendung ihr Dasein fristen.

Es ist in Russland ganz selbstverständlich, dass sich die ältere Generation um die Enkel kümmert. Ohne die Funktion der **„babuschka" („Oma")** würde der russische Familienalltag nicht funktionieren – und das ganze soziale System kollabieren.

Das **traditionelle Leben im Familienverband** verbietet es andersherum geradezu, die Eltern in ein Heim abzuschieben, wenn sie alt und schwach werden. Für eine gute Altenpflege fehlt den meisten Betroffenen ohnehin schlicht und einfach das Geld.

Das Übel Scheidung

So fest der Familienverband auch sein mag – es gibt kaum eine Ehe, die „im Himmel" geschlossen wird und so lange fortdauert, „bis dass Gott euch scheidet". Russland gehört mit einer **Scheidungsrate von über 50 Prozent** zu den trennungsaktivsten Ländern der Welt. Geheiratet wird früh und früh zerbrechen auch die meisten Ehen. Der am häufigsten genannte Grund ist Untreue. Beim Fremdgehen sind übrigens die Männer Könige – während nur 5 Prozent der Frauen ihren Angetrauten betrügen, suchen 20 Prozent der Männer Zuflucht in fremden Betten. Wichtige Scheidungsgründe sind außerdem finanzielle Schwierigkeiten, Wohnungsmangel und der (insbesondere) unter Männern weitverbreitete Alkoholismus.

▷ Eine Stretchlimo gehört zum unabdingbaren Pomp einer russischen Hochzeit

Alimente? Wer sich drückt, darf nicht reisen!

Das frühe Heiraten, Kinderkriegen und die schnelle Scheidung haben zur Folge, dass es in Russland jede Menge Alleinerziehende gibt – die Statistik spricht von einem Viertel aller Familien. In fast 90 Prozent der Fälle bleibt das Kind bei der Mutter. Diese Tendenz wird durch die russische Gesetzgebung gefördert, ist aber auch das Resultat der Tatsache, dass die Mehrzahl der Männer für unfähig befunden wird, das Sorgerecht zu übernehmen.

Sie sind ja nicht einmal in der Lage, für den Unterhalt ihres getrennt von ihnen lebenden Kindes zu sorgen. Denn Russlands Männer sind Alimentemuffel – obwohl gesetzlich verpflichtet, zahlen sie nicht. So halten es etwa zwei Drittel der geschiedenen Männer! Der russische Staat greift inzwischen zu harten Mitteln, um die Verweigerer zum Zahlen zu zwingen – wer sein Kind nicht finanziell unterstützt, kann bei der Ausreise ins Ausland an der Passkontrolle eine böse Überraschung erleben: Bis auf Weiteres wird ihm das Verlassen des Landes verweigert. Wenn solche Maßnahmen nötig sind, muss es wahrlich schlecht stehen um die Erzeuger- und Ernährermoral.

In den letzten Jahren scheitern russische Ehen aber auch immer mehr an den **Illusionen,** die sich so manche junge Frau macht, die davon träumt, dass ihr Mann das Geld verdient und sie es mit beiden Händen wieder ausgibt. Diese Einstellung könnte unter anderem die Folge der vielen „Seifenopern" sein, die im Fernsehen von schönen reichen Frauen und ihrem glamourösen Leben erzählen und damit sehr weit an der russischen Realität vorbeischießen.

Tatsächlich gibt es eine immer größer werdende Zahl von Gutverdienenden, die sich so ein Leben leisten können. Doch auch hier klappt es offensichtlich nicht: Der Mann hat zwar das nötige Kleingeld in der Tasche und das Outfit eines „Überfliegers", aber im Innern ist er derselbe Macho geblieben. Wenn er schon die Kohle herbeischafft, soll sie doch bitteschön für ihn putzen, kochen und alles machen, was er sagt. Das lässt sich die „moderne" russische Frau aber nicht mehr gefallen …

Der Weg zum Scheidungsrichter ist in Russland gefühlt keine zehn Meter weit. Es gibt kaum Menschen, die nicht wenigstens einmal in ihrem Leben eine Ehe beendet haben. Dabei heiraten Männer schneller und öfter wieder – offensichtlich ertragen sie das Alleinsein weniger und/oder können schlichtweg den Alltag nicht allein bewältigen.

Pompöse Hochzeitsfeiern

Obwohl eigentlich allen Beteiligten klar sein müsste, dass rein statistisch mehr als die Hälfte der Ehen scheitert, wird die Hochzeit oft so pompös gefeiert, als handele es sich dabei um die Eheschließung des Prinzen von Wales. Es beginnt schon beim eigentlich formalen Eintrag beim Standesamt: Wer etwas auf sich hält, vollzieht diesen Akt in einem **„Heiratspalast".** Der heißt nicht nur so, er sieht auch so aus. In den großen Städten sitzen diese Eheschließungsinstitute in ehemaligen Adelspalästen. Die prunkvolle Innenausstattung ist mit Stuck und Gold, Säulen und Spiegeln überladen. Über eine Galatreppe schreitet das Paar unter Mendelssohns „Hochzeitsmarsch" in den Saal für die **„Registrierung",** wie das Heiraten im Beamtenrussisch genannt wird.

Der Standesbeamte ist eigentlich immer eine Standesbeamtin – ausgestattet mit der Stimme einer Operndiva, ebenso gekleidet und fast immer auch von entsprechender Statur. Die **Zeremonie** ist feierlich und getragen wie ein Staatsakt.

Nachdem die Ringe getauscht und die Gratulationen entgegengenommen wurden, steht in einem Nebenraum auf dem Tisch schon der Sekt bereit. Das alles wird natürlich gefilmt, vom hauseigenen Kameramann. Kaum ist die Zeremonie beendet, kann sich der frischgebackene Ehemann die DVD für einen nicht geringen Obolus abholen. Weiter geht's im **Autokorso durch die Stadt.** Wer das nötige Kleingeld hat, mietet sich eine Stretchlimousine, in der ein Gutteil der Hochzeitsgesellschaft Platz hat.

Nun geht es zum **Fotografieren und Blumenniederlegen.** Am Hauptdenkmal der Stadt und/oder an besonderen Sehenswürdigkeiten macht die Kolonne Halt. Die Braut – „ganz in Weiß" natürlich! – und der Bräutigam im schicken Anzug nebst Trauzeugen posieren vor der Kamera, irgendwer holt die Gläser und die Sektflaschen heraus – an jeder Station wird ein Toast auf die Frischvermählten ausgebracht. Gibt es Halt bei einem Denkmal, werden dort unbedingt Blumen niedergelegt – als Zeichen der Ehrerbietung für den Stadtgründer oder irgendeine wichtige Persönlichkeit der Geschichte. Es gehört auch zur Tradition, einen **Gedenkfriedhof für Kriegsopfer** zu besuchen.

Am Abend wird dann ausgiebig gefeiert. In der Regel wird ein Saal in einem Restaurant angemietet und eine große Gesellschaft geladen. Dabei geht es meist sehr feucht-fröhlich zu. Der beliebteste Hochzeitstrinkspruch ist **„Gorko! Gorko!" („bitter, bitter").** Das ist nichts anderes, als die Aufforderung an das junge Paar, sich ausgiebig zu küssen, um den bitteren Schnaps zu versüßen, der da gleich durch die Kehle fließen soll.

Kinder: seltener Nachwuchs

In Russland wird öfter und früher geheiratet als in Deutschland – und entsprechend bekommen Frauen ihre ersten Kinder **meist in jüngeren Jahren.** Ungewollte Schwangerschaften Minderjähriger oder kaum der Schule entwachsener junger Mütter gibt es natürlich überall – aber es fällt schon auf, wie oft man sich fragt, ob hier nun eine sehr junge Mutter oder die große Schwester den Kinderwagen über den Gehweg schiebt. Auch kann es sein, dass die Ausnahmeerscheinung einer vermeintlich reifen und offenbar spät berufenen Mutter gar nicht die Mutter, sondern schon die Oma des Wurms in der Kinderkarre ist: 40 Jahre alte Großmütter sind bei traditionell frühen Familiengründungen schließlich kein Ding der Unmöglichkeit.

Russische Frauen mögen früher gebären als westeuropäische, aber wesentlich mehr Kinder als in Westeuropa werden trotzdem nicht geboren: Die **Geburtenrate** liegt bei einem Wert von 13,2 Geburten auf 1000 Einwohner respektive minimal über zwei Kindern pro Frau – das ist mehr als bei den deutschen und italienischen Babymuffeln und vergleichbar mit den Französinnen. Zudem gibt es **regionale Unterschiede:** In den **Kaukasusrepubliken** liegt die Geburtenrate traditionell höher. Hier gehört eine große Kinderschar zur Vorstellung von Wohlstand und glücklichem Familienleben. Eine durchschnittliche Frau in Dagestan gebärt 4,9 Kinder!

Vor allem der **städtischen russischen Bevölkerung** ist mit dem Anfang vom Ende der Sowjetzeit die Lust aufs Kinderkriegen vergangen: Die Zahl der Kinder pro Frau sank von 2,2 im Jahr 1987 auf 1,2 im auf die Rubel-Krise folgenden Jahr 1999. Materielle Schwierigkeiten, Ungewissheit über die Zukunft, Stress durch die Karriere oder auch nur den elementaren Broterwerb und schließlich die für die meisten jungen Leute ungelöste Wohnungsfrage animieren nicht gerade dazu, ein Kind (und erst recht kein zweites oder drittes) in die Welt zu setzen. Außerdem sind die Regeln für **Abtreibungen** in Russland sehr liberal – in den 1990er-Jahren wurden fast doppelt so viele Schwangerschaften abgebrochen wie ausgetragen!

Der **Geburtenknick** war so stark, dass selbst die permanente Zuwanderung aus anderen GUS-Staaten einen Rückgang der russischen Bevölkerung nicht aufhalten konnte. Um zu verhindern, dass das (noch) größte Volk Europas schlichtweg ausstirbt, hat sich die russische Regierung 2007 durchgerungen, mit dem sogenannten **„Mutterkapital"** einen materiell-moralischen Anreiz für die Erzeugung von Nachwuchs zu schaffen: Ab dem zweiten Kind zahlt der Staat gegenwärtig 429.400 Rubel (8830 Euro), wobei diese Summe frühestens drei Jahre nach der Geburt des Kindes in Anspruch genommen werden kann und zweckgebunden investiert werden muss: Sie darf entweder für die Ausbildung des Kindes, für den Erwerb einer Wohnimmobilie oder zur Aufstockung der Rente der Mutter verwendet werden. Die Maßnahme fruchtet: Mittlerweile werden in Russland Jahr für Jahr wieder mehr Kinder geboren, die Bevölkerungszahl hat sich – auch wegen einer wieder wachsenden Lebenserwartung – bei ca. 144 Mio. stabilisiert.

⌂ Die typische russische Familie besteht aus drei Generationen

Nina, Uliana und Emma: deutsch-russische Kinder in St. Petersburg

Vera Dorn war Übersetzerin, Fotografin und leidenschaftliche Saxophonspielerin. Als Deutsche lebte sie in St. Petersburg. Ihre Töchter Nina, Uliana und Emma sind hier geboren und wachsen hier auf. Vera hat eine „eiserne Regel" durchbrochen, indem sie ihre drei Mädchen hier zur Welt gebracht hat – in einem ganz normalen russischen Entbindungsheim. Alle meine Bekannten – seien es hier lebende Ausländerinnen oder mit einem Ausländer verheiratete Russinnen – sind ins Ausland gegangen, um ihre Kinder zu kriegen. Entweder in ihre Heimatländer oder ins benachbarte Finnland. Warum hat Vera es anders gehalten?

„Eine Entscheidung war es nur beim ersten Mal", erzählt sie. „Mein Mann Igor war dabei, und das war die Hauptsache, alles andere war zweitrangig. Und dann: Wenn du Wehen hast, ist es völlig egal, wie der Kreissaal aussieht, ob da vielleicht die Decke bröckelt oder die Geräte nicht die neuesten sind. Hauptsache, die Wehe geht vorbei …" Nina war die erste, bei Uliana und Emma wurde kein Gedanke mehr daran verschwendet, woanders als in St. Petersburg zu gebären. Nina ist inzwischen sechs, Uliana fast vier; Nesthäkchen Emma kam dann als „Überraschung" ziemlich schnell hintendrein – das ist jetzt mehr als zweieinhalb Jahre her.

Die drei wachsen zweisprachig auf – Mama spricht mit ihnen Deutsch und Papa Russisch. „Am Anfang war ich hundertprozentig konsequent, aber es gibt eben solche Wörter und Wendungen, die im Russischen passender und prägnanter sind", sagt Vera. Wenn die Kinder endlich schlafen sollen, hilft ein kurzes „spat'" besser als lange deutsche Wendungen wie „Ihr müsst jetzt schlafen". Und wenn Igor „Nein!" sagt, kommt das besser an als das russische „Njet".

Wer russische Kleinkinder auf Spielplätzen sieht, gerät oft ins Grübeln: Wieso sind die so dick vermummt mit Schal und Mütze und dickem Anorak, wenn draußen frühlingshafte Temperaturen herrschen? Sind sie alle krank? Nein, krank sind sie nicht. Es ist eine reine Vorsichtsmaßnahme. Die Mamis haben eine Heidenangst, der holde Anhang könnte sich erkälten. Also besser vorsorgen … Veras Kinder toben auf dem Spielplatz herum, wie es ihnen gefällt – oft nur im T-Shirt und ganz bestimmt ohne Kopfbedeckung, wenn nicht gerade Bodenfrost herrscht. „Ich ernte oft böse Blicke", gibt Vera zu. Aber in Deutschland gibt es so etwas auch, weiß sie zu berichten. Ihr Vater war Kinderarzt und hatte nicht selten Eltern mit dick eingepackten „kranken" Kindern in der Praxis. Wenn sie aus ihrer Schale gepellt waren, wurden sie ganz schnell gesund – und die Eltern staunten …

Nina, Uliana und Emma wachsen zu Hause auf. Vera ist freiberuflich tätig, kann sich ihre Arbeitszeit also einteilen; Igor ist Fotograf und Dozent für Fotografie an der St. Petersburger Uni, also auch nicht an ganz feste Arbeitszeiten gebunden. Der Grund liegt aber nicht nur hierin.

„Mir ist der Umgang im Kindergarten zu grob", erklärt Vera. Die Erzieherinnen seien überlastet durch die großen Gruppen, könnten sich nicht genug um jedes einzelne Kind kümmern. Außerdem sei der Ablauf viel zu streng, es würde zu wenig gespielt. Veras Mann Igor hätte es ganz gern gesehen, wenn die Kleinen einen Kindergarten besuchen würden. Das ist in Russland ja der Normalfall; es gibt kaum einen Menschen, der nicht diese Vorschulinstanz durchlaufen hätte. Hier tritt die unterschiedliche Mentalität und Sozialisation der beiden in ihre Rechte.

Bei der Kindergartenfrage setzte Vera sich durch. Aber das passiert längst nicht immer. Igor hat zum Beispiel ganz andere Vorstellungen von der Ernährung als sie: Er stellt schon mal einen Kefir zum Aufwärmen in die Mikrowelle, weil die meisten Russen davon überzeugt sind, dass Kinder von Getränken direkt aus dem Kühlschrank krank werden. Das findet Vera zumindest „befremdend". Dass die Kinder abends nichts Warmes essen sollen, findet wiederum Igor seltsam.

Was die Erziehung angeht, können sich die beiden arrangieren. Vera hat gelernt: „Die Frau sollte sich nicht einmischen, wenn der Vater mit den Kindern spielt. Frauen und Männer gehen ganz einfach unterschiedlich mit Kindern um." Für russische Verhältnisse ist Igor dann aber doch die Ausnahme, denn er kocht, kauft ein und passt auf die Kinder auf – z. B. wenn Vera Schwimmen geht. Das tut sie eisern zwei Mal in der Woche. Ohne die 2500 Meter pro Schwimmbadbesuch kann sie sich ihr Leben nicht vorstellen.

Genauso wenig wie ein Leben ohne Banja, dem russischen Dampfbad. Einmal in der Woche geht sie hin, früher allein, dann während der Schwangerschaften und jetzt mit den Kindern im Anhang. „Einen Tag vor der Geburt von Uliana und später auch Emma war ich noch in der Banja, bei meinem Erstling Nina waren es immerhin drei Tage vorher", erzählt Vera. „Die Frauen dort staunten nicht schlecht, wenn ich da mit meinem dicken Bauch regelmäßig auftauchte. Und jetzt gehe ich eben mit den Kindern hin. Ich ernte eigentlich nur positive Reaktionen, auch weil die Kinder so selbstständig sind. Wenn ich im Schwitzraum sitze, beschäftigen sie sich allein, plantschen zum Beispiel unter der Dusche. Die Frauen in der Banja waren zuerst erstaunt, aber im Grunde lasse ich mit meinen Kindern eine alte Tradition wiederaufleben, denn in Russland war es früher üblich, die Kinder ins Bad mitzunehmen."

Natürlich ist das Leben mit drei kleinen Kindern in St. Petersburg nicht immer ein Zuckerlecken. Vera ist eine optimistische, lebensbejahende Frau, aber die Probleme sind ihr natürlich auch bewusst. Nehmen wir nur den ruppigen Umgang im Straßenverkehr. Vera hat da eine erstaunliche Erfahrung gemacht: „Wenn du mit einem Kinderwagen am Straßenrand stehst, dann werden selbst die rücksichtslosesten Raser zahm – sie halten an und lassen dich anstandslos die Straße überqueren. In der Metro und im Bus sind die Menschen sehr hilfsbereit. Es findet sich immer jemand, der dir hilft, den Kinderwagen von der oft hohen und unbequemen Bordsteinkante in den Bus zu wuppen. Und selbst in der Stoßzeit in der Metro versuchen die Leute, dich vor dem Gedrängel zu schützen."

Probleme gibt es auf dem Spielplatz. Streunende Hunde machen Vera Angst, Katzenkacke in der Sandkiste findet sie eine Zumutung und die dummen Sprüche von Herumlungernden gehen ihr oftmals auf die Nerven. Schade ist natürlich, dass es in der Riesenstadt St. Petersburg so wenig Natur vor der Haustür gibt. Vera hat allerdings das Glück, ganz in der Nähe des heimeligen Gartens hinter der Akademie der Künste zu wohnen. „Da gibt es sogar Ponys und Pferde im Garten", sagt sie. Sie ist fast jeden Tag mit Nina, Uliana und Emma dort. Der Kontakt zur Natur ist also doch gegeben. Zur Kultur sowieso, denn die atmet jeder Petersburger ja mit der Luft ein, an ihr kommt er gar nicht vorbei. „Die Kultur hier ist ganz natürlich gegenwärtig, die wird nebenbei mitgenommen", sagt Vera. „Nina hat auch schon Interesse an der Eremitage. Wenn ich mir die Zeit freischaufeln kann, will ich unbedingt demnächst mit ihr hin – einfach durchgehen und schauen."

Ohne die übliche Frage an Deutsche im Ausland konnten wir unser Gespräch natürlich nicht beenden. Obwohl eigentlich vorher klar war, wie die Antwort auf die Frage „Hast du vor, nach Deutschland zurückzugehen?" lauten würde: „Das steht nicht zur Debatte", so Vera. „Das wäre nur für mich eine Rückkehr, für die vier anderen wäre es ein völliger Neuanfang. Und ich habe mich hier in den fast 15 Jahren, die ich inzwischen in St. Petersburg bin, völlig eingelebt. Ich fühle mich gar nicht mehr als Ausländerin, bin hier aufgenommen und anerkannt."

Susanne Brammerloh

Vera Dorn ist im Januar 2014 unerwartet verstorben, ihre Familie lebt weiterhin in St. Petersburg.

In der Sowjetzeit war die **Kinderkrippe** für Säuglinge eine weitverbreitete Erscheinung. Bereits drei Monate nach der Geburt gingen viele Mütter wieder zur Arbeit – das Werktätigendasein wurde höher eingeordnet als die Kinderbetreuung. Heute sorgen die meisten Familien aber dafür, dass der Nachwuchs in der Windelphase zu Hause bleiben darf – entweder in der Obhut der Mutter, der Großmutter oder einer privat engagierten *njanja* (Kindermädchen). Dass sich Männer hauptamtlich um den Nachwuchs kümmern, damit die Gattin wieder arbeiten gehen kann, mag auch in Russland mal vorkommen – dürfte dann aber Stadtgespräch werden.

Im Alter von drei Jahren geht es in den **Kindergarten** – wobei diese in Russland meist eine Ganztagsbetreuung mit Mittagessen und -schlaf anbieten. Um einen kostenlosen oder jedenfalls sehr kostengünstigen Platz in einem kommunalen Kindergarten muss man sich in vielen Gemeinden schon bei der Geburt des Kindes bewerben – so lang sind die **Wartelisten.** Außerdem befinden sich die zu wenigen Kindergärten oft nicht dort, wo man sie besonders braucht: In vielen Neubaugebieten am Rande der Großstädte wächst die soziale Infrastruktur längst nicht so schnell wie der Wohnungsbestand.

Ein anderes Problem ist, dass viele Eltern ihren Kleinen die **raue Atmosphäre** in einer solchen Einrichtung nicht zumuten wollen: Das Personal gehört zu den am schlechtesten bezahlten Berufsgruppen überhaupt, entsprechend griesgrämig sind die ohnehin mit viel zu großen Gruppen überforderten Erzieherinnen. Kein Wunder, dass sich deshalb parallel ein ganzes **Spektrum von alternativen Angeboten** mit den verschiedensten Ideologien entwickelt hat: Vom Waldorf- über den Montessori-Kindergarten, verschiedenen Früh-übt-sich-Intensiv-Schulen mit Englischunterricht und Yoga bis hin zu snobistischen VIP-Kid-Instituten gibt es scheinbar alles. Voraussetzung ist allerdings ein gut gefüllter Geldbeutel von Mama und Papa.

Von der traditionellen Blau-Rosa-Geschlechterprägung haben wir zu Eingang dieses Kapitels schon gesprochen. Auch bei anderen **Erziehungsprinzipien** kann man in Russland Verhaltensnormen und Phänomene betrachten, die in Westeuropa wohl schon ein paar Jahrzehnte ausgemustert sind. Physische Gewalt – sprich **Ohrfeigen** – gilt vielen Eltern als probates Mittel zur Vermittlung des richtigen Verhaltens. Auch **Kriegsspielzeug** ist offenbar mit keinerlei moralischem Makel behaftet: In jedem Spielzeugladen liegen Berge von Plastikpistolen, Panzern und elektronisch ratternden Mini-Kalaschnikows aus – pädagogisch wertvolle Spielsachen aus ökologisch unbedenklichen Materialien findet man hingegen fast nur in spezialisierten Geschäften. Virtuelle Massaker unter seinen Stofftieren oder Kindergartenkameraden darf der zukünftige Verteidiger des Vaterlands also gerne anrichten – zumal die Handlungsvorlagen dazu aus dem in vielen Familien ständig laufenden Fernseher gleich mitgeliefert werden.

Aber wehe, wenn der Nachwuchs in der Öffentlichkeit, sei es auf der Straße oder in einem Verkehrsmittel, fröhlich lacht, singt, laut etwas erzählt oder es wagt, sich mal von der fürsorglichen Hand der Mama/Oma/Tagesmutter loszureißen anstatt brav mitzutrotten: Dann gibt es gleich einen heftigen Rüffel – ein gut erzogenes Kind tut so etwas doch nicht! Es hat vor allem eines zu sein: **gehorsam.**

Aus- und abgestoßen: Straßenkinder und Heimkinder

Gruselig-anrührige Reportagen über **„St. Petersburger Straßenkinder"** waren in den 1990er-Jahren ein Lieblingsthema der westlichen Medien in der Russlandberichterstattung – nur noch überboten von Klischeegeschichten über die „russische Mafia". Und in der Tat konnte man damals immer wieder, selbst am Newski Prospekt, Grüppchen von dreckigen, meist hungrigen und oft genug von Klebstoffdämpfen benebelten Kindern beobachten. So offensichtlich ist das Problem nicht mehr: Polizei, Behörden, Initiativen und Hilfsorganisationen haben sich der im Amtsrussisch „unbeaufsichtigten Kinder" genannten kleinen Stadtstreicher angenommen – zumindest dahingehend, dass ihre Präsenz (wie die der Mafia) in den zentralen Vorzeigestadtteilen nicht mehr sichtbar ist.

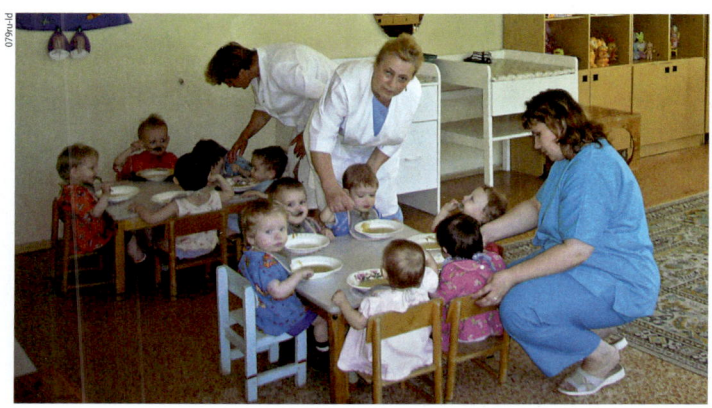

⌃ Ohne Adoption haben sie kaum eine Chance im Leben: Heimkinder in St. Petersburg

105ru-ld

Das Problem als solches ist nicht mehr so akut, aber auch nicht gelöst: Noch immer gibt es nach Schätzungen von Experten in Russland wohl **mindestens eine Million Kinder,** um die sich niemand richtig kümmert. Die meisten von ihnen haben zwar ein Zuhause, sind also nicht obdachlos, doch erwartet sie dort eben keine fürsorgliche Familie, sondern oft genug eine von **Alkohol oder Drogen** gezeichnete Mutter mit wechselnden Trink- und Lebenspartnern, ein **gewalttätiger Vater** oder eine maßlos **überforderte Babuschka** mit mickriger Rente – also niemand, der in der Lage wäre, dem Kind Wärme, Sicherheit, Liebe, anständige Nahrung und ein Vorbild zu geben. Ein **Abrutschen dieser Kinder** in die Kriminalität und die Drogenszene ist meist nur eine Frage der Zeit – und ihre Fähigkeit, sich in das vielleicht rettende strenge Regime eines **Kinderheims oder eines staatlichen Internats** (etwa in Form von Kadettenanstalten unter Hoheit des Militärs) einzufügen, schwindet dabei rapide.

In seiner jüngeren Geschichte war Russland schon zweimal mit Wellen von verwahrlosten Kindern ohne Familien konfrontiert: nach dem Bürgerkrieg in den 1920er-Jahren und dann nochmals nach dem Zweiten Weltkrieg. Damals gelang es mit der massiven Schaffung von Kinderheimen, Arbeitskommunen und Internaten die Millionen von Waisenkindern von der Straße zu holen, im Geiste des Kommunismus „umzuerziehen" und sie mehr oder weniger wieder in die Gesellschaft zu integrieren. Der Sowjetstaat betrachtete die Heimkinder naheliegenderweise als humane Reserve, die für den Aufbau der neuen Ordnung gut zu gebrauchen war – und finanzierte das System entsprechend solide.

Heute scheinen **Kinderheime** in Russland dem Staat hingegen eher ein **lästiges Sozialanhängsel** zu sein, das zwar pflichtbewusst mitgeschleppt, aber längst nicht mit der nötigen Priorität finanziert und entwickelt wird, um den Anforderungen der heutigen Gesellschaft zu entsprechen. **Karitative Organisationen** haben zwar die Möglichkeit, parallel **Kinder-**

⌃ Jugendliche in einer anonymen Neubausiedlung

dörfer oder **Wohngruppen** aufzubauen, die quasifamiliäre Bindungen und Bezugspersonen bieten. Doch die meisten Heime sind – äußerlich inzwischen oft herausgeputzt – strukturell nach wie vor eher anonyme Verwahranstalten, in denen kaum eine gefestigte Persönlichkeit heranwachsen kann. Einem Bericht von „Radio Swoboda" zufolge kommen nur zehn Prozent der **Heimkinder** im späteren Leben richtig auf die Beine, nur zwei Prozent beginnen ein Studium. 40 Prozent landen hingegen in der Kriminalität, 40 Prozent versinken in Alkohol und Drogen, 10 Prozent begehen Selbstmord.

Seit einigen Jahren wird von staatlicher Seite immerhin versucht, die Zahl der Heimkinder – 2012 waren es etwa 122.000 – durch die Propagierung von **Adoptionen, Vormundschaften sowie Vermittlung und finanzieller Unterstützung von Pflegefamilien** abzubauen. Adoptionen ins Ausland sind – mit Ausnahme der USA – nach wie vor möglich.

Die ältere Generation

Das offizielle **Rentenalter** beginnt in Russland früh: mit 60 Jahren für Männer und sogar 55 Jahren für Frauen. Traumhaft, wird so mancher denken angesichts des Renteneintritts in Deutschland mit inzwischen 67 Jahren. Aber vom „Traumhaften" ist das Leben der Älteren und Alten in Russland meilenweit entfernt.

Angesichts der großen sozialen Probleme liegt die **durchschnittliche Lebenserwartung eines russischen Mannes** bei gerade einmal knapp 65 Jahren (s. a. Kapitel „Der Mann: Macho und Schwächling zugleich?"). Was nichts anderes heißt als: Viele Männer erleben den Eintritt in die Rente gar nicht. Und wer es schafft, wird sich kaum ruhig zurücklehnen und sein Alter genießen können. Der Grund ist einfach: **Die Rente,** die er beziehen wird, ist in den meisten Fällen viel zu niedrig, um damit auch nur einigermaßen menschenwürdig über die Runden zu kommen. Die Bezüge liegen nämlich **oft sogar unter dem offiziellen Existenzminimum** von umgerechnet etwa 160 Euro. Zwar kommen dazu Vergünstigungen im Nahverkehr und bei den Wohnungsnebenkosten, aber das Geld reicht so nur bei Asketen zur Aufrechterhaltung eines einigermaßen lebenswerten Daseins.

Auswege gibt es mehrere: Wer gesundheitlich fit ist, geht **weiter arbeiten.** Nicht Vollzeit, aber ein paar Stunden Saubermachen oder als Parkwächter sind schon noch drin. Die meisten älteren Menschen leben zudem im **Verbund ihrer Familie** und werden deshalb von den jüngeren Familienmitgliedern aufgefangen. *Babuschka* (Großmutter) und *dedusch-*

ka (Großvater) kümmern sich um die Kleinen und von April bis Oktober bewirtschaften sie oft ihre **Datscha** – das Grundstück mit Häuschen vor der Stadt, wo Gemüse und Obst angebaut werden und sich der Rest der Familie im Sommer erholt.

Wenn die Kräfte nachlassen, ist die Familie das Auffangbecken – **Alten- und Pflegeheime** sind rar und/oder zu teuer und im Allgemeinen schenkt keiner dem staatlichen Fürsorgesystem Vertrauen. Schlecht ergeht es allerdings denen, die keine Familie (mehr) haben – sie sind auf die staatlichen Institutionen angewiesen. Die funktionieren nur bedingt, sind schlecht ausgestattet und werden lausig finanziert.

⌂ Wenig Geld und wenig gleichaltrige Männer:
Diese russischen Rentnerinnen lassen es sich trotzdem
gut gehen beim sonntäglichen Freiluft-Tanz-Kränzchen im Park

Von offenen Särgen und Wodka am Grab

Ich erinnere mich gut an meine erste Begegnung mit einem Toten. Das war vor Jahrzehnten in Moskau im Park Kolomenskoje. Ich ging einfach nur spazieren und da zog plötzlich eine Trauergemeinde mit einem offenen Sarg an mir vorbei. Ich war geschockt und – zugegeben – auch entsetzt. In Russland ist das aber völlig normal: Bis zur Einäscherung oder Beerdigung ist der Sarg offen und jeder tritt noch einmal zu dem Toten und verabschiedet sich von ihm. Der Umgang mit dem Tod hat hier etwas Natürliches – man zeigt offen seine Gefühle und zugleich ist der Ablauf bei der Trauerfeier und später am Grab so etwas wie die Fortsetzung des normalen Lebensablaufs. So wird direkt am Grab gegessen und getrunken. Bei der Totenfeier bekommt der Entschlafene ein Glas Wodka an seinen Platz auf dem Tisch gestellt, zugedeckt mit einem Stück Brot. Dadurch wird seine Anwesenheit betont – er ist zwar tot, aber mitten unter den Trauernden. Nach orthodoxem Ritus zieht die Trauergemeinde am neunten und am 40. Tag und dann genau ein Jahr nach dem Ableben erneut zum Friedhof. Außerdem gibt es mehrmals im Jahr sogenannte „Elternsamstage", an denen die Gräber besucht und gepflegt werden. Für all diese Gedenkfeiern stehen an den Gräbern kleine Tische und Bänke. Wer über einen russischen Friedhof geht, sieht oft Überbleibsel dieser kleinen Trauerversammlungen – etwa ein Glas Wodka mit Brot oder ein Ei. Nach den Feiern ertrinken die Friedhöfe in einer Flut von Blumen und Kränzen.

Susanne Brammerloh

Der Alltag von A bis Z

◁ Ein Päuschen in Ehren kann niemand verwehren –
erst recht nicht hoch oben auf einem Hafenkran (Foto: 009ru-ld)

Arbeitsleben

Die Eckdaten zum Thema Arbeitsleben sind schnell aufgezählt: Die **Arbeitswoche** beträgt in Russland 40 Wochenstunden, es gilt im Allgemeinen die Fünftagewoche. Der bezahlte, gesetzlich festgelegte **Urlaub** beträgt 28 Kalendertage, also etwas weniger als z. B. in Deutschland. Der **Mutterschutz** beginnt 70 Tage vor der Geburt des Kindes und endet 70 Tage danach. Die Frau hat das Recht, nach der Geburt bis zu drei Jahre ihre Berufstätigkeit auszusetzen.

Jenseits dieser festen Rahmenbedingungen wird es allerdings spannend, denn in Russland herrscht am Arbeitsplatz immer noch ein großer **Improvisationsgeist.** Natürlich gibt es festgelegte **Arbeitszeiten** – in Büros beginnt der Werktag gewöhnlich um 10 Uhr am Morgen und endet um 18 Uhr. Für deutsche Ohren klingt das unverschämt spät. Die Anlaufzeit am Morgen dauert in Russland in jeder Beziehung länger – vor 10 Uhr wagt es niemand, irgendjemanden mit irgendetwas telefonisch zu belästigen, auch beruflich nicht (dabei ist es völlig normal, noch um Mitternacht bei Bekannten anzurufen und zu plaudern oder um Rat zu fragen). In Moskau bedurfte es sogar eines Sonderbefehls von ganz oben, um die Beamten schon ab 9 Uhr hinter ihre Bürotische zu bringen. Dies war allerdings keine Maßnahme gegen Spätaufsteher oder den Schlendrian, sondern sollte helfen, die notorischen Staus im Berufsverkehr zu entschärfen.

Ja, der **Schlendrian** ... der blüht und gedeiht noch immer. Er ist ein Erbe aus Sowjetzeiten, als der Gang zur Arbeit für viele Menschen eher eine Formsache war. NICHT arbeiten durfte man (bei Androhung von Lagerhaft!) nicht, aber oft war einfach nicht genug Arbeit da und die Menschen verrichteten völlig überflüssige Dinge oder tranken den ganzen Tag Tee an ihrem Arbeitsplatz.

Das ist heute natürlich anders – jetzt werden die kapitalistischen Grundsätze von **Entlohnung nach Leistung** gehandhabt. Aber am Morgen zu spät zur Arbeit kommen oder zwischendurch mal weggehen, um etwas zu erledigen – wie etwa einen Gang zur Behörde oder einen Arztbesuch –, das ist Gang und Gäbe und völlig normal. Zumal die verpasste Zeit dann meist am Abend oder am Wochenende nachgesessen wird. Faul sind die Arbeitnehmer in Russland sicher nicht – sie haben ein Feingefühl dafür, wann im Job etwas lascher zu handhaben ist und wann in die Hände gespuckt und angepackt werden muss. Diese Art von **„Flexibilität"** macht es ausländischen Arbeitgebern, die an feste Regeln gewöhnt sind, schwer. Sie bedeutet aber auch eine durchaus liebenswürdige, weil **menschliche Umgangsweise mit dem Berufsleben.** In Russland gilt weniger: „Ich lebe, um zu arbeiten", als vielmehr: „Ich arbeite, um zu leben."

Extrainfo 13 (s. S. 11): Website mit umfangreichen und detaillierten Infos rund um das Leben in Russland sowie vielen Kultur- und Lesetipps

Die gemeinsame Zigarettenpause und der Plausch bei Tee oder Kaffee unter Kollegen ist nicht nur eine Spielart der Ablenkung von der Arbeit, sondern oft auch eine Ideenbörse für die Weiterentwicklung der Firma und eine Plattform, von der aus Probleme im Kollektiv angegangen und möglicherweise sogar aus der Welt geschafft werden.

Was in Russland auffällt: Jobs werden relativ schnell angenommen und wieder aufgegeben. Die gesetzlichen **Kündigungsfristen sind sehr kurz** (zwei Wochen bis ein Monat) und selbst die werden oft ignoriert, weil man sich mit dem Chef meist arrangiert. Diese Fluktuation hat mehrere Gründe. Zum einen hängt sie mit der **mangelnden Zukunftsgewissheit** zusammen, die allerdings nicht verwundern darf, wenn man bedenkt, welche Krisen das Land nach dem Zusammenbruch der Sowjetunion durchmachen musste. Russen denken im „Jetzt" und nicht im „Morgen", ein Planungshorizont entwickelt sich erst allmählich. Ein zweiter Grund. Wenn der potenzielle neue Boss **mehr Geld in Aussicht** stellt, wird der alte schnell links liegengelassen. Zumal viele Menschen sowieso auf **zwei oder gar drei Stellen gleichzeitig** arbeiten, weil sie sonst finanziell überhaupt nicht über die Runden kommen.

Alkohol, Rauchen, Drogen

Was die **Rauschmittel** betrifft, gehört Russland zu den **Weltmeistern** – in kaum einem anderen Land wird so viel Alkohol getrunken und Tabak geraucht. Russland hat durch seine Nähe zu Afghanistan auch so etwas wie einen „Direktanschluss" an schier unerschöpfliche Drogenquellen.

Alkoholmissbrauch als Nationalkrankheit

„Und wenn man die weite Welt ringsum umschritte, nirgends fände man eine so abscheuliche, widerliche und furchtbare Trunksucht wie hier in Russland."
Juri Krischanitsch (Chronist aus dem 17. Jahrhundert)

Das größte und drängendste Problem Russlands war, ist und bleibt der Alkoholmissbrauch – wie das Zitat oben zeigt, war das auch vor 400 Jahren nicht anders ... Die aktuellen Zahlen vermitteln ein trauriges Bild: Heute sind fast drei Millionen, inoffiziell sogar rund sieben Mal mehr Russinnen und Russen **Alkoholiker.** Die Folgen: Krankheit, Tod, Verwahrlosung, Gewalt, Kriminalität sowie niedrige Fruchtbarkeit und Lebenserwartung bei Männern. Zu Sowjetzeiten versuchte der Staat, das Problem durch **Verbo-**

082ru-ra

te in den Griff zu bekommen. Aber Zwangsabstinenz-Aktionen, wie etwa die von *Michail Gorbatschow* 1986, führten lediglich zu einem gewaltigen Anwachsen des Schwarzmarktes. Gleichzeitig sank die Qualität des russischen Wodkas und die Importe nahmen zu. Schwarz gebrannter und gepanschter Wodka führte zu vielen Vergiftungen.

Gorbatschows Radikalmaßnahme wurde damals schnell abgeblasen, aber in letzter Zeit werden wieder Überlegungen angestellt, wie dem hartnäckigen Übel beizukommen sei. Einen Anfang machte die **Begrenzung der Verkaufszeiten** für „harten Stoff": Inzwischen ist es landesweit verboten, vom späten Abend bis zum Morgen Hochprozentiges in Geschäften zu verkaufen. In der Regel gilt das Verbot zwischen 22 und 11 Uhr, die Regionen haben aber das Recht, die genauen Zeiten selbst festzulegen. Eine Gesetzesnovelle hat inzwischen auch das **Bier** als alkoholisches Getränk qualifiziert. Fast unvorstellbar: Jahrzehntelang galt Bier in Russland nicht als Alkohol!

Der Staat hatte sich 2010 auf die Fahnen geschrieben, den Konsum von **damals 18 Litern reinem Alkohol pro Kopf** und pro Jahr (das Doppelte dessen, was die Weltgesundheitsorganisation WHO als Höchstgrenze ansieht, damit eine Nation nicht gesundheitlich degeneriert!) bis 2020 **auf 8,5 Liter zu senken.** Zum Maßnahmenkatalog gehören neben der Ausweitung der Verkaufsbegrenzungen ein Verbot für versteckte Spirituosenwerbung, strengere Regeln beim Verkauf an Minderjährige und eine Absage an Wein- und Bierfestivals. 2013 wurde ein Absinken des Konsums auf 13,5 Liter verkündet. Für **Autofahrer** gelten 0,3 Promille als Grenze, davor hatte es mehrere Jahre absolutes Alkoholverbot am Steuer gegeben.

⌃ Muss es gleich ein Fass sein? Der Alkoholkonsum bekommt Russland nicht gut.

Ohne Zigarette geht nichts, oder doch?

Der Glimmstängel – in Westeuropa nicht mehr salonfähig und nahezu verpönt – hält Russland bis heute in seinen Klauen. Aber das soll sich ändern – die **Antitabak-Politik** wird immer restriktiver. Zigarettenpackungen dürfen in Geschäften nicht mehr sichtbar angeboten werden, sie liegen nun hinter Rollos oder Vorhängen verborgen. Auch wird das Rauchen in der Öffentlichkeit immer stärker eingeschränkt. Inzwischen darf die Polizei Menschen in Gewahrsam nehmen, die sich weniger als 15 Meter vor dem Eingang zu U-Bahn-Stationen, Bahnhöfen usw. eine Zigarette anstecken. Seit dem 1. Juni 2014 darf auch in Restaurants und Cafés nicht mehr gequalmt werden. Das ist ein mutiges Vorgehen in einem Land, das mit dem Nikotinkonsum stets sehr leichtfertig und tolerant umgegangen ist. Die Umsetzung der neuen Regeln wird dementsprechend schwer werden.

Auch die **Zigarettenpreise** ziehen mächtig an – vorbei sind die Zeiten, als die Packung etwa einen halben Euro kostete. Natürlich sind die russischen Preise immer noch sehr weit vom westeuropäischen Standard entfernt, aber sie steigen stetig und es ist erklärte Staatspolitik, sie den in der EU gängigen Tarifen irgendwann anzugleichen. Bedenkt man die im Vergleich zu Westeuropa wesentlich geringeren Löhne und Gehälter, wird schnell klar, wie herb der finanzielle Einschnitt im Privatbudget aussehen wird.

Was die Raucherstatistik angeht, sind die Zahlen tatsächlich erschreckend – in Russland **rauchen etwa 44 Millionen Menschen, also mehr als ein Viertel der Bevölkerung.** Es qualmen 65 Prozent aller Männer und 30 Prozent aller Frauen, sogar viele Schwangere lassen nicht von ihrer schlechten Angewohnheit. So verwundert es nicht, dass die Gesundheitsbehörder errechnet haben, dass in Russland jährlich 400.000 Menschen an den Folger von Nikotinkonsum sterben.

Drogen: Apocalypse now

100.000 Russen unter 30 Jahren **sterben** jedes Jahr an **Drogensucht,** lautete Ende 2010 eine traurige Nachricht der russischen Drogenbehörde. Ihr Chef bezeichnete die Situation dabei als **„Rauschgiftapokalypse".** Damit setzten die Drogenbekämpfer ihren bisher angenommenen statistischen Mittelwert gleich um das Dreifache höher an, denn vorher war man von 30.000 Drogenopfern ausgegangen. In Russland sollen **2,5 Mio. Drogenabhängige** leben, offiziell registriert ist ein Viertel von ihnen. Unter den Todesopfern sterben die meisten an einer Überdosis **Heroin** aus Afghanistan oder an **Desomorphin,** das sie sich aus frei in Apotheken erhältlichen Präparaten selbst zusammenstellen.

Radikalentzug im Ural: ans Bett fesseln!

In Nischni Tagil im Ural erregte 2010 ein ungewöhnlicher Prozess Aufsehen. Mitarbeiter der Stiftung „Stadt ohne Drogen" mussten ins Gefängnis, weil sie beim Drogenentzug zu rabiaten Mitteln gegriffen hatten: Sie hatten die Patienten an ihre Betten gekettet, damit sie sich der Therapie nicht entziehen konnten. Wegen Freiheitsberaubung gab es mehrere Jahre Haft. Laut Staatsanwaltschaft hatten die drei jungen Männer mit Eltern von Drogenabhängigen Verträge abgeschlossen: Für 25.000 Rubel (rund 800 Euro) übernahmen sie den Drogenentzug in einem „Rehabilitationszentrum".

Die „Therapie" sei jedoch menschenunwürdig gewesen, hatten sich Expatienten beschwert: Sie sollen an ihre Betten gefesselt nur Brot, Knoblauch und Wasser als Nahrung bekommen haben. Brisanz erhielt der Fall dadurch, dass die „Therapeuten" von der orthodoxen Kirche, von Eltern ehemaliger Patienten, der lokalen Musikszene und sogar einem ehemaligen Duma-Abgeordneten Unterstützung bekamen. Außerdem hatten viele Betroffene und Angehörige erklärt, die „Drogentherapie a la Ural" sei sehr wirkungsvoll gewesen. Die Rechtsanwälte der Verurteilten hatten gar die Behauptung aufgestellt, es gäbe keine Alternative zu der Methode der Stiftung „Stadt ohne Drogen".

Wie viele Drogenabhängige es tatsächlich gibt, ist kaum statistisch zu erfassen. So sprach 2014 ein hochrangiger Staatsbeamter von 8,5 Millionen Menschen, die „ab und an" zu Haschisch, Marihuana oder synthetischen Rauschmitteln greifen.

Gesundheit

„Geschenke dankbarer Patienten verkaufe ich weiter, um ein paar Tausend Rubel dazuzuverdienen."
Eine russische Internistin auf die Frage, wie sie mit ihrem geringen Lohn über die Runden kommt

Theoretisch müsste das russische Gesundheitssystem den Bürgern das Paradies auf Erden bieten, garantiert es doch jedem umfassende und **kostenlose medizinische Versorgung.** Ein Arbeitnehmer braucht sich keine Gedanken zu machen, wie hoch die Kassenbeiträge sind, denn er zahlt nichts dazu – dieses „Vorrecht" haben der Staat und die Arbeitgeber. Soviel zur Theorie …

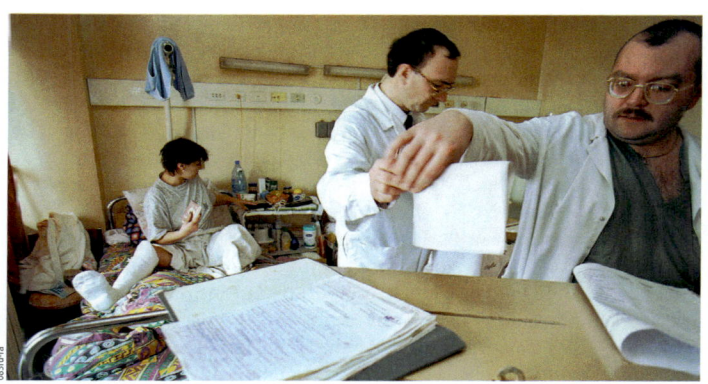

n Wirklichkeit sieht alles ganz anders aus: **Unterversorgung, schlecht bezahlte Ärzte, überfüllte Kliniken, Medikamentenmangel** usw. usf. prägen den Alltag der Gesundheitsversorgung in Russland. Die Misere ist so groß, dass vor einigen Jahren sogar ein eigenes nationales Programm zur Verbesserung der Lage aufgelegt wurde. *Wladimir Putin* bescheinigte 2010 dem System einen **„miserablen Zustand".** Er formulierte es so: „Mehr als 30 Prozent aller medizinischen Einrichtungen in Russland sind in baufälligem Zustand oder bedürfen einer Sanierung ... Vielen Kliniken und Krankenhäusern mangelt es an Gerät, um ärztliche Hilfe entsprechend der modernen Anforderungen zu leisten." Dem wollte die russische Regierung abhelfen (zum x-ten Mal, sei hinzugefügt) – **7,5 Mrd. Euro werden seit 2011 in grundlegende Reformen gesteckt,** die zur Gesundung des lahmen Patienten führen sollen, weitere 3,6 Mrd. Euro sind für bessere Medikamente und Lebensmittel in medizinischen Einrichtungen und die Gehälter des Personals vorgesehen.

Die Faustregel in Russland lautet: **„Bloß nicht krank werden!"** Solange es nichts Ernstes ist und mit Hausmittelchen kuriert werden kann, meidet jeder vernünftige Mensch den **Gang zum Arzt.** Denn in der Poliklinik, wo unter einem Dach verschiedene Fachärzte zusammengeschlossen sind und die Patienten ambulant behandelt werden, warten auf den Kranken lange Schlangen vor der Anmeldung und dem Arztzimmer, meist mürrisches Personal und veraltete Gerätschaften. Die Medikamente, die er

⌃ Neben Ärzten und Personal sind in russischen Kliniken auch die Angehörigen gefordert – als Überbringer von Arzneien und Proviant für die Patienten

verschrieben bekommt, muss er größtenteils selbst bezahlen, es sei denn, er gehört zu den begünstigten Bevölkerungskategorien (Rentner, Kriegsveteranen, „Invaliden"). Ein weiteres Ärgernis ist die Lauferei von einem Arzt zum anderen. Mit jedem Wehwehchen gehen die Leute zuallererst zum „Therapeuten", soll heißen: zum Allgemeinmediziner. Der schickt sie weiter zum Röntgen, zur Blutabnahme, möglicherweise zum Neurologen. Danach geht es wieder zum Ausgangsarzt. Wurde etwas gefunden, geht die Rennerei weiter zu den nächsten Fachärzten. Zu jeder dieser „Prozeduren" muss der Patient sich neu anmelden, dann wieder Schlange stehen. Kurzum: Nervenaufreibend und zeitfressend ist so ein Arztbesuch.

Macht die Diagnose einen **Krankenhausaufenthalt** nötig, wird es noch schlimmer (und teurer). Trotz verfassungsmäßig verbriefter Rechte auf umfassende Versorgung muss sich die Familie des Patienten darauf einstellen, ihn jetzt täglich mit Essen zu versorgen (die Verpflegung im Krankenhaus ist meist mangelhaft) und alle Medikamente, die für die Behandlung nötig sind, selbst zu kaufen und den Ärzten zu übergeben. Soll der Arzt mehr Sorge walten lassen, muss er mit „Geschenken" bei Laune gehalten werden – traditionell sind das **guter Cognac und teure Pralinen,** aber auch **Bares** wandert über den Tisch. Dabei sind die Ärzte meist keine gierigen Monster – sie werden derart schlecht bezahlt, dass diese „Gaben" ihnen elementar den Lebensunterhalt sichern (siehe obiges Zitat).

Natürlich gibt es auch andere Wege zu guter Behandlung, aber die können sich die allermeisten Menschen in Russland schlichtweg nicht leisten. Gegen Bargeld gibt es sowohl ein Einzelzimmer als auch die perfekte Verpflegung und Untersuchungen mit modernstem Gerät. Private Polikliniken mit feinster Ausstattung sind allerdings nur gegen entsprechende Bezahlung aufzusuchen.

Neben der **Pflichtkrankenversicherung** gibt es inzwischen jede Menge **Privatversicherer.** Wer allerdings umfassend versorgt werden will, muss sehr viel Geld hinblättern. Hat sich jemand für relativ humane Summen nur für ambulante Behandlungen versichert, kann es passieren, dass er die Versicherungssumme früher aufbraucht, als seine Versicherung läuft (im Regel ein Jahr). Wenn das passiert, muss er die Behandlung entweder selbst zahlen oder vorzeitig die Versicherung verlängern.

▷ Nach einem Banja-Gang in ein Eisloch springen ist nicht schwer. Echte russische Abhärtungsfreaks (sog. „Walrosse") gehen im Winter aber auch ohne vorheriges Aufheizen schwimmen.

Hygiene

„Meine Freunde und ich haben die Gewohnheit, jedes Jahr zu Silvester in die Banja zu gehen ..."
Aus dem Kinofilm „Die Ironie des Schicksals"

Duschen und Baden ist profan, ebenso ist es mit einem Saunabesuch. **Das russische Dampfbad** ist dagegen etwas ganz Besonderes. Es dient nicht nur der Sauberkeit, sondern ist eine **soziale Institution.** Dies deutet der Satz aus dem sowjetischen Kultfilm „Die Ironie des Schicksals" (der an jedem 31. Dezember im Fernsehen läuft) schon an: Da gehen vier alte Moskauer Freunde in die **Banja,** um sich das alte Jahr vom Pelz zu waschen und wie neugeboren in das neue einzutreten. Einer von ihnen muss nach dem Dampfbad nach Leningrad fliegen. Leider trinken sie zu viel und am Flughafen setzen sie den Falschen in den Flieger. Nach einer wunderbaren Kette an Verirrungen und Verwirrungen findet er zum Schluss seine große Liebe. Da sage mal einer, die Banja sei nicht gut für die Gesundheit ...

Das Geheimnis des russischen Schwitzbades sind die **Aufgüsse.** Anders als in der finnischen Sauna wird hier nämlich Wert gelegt auf feuchten Dampf. Wenn sich das Volk in dem niedrigen und halbdunklen Raum mit Holzbänken versammelt hat, wird eine meist fürchterlich quietschende Eisentür in der Wand geöffnet, hinter der große Steine liegen. Mit einem kleinen Schöpfkelch an langer Stange wird aus einer Waschschüssel heißes Wasser auf die Steine gegeben. Es zischt und dampft und wird immer hei-

ßer auf den Bänken. Zum Schluss gibt es ein paar Tropfen Eukalyptus oder Minze in kaltes Wasser, das mit viel Schwung an die Wände befördert wird, um „den Dampf abzusenken". Ein paar Minuten sitzen alle still und dann beginnt etwas, das westeuropäischen Gemütern beim ersten Mal sicher einen ausgewachsenen Schock bereitet: Mit **Bündeln aus Birken- oder Eichenzweigen** (*wenik* genannt), die vorher wohlweislich in kochend heißem Wasser gelegen haben, damit sie schön geschmeidig werden, schlagen sich die Banja-Besucher auf Arme, Beine, Bauch, Rücken und Gesäß, dass die Blätter fliegen. Das höchste Glücksgefühl kommt auf, wenn die Banknachbarn sich gegenseitig „auspeitschen" – da wird der Raum dann von wohligem Gestöhne und Gejauchze erfüllt. Wer jetzt denkt, es handele sich um eine Versammlung von Sadomasochisten oder religiösen Eiferern, liegt völlig falsch. Das Rutenschlagen erhöht die **Blutzirkulation, öffnet die Poren** und weist dem Dampf seinen reinigenden Weg. Ist das **Wenik-Ritual** zu Ende, muss noch in einen großen Bottich mit eiskaltem Wasser eingetaucht werden. Im Winter auf dem Land wird der Bottich durch Wälzen im Schnee oder einen Sprung ins Eisloch ersetzt.

Die Russen schwören auf diesen **Gesundbrunnen** und nicht umsonst hängt in so manchem Ruheraum einer Banja ein Schildchen mit der Aufschrift „Wenn du in der Banja schwitzt, wirst du hundert Jahre alt" an der Wand. Aber leider fördert die Banja nicht immer die Gesundheit. Es gibt nämlich neben aromatischen Aufgüssen und geöffneten Poren die dumme Angewohnheit, die Prozedur mit Bier (und Wodka) zu polieren – besonders unter Männern, Frauen bevorzugen eher Tee und Wasser zur Wiederherstellung der Flüssigkeitsbalance. Solch ein Schwitzbadbesuch endet nicht selten in einer **handfesten Trinkerei** ... und dann kann es schon mal passieren, dass der Falsche in den Flieger steigt ...

Freizeit und Urlaub

Die allermeisten Russen verbringen ihren Urlaub auf der **Datscha,** ihrem Häuschen auf dem Lande (s. a. Kapitel „Landbewohner auf Zeit: Die Datschniki"). Neben der frischen Luft und dem Gemüseanbau erfüllt das Häuschen auf dem Dorf auch **soziale Aufgaben,** denn der Umgang mit den Datscha-Nachbarn ist für die kontaktfreudigen Russen schon der halbe gelungene Urlaub. Man lädt sich gegenseitig ein und isst und trinkt zusammen – beides natürlich reichlich.

Was Urlaubsfahrten angeht, so liegt die einst beliebte **Schwarzmeerküste** mit ihren Badeorten heute im Hintertreffen. Die **„sowjetische Riviera"** diente als Ersatz für die nicht erlaubten Auslandsfahrten. Diese Zeiten sind

---

Extrainfo 14 (s. S. 11): Reportage über „Roofing" sowie S- und U-Bahn-Surfen, die gefährlichen Extremsportarten junger Moskauer

vorbei, heute sind „die Russen" an allen Badeorten der Welt anzutreffen, von Mallorca über Ägypten bis nach Goa. Leider machen sie sich dort bei Weitem nicht immer beliebt – durch ihr arrogantes Großmannsauftreten sind besonders die neureichen „Neuen Russen" vielen ein Dorn im Auge. Sie reihen sich damit in die traditionell unbeliebten Urlaubernationen der Briten und der Deutschen ein.

Ein **Ferienflug** ins Ausland ist zumindest für mittelgut Verdienende längst kein Luxus mehr, sondern gehört zum Alltag. Weit verbreitet ist auch der **Bildungstourismus,** der zumeist Richtung Westen und dort in die großen Kulturmetropolen führt. Hart im Nehmen, wie sie sind, muten sich die Russen für eine große Rundfahrt auch schon mal zehntägige Busreisen zu, bei denen etwa ein Drittel der Nächte tatsächlich im Bus verbracht wird. Diese „Touren", wie sie im russischen Reisebürojargon heißen, sind auch etwas für den schmaleren Geldbeutel und besonders bei der gebildeteren Schicht äußerst beliebt.

Was die Freizeit betrifft, sind die Russen sehr gesellig. Man trifft sich gern mit Freunden und zum *choroscho otdochnut* (in etwa „Sich-vernünftig-Erholen") gehören immer genug **Alkohol** und eine große Portion selbst gegrilltes **Schaschlik.** Im Sommer geht es **raus in die Natur,** etwa an den nächsten Badesee oder an einen Flussstrand. Wozu braucht der Mensch Sotschi oder die Malediven, wenn es billig und lustig auch vor der eigenen Haustür zugehen kann?

Diese Freizeitaktivitäten sind natürlich eher für das Wochenende gedacht. An Werktagen ist des Russens liebste Abendbeschäftigung das **Fernsehen.** Darin unterscheidet er sich keineswegs von seinem deutschen Zeitgenossen. Die Jugend hängt inzwischen mehr vor dem **Computer** und kommuniziert sich dort in den **sozialen Netzen** „vkontakte" („InKontakt") und „odnoklassniki" („Mitschüler") die Finger wund. Auch in Russland ist Bloggen und Twittern inzwischen virtueller Nationalsport.

Sport

Sportlich ist Russland eine **Großmacht,** auch wenn die exorbitanten Leistungen, die Sowjetsportler einst aufs Tapet legten, längst Vergangenheit sind. Dabei hat Russland gegenwärtig die besten Gelegenheiten, seinen sportlichen Ambitionen neue Impulse zu verleihen: **2014** wurden in Sotschi am Schwarzen Meer die **Olympischen Winterspiele** ausgetragen, dann geht **2018** die **Fußballweltmeisterschaft** über die Bühne. Hatten die russischen Wintersportler 2010 aus Kanada nur 15 Medaillen, davon drei goldene, nach Hause gebracht, räumten sie in Sotschi ab und gewannen

Ex-Volkssport Gorodki:
mit Stöcken gegen Maschinengewehre

Ob Sumo-Ringen in Japan, Baseball in den USA oder Waffenlauf in der Schweiz: Viele Länder haben – wie der Biologe sagen würde – „endemische" Sportarten. Auch Russland hat etwas Eigenes zu bieten: Der fast vergessene Nationalsport Gorodki ist eine Art Kegeln mit geworfenen Stöcken.

Wo und wann Gorodki erfunden wurde, kann niemand sagen. Wahrscheinlich hatten schon Steinzeitmenschen ihren Spaß daran, mit Stöcken Zielwurfübungen zu machen. Warum die Urslawen später nicht zu Kugeln übergingen und ihre Version von Bowling, Boccia oder Boule entwickelten? Vielleicht lag es daran, dass es in ihren sumpfigen Weiten an ebenen und festen Flächen fehlte.

Jedenfalls blieb man in Russland dem Stockwurf treu: Ob Peter der Große, Tolstoj oder Stalin – sie alle versuchten in Frischluftmußestunden, mit einer ausholenden Bewegung den „Bit" genannten Schläger auf fünf zu bestimmten Figuren aufgebaute Holzklötzchen zu schleudern. Nur mit Glück – oder Können – gelingt es, alle fünf 20 cm langen Gorodki mit einem Schlag vom „Platz" zu fegen. Was liegen oder stehen bleibt, muss mit weiteren Würfen aus halber Entfernung abgeräumt werden. Dann kommt die nächste von insgesamt 15 Figuren an die Reihe.

Erst 1923 war mit der jungen Sowjetmacht Ordnung in das urige Volksvergnügen gekommen: Zum ersten Allunionswettbewerb in Moskau wurden feste Regeln aufgestellt, im Prinzip gelten sie bis heute. Viele der 15 Klötzchenkompositionen als Wurfziele atmen deshalb noch immer den Geist der Revolution: Es gilt, eine Kanone, das Maschinengewehr, die Artillerie und auch ein Flugzeug abzuschießen. Nach dem Zweiten Weltkrieg war Gorodki nach Fußball noch die zweitpopulärste Sportart in der Sowjetunion. In vielen Parks, Erholungsheimen, Jugendlagern und sogar in Fabriken gab es Gorodki-Bahnen – heute sind gepflegte Anlagen wie jene an den Mauern der Peter-Pauls-Festung in St. Petersburg eine echte Ausnahme. „Vor 40 Jahren gab es noch Hunderttausende aktive Spieler", so der Vorsitzende des Gorodki-Weltverbands, Jewgeni Artamonow aus St. Petersburg. „Jetzt sind in Russland vielleicht noch 20.000 übrig."

Warum Gorodki so aus der Mode kam, vermag niemand so recht zu erklären. Edwin Feser glaubt an ein „Problem ästhetischer Art": Die bis zu fünf Kilogramm schweren metallbeschlagenen Holzprügel sehen ziemlich brutal aus. Außerdem überfordern sie Kinder und schrecken Frauen ab. „Dabei ist Gorodki der ideale Breitensport für alle Altersklassen und dazu fast ohne Verletzungsrisiko", meint Feser. Er selbst lernte Gorodki noch

in der Sowjetunion kennen, bevor er nach Deutschland aussiedelte. Als Berufsschullehrer und Jugendarbeiter kam Feser dann die Idee, Gorodki-Bits als Lehrobjekte herzustellen – und mit dem ebenso alten wie exotischen Sport ein Identifikations- und Integrationsprojekt für russlanddeutsche Jugendliche aufzubauen: 2001 entstand deshalb in Karlsruhe die erste Gorodki-Anlage Deutschlands. 25 Jugendliche kommen regelmäßig zum Training. „Sonst stünden die vielleicht mit Stöcken auf der Straße", so Feser lakonisch.

2003 wurde in St. Petersburg erstmals ein russisches Gorodki-Turnier mit in Karlsruhe entwickelten Kunststoffschlägern ausgetragen. Sie wiegen nur 1,5 Kilogramm und machen weniger Krach beim Aufschlag. „Diese neuen Bits sind ein wichtiger Schritt, um Gorodki international und unter den breiten Massen populär zu machen", lobte Verbandschef Artamonow die Innovation made in Germany. Erfinder Feser sieht seine „Revolution" aber noch nicht am Ende: Sein Ziel ist ein transparenter Bit – am besten von innen leuchtend. Ohne TV-tauglichen Showeffekt habe schließlich keine neue Sportart mehr eine Chance, meint er. Solche Schläger würden dann wie Darth Vaders Laserschwert durch die Luft schwirren. Wenn das mal die alten Slawen sähen …

⌃ Einen Augenblick später kracht der geschleuderte Prügel in die weißen Hölzchen. Gorodki gehört definitiv nicht zu den leisen Sportarten.

086ru-ld

13 goldene, 11 silberne und 9 bronzene Medaillen und erzielten damit das beste Ergebnis aller teilnehmen Nationen.

Was das zweite Weltevent – die Fußball-WM – angeht, so kam die Entscheidung für Russland für die Weltöffentlichkeit überraschend. Berücksichtigt man aber die **Politik des Fußballweltverbands FIFA,** das „Spiel Nr. 1" gerade dort zu popularisieren, wo es mit der Infrastruktur noch hakt, ist die Vergabe nach Russland logisch und folgerichtig. Es steht allerdings eine titanische Arbeit an: Praktisch alle Stadien müssen erst noch gebaut werden, es bedarf Milliardeninvestitionen in die Infrastruktur, damit zwischen Kaliningrad und dem Ural, zwischen der Ostsee und dem Schwarzen Meer 2018 der Ball laufen kann.

Fußball ist auch in Russland die beliebteste Sportart. Um sich Westeuropa anzupassen, wird seit August 2012 nach dem bisher üblichen System Herbst-Frühjahr gekickt, also nicht mehr nach dem Schema Frühjahr-Herbst. Die Umstellung wird nach wie vor heftig kritisiert, denn mit seinem rauen Klima ist Russland nicht gerade ein Paradies für winterliche Fußballmatchs.

Internationale Einschätzungen sehen die **russische Premierliga,** das Oberhaus des Fußballs, auf Platz sechs nach den europäischen Topligen. Es wird jede Menge Geld in Elitevereine wie die **Moskauer Clubs ZSKA, Spartak, Lokomotive, Dynamo** und **Zenit St. Petersburg** gesteckt, ähnliche Projekte mit kaukasischen Vereinen wie **Anschi Machatschkala** und **Terek Grosny** scheiterten. Das viele Geld und **die teuren Einkäufe von Legionären** haben den russischen Fußballbossen im Ausland bereits das Renommee von Pfeffersäcken und Nimmersatts eingebracht. Die Erfolge, die mit diesen „Finanzspritzen" erzwungen werden sollen, nehmen sich bisher noch gering aus. ZSKA und Zenit gewannen 2005 und 2008 den **UEFA-Pokal,** ZSKA kam 2010 bis ins Viertelfinale der Champions League. Das muss noch deutlich besser werden. Auch weil Russland sich auf die

Fahnen geschrieben hat, 2018 nicht nur die WM auf höchstem Niveau auszutragen, sondern auch in einem Aufwasch den Pott zu holen ...

Der Spitzensport erfreut sich also in weiten Teilen guter finanzieller Unterstützung von Staat und Privatsponsoren. Der **Breitensport** dagegen, der zu Sowjetzeiten den Nachwuchs für die (ideologisch begründeten) ambitionierten sportlichen Ziele heranzog, ist nach dem Zusammenbruch der UdSSR und in der anschließenden allumfassenden Krise stark **ins Hintertreffen geraten.** Bis heute wird an seinem Wiederaufbau gedoktert. Flächendeckende „Vereinsmeierei", wie es in Deutschland üblich ist, gab es in Russland aber auch unter der kommunistischen Herrschaft nicht.

Aber wo treibt das „gemeine Volk" denn seinen Sport? Neben dem Gekicke auf einem öffentlichen Platz oder der wöchentlichen Zusammenkunft von Berufskollegen beim Volleyball in der Halle gibt es jede Menge sogenannte **„Sektionen"** für Kinder und Jugendliche. Da ist die ganze Bandbreite zu finden, von Ballspielen bis hin zu den Kampfsportarten. Apropos **Kampfsportarten** – kein anderer als **Wladimir Putin propagiert Judo,** wo immer er kann. Selbst ein *dan* („Meister"), hat er vor wenigen Jahren sogar eine eigene Schulungs-DVD aufgelegt. *Putin* zeigt den Russen bei jeder Gelegenheit, wie wertvoll es ist, sportlich fit zu sein – ob mit nacktem Oberkörper beim Ausritt oder am Steuer eines Formel-1-Rennwagens. Er will seinen Russen „die körperliche Faulheit" abgewöhnen, erklärt er seine Mission.

Beliebt sind in Russland auch **Volksläufe** – von Frühjahr bis in den Herbst auf der Straße, im Winter auf der Loipe. Und einen ganz besonderen Stellenwert hat traditionell das **Schachspiel,** das manche Zeitgenossen jedoch nicht als sportliche Ertüchtigung ansehen. Wie dem auch sei, gespielt wird in Sektionen aller Altersstufen und auch gern draußen in einer öffentlichen Grünanlage. Dort versammeln sich zumeist die gesetzteren Herren, um unter den neugierigen Blicken von interessierten Passanten die eine oder andere Partie zu spielen.

◁ Unter den russischen Fußballfans sind die Anhänger von Zenit St. Petersburg die treuesten – das Stadion an der Newa ist bei jedem Heimspiel gut gefüllt

Sprache und Schrift

Auf viele Ausländer wirkt die russische Schrift wie ein Buch mit sieben Siegeln – absolut unnahbar und grundsätzlich unlesbar. Dabei handelt es sich bei den **kyrillischen Schriftzeichen** doch „nur" um eine **Buchstabenschrift,** soll heißen: (Fast) jede Zeicheneinheit hat ihre Entsprechung und kann leicht in die uns vertrautere lateinische Schrift übertragen werden. Man braucht also keine Zeichensymbole zu lernen, wie es etwa im Chinesischen der Fall ist.

Die russische Schrift – **Kyrilliza** genannt – wird traditionell auf die im 9. Jahrhundert lebenden „Slawenapostel" *Kyrill* und *Method* zurückgeführt. Streng gesehen stimmt das aber nicht, denn die beiden schufen die **Glagoliza,** den Vorgänger der Kyrilliza. Die kyrillische Schrift entstand ein Jahrhundert später und ist nach ihrem Erschaffer *Kyrill von Saloniki* benannt. Ihr liegen griechische und glagolitische Schriftzeichen zugrunde.

Der reformwütige Zar *Peter I.* krempelte nicht nur Staat und Gesellschaft um, sondern verordnete im Jahre 1700 auch der russischen Schrift eine Erneuerung. Unter ihm wurde von dem bis dahin als Literatursprache geltenden Kirchenslawischen die sogenannte „Bürgerliche Schrift" abgeleitet, die eine **Vereinfachung und visuelle Anpassung an lateinische Schriftzeichen** brachte. 1918 folgte eine weitere Rechtschreibreform, mit der einige nicht mehr gebräuchliche Schriftzeichen abgeschafft wurden. Das Kyrillische gilt heute in der gesamten Russischen Föderation als **offizielle Amtsschrift.** Das heißt: Auch Turk- und andere nichtslawische Sprachen müssen mit kyrillischen Buchstaben niedergeschrieben werden.

Wer heute nach Russland kommt, hat es um Einiges leichter als zu Sowjetzeiten, denn im Stadtbild gibt es viele lateinische Schriftzüge – internationale Marken wie McDonald's und IKEA, um nur zwei Beispiele zu nennen, sind überall gleich gut zu erkennen, also auch in Russland. Leichter geht es auch im öffentlichen Nahverkehr zu – die Namen der Metrostationen sind inzwischen auch **in lateinischer (meist amerikanischer) Umschrift** angegeben und die Informationsstände der Tourismusämter halten **englische Erklärungen** parat.

Anglizismen durchdringen inzwischen auch die russische Sprache und bringen manchmal recht bizarre Konstruktionen hervor. Das als *ofis* bezeichnete Büro oder das *bisnes* („Geschäft") sind Beispiele der harmlosen Art. Gemein wird es, wenn englische Wörter mit russischen Endungen versehen hoch- und runterdekliniert oder -konjugiert werden. Ein schönes Exemplar aus dieser Kategorie ist *piarit*. Es ist ein Verb, das vom englischen PR, also Public Relation, abstammt. Es bedeutet so viel wie „PR machen". Mit Fortschreiten von Computer und Internet „vergewaltigen" besonders Ju-

Nicht stubenrein: die Sondersprache „Mat"

Wenn es um Sprache und Schrift geht, muss eine ganz spezifisch russische Erscheinung erwähnt werden: der „Mat", die russische Vulgärsprache. Die Bezeichnung ist vom Wort „Mutter" abgeleitet, deshalb wird der „Mat" im Deutschen meist als „Mutterflüche" wiedergegeben. Es geht beim „Mat" in erster Linie um die Verwendung von Wörtern für Geschlechtsorgane und das semantische Umfeld an damit zusammenhängenden Schlüpfrigkeiten. Diese Wörter werden dabei in einer schier atemberaubenden Bandbreite und Formenvielfalt eingesetzt. Ein Beispiel: Russisch ausgesprochen, verkommt das eigentlich harmlose englische „Who is Who" zu einer Obszönität sondergleichen. Warum? Weil „chu is chu" lautmalerisch den „chuj" bedient, also den Schwanz, das männliche primäre Geschlechtsorgan. Die Buchstabenfolge „chu" kann in unendlichen Variationen eingesetzt werden und jeder Russe versteht die Anspielung auf Anhieb. Es wird ja eigentlich gar nicht geschimpft, niemand hat „chuj" gesagt – aber alle wissen, was gemeint ist. Ähnlich sieht es mit den harmlosen Buchstaben „bl..." aus: Niemand hat „bljad'" gesagt (Nutte, Hure), aber alle haben es gehört.

In seiner gröbsten Variante wird der „Mat" als eigene Sprache verwendet: Es gibt Menschen, die sich über das Wetter oder die Monatskarte für die U-Bahn ausschließlich mit „Mat"-Ausdrücken unterhalten und darüber eine vollendete Konversation führen können. Erstaunlich, aber wahr. Und für den Nicht-Muttersprachler ein Rätsel, das er nie lösen wird.

Woher kommt der „Mat" eigentlich? Zu dieser Frage gibt es verschiedene Theorien. Eine These lautet, die Mongolen hätten die „Seuche" eingeführt, als sie im 13. Jahrhundert in Russland einfielen und es für 200 Jahre von der gesamteuropäischen Entwicklung isolierten. Heutige Sprachwissenschaftler sind anderer Meinung: Der „Mat" habe eindeutig slawische Wurzeln, sagen sie, er ist also ein „Eigenprodukt". Zu Sowjetzeiten war er verpönt und konnte gar gefährlich werden, denn für Mutterflüche setzte es sogar Haftstrafen. Heute, in den Zeiten der allgemeinen Zügellosigkeit, feiert der „Mat" ein geradezu monumentales Comeback. „Auf dass die Ohren verdorren", wie eine russische Redewendung es so schön treffend formuliert ...

Seit Juli 2014 gilt übrigens ein Gesetz, dass die Verwendung von „nichtnormativer" Lexik in den Medien und bei öffentlichen Aufführungen verbietet.

gendliche die „große und mächtige russische Sprache", wie es ihnen passt. Da das Russische in seiner Struktur wie ein riesiger Transformator daherkommt, kennt die Kreativität keine Grenzen. Das englische *to ban,* also jemanden z. B. in einem Internetforum sperren, wird dann im Handumdrehen zum Verb *banit'.* Dieses Beispiel für „Newspeak" ist auch semantisch interessant, denn der Anklang an die Banja, das Schwitzbad, führt weiter zu einer genuin russischen Redewendung: *„Idi ty w banju!"* muss sich ein Mensch anhören, der einem anderen auf die Nerven geht. „Geh in die Banja!", also: „Verzieh dich, verschwinde." Er wird sozusagen „gesperrt", „gebannt".

Während das Englische heute immer mehr in die russische Sprache eindringt, gab es ab dem **Beginn des 18. Jahrhunderts** eine vergleichbare Entwicklung mit dem **Deutschen.** *Peter I.* wollte sein Land nach Westeuropa öffnen und holte viele kluge Leute ins Land, zumeist aus Holland und den deutschen Kleinstaaten. Wörter wie *buterbrod, schlagbaum, absaz* und *parikmacher* (Frisör) haben bis heute ihren festen Platz in der russischen Sprache und versetzen jede neue Generation deutscher Slawistikstudenten in Begeisterung, wenn sie ihnen zum ersten Mal begegnen.

Telefon und Kommunikation

„Was, du hast nur EIN Handy?" Diese entsetzte Frage ist unter russischen Jugendlichen des Öfteren zu vernehmen. Denn längst reicht es nicht mehr, nur eins von diesen auf Schritt und Tritt aufdringlich dudelnden Dingern zu besitzen. Der Trend geht eindeutig zum „Zweithandy" – wobei ein einfaches *mobilnik,* das nichts kann außer eben als Telefon zu dienen, inzwischen verpönt ist. Wer keine Fotos schießen oder mal eben eine plötzlich auftretende Frage bei Google lösen kann, hat in den Augen seiner Umgebung schnell das Gesicht verloren.

Nichts ist schnelllebiger als die IT-Branche und Russland macht da keine Ausnahme. Hier läuft die Entwicklung noch viel rasanter als eh schon in der Welt, weil es eine Menge aufzuholen gibt. Wo vor 30 Jahren noch aus Angst vor den „Wanzen" des KGB beim „regimefeindlichen" Klönen in der Küche der Wasserhahn aufgedreht wurde und es vor 15 Jahren noch Wartelisten für Telefonanschlüsse gab, ist eine **Informationsrevolution** ohnegleichen ausgebrochen. Angesichts der Angebotsvielfalt im Internet ist die Annahme berechtigt, die wahre Presse- und Meinungsfreiheit herrsche mehr im virtuellen denn im realen Raum. Bei Twitter und Facebook, in den sozialen Netzwerken und den unzähligen Foren wird kein Blatt mehr vor den Mund genommen.

Laut einer Statistik von 2014 haben inzwischen **68 Prozent** der voll-jährigen Russen **Zugang zum Internet.** Während die Nachfrage in den Metropolen Moskau und St. Petersburg nahezu gesättigt ist, zeigen viele Regionen einen stürmischen Aufwärtstrend. Der Boom, der durch die Wirtschaftskrise 2008 zeitweilig gestoppt worden war, erfasst zurzeit Sibirien, Südrussland, den Nordkaukasus und die zentralen Regionen. Die Tendenz ist eindeutig – das Netz verbreitet sich von den jeweiligen Gebietszentren immer weiter in die tiefe Provinz. Ein **Internetanschluss** wird auch immer erschwinglicher – vor wenigen Jahren ein Luxus, ist er nun für immer breitere Bevölkerungsschichten zugänglich. Und wer zum Beispiel auf seiner Datscha hockt, wo der nächste Kabelanschluss Dutzende Kilometer weit weg ist, bedient sich des **mobilen Internets.** Die Sendemasten der drei größten Mobilfunkbetreiber **MTS, Megafon** und **Beeline** sind inzwischen auch in die letzten Winkel der tiefen Provinz eingedrungen und haben den ultimativen Link zur großen weiten Welt geschaffen.

Wohnen

Was Russlandneulinge immer wieder frappiert, ist der **eklatante Unterschied** im Zustand der allermeisten Hauseingänge und Treppenhäuser und der Wohnungen selbst, die dahinter liegen. Alles, was sich jenseits des eigenen Fußabtreters befindet, ignorieren die meisten Russen und empfinden es als fremdes, gar fast feindlich anmutendes Territorium. Es sollte sich aber niemand von abblätterndem Putz und ausgetretenen Treppenstufen abschrecken lassen. Wer diese „Hürde" überwindet, gerät meist in sehr gemütliche und **mit viel Liebe hergerichtete Behausungen** – sofern die Bewohner es irgendwann nach 1991 einmal geschafft haben, ihre *kwartira* einem gründlichen *remont* zu unterziehen und diesen auch zu beenden. Denn nach einem gern zitierten Aphorismus ist die damit gemeinte **Wohnungsrenovierung** in Russland kein Prozess, sondern ein Zustand.

Ein wenig eng geht es zu. Das liegt zum einen daran, dass sich oft drei Generationen (plus das fast obligatorische Haustier) eine Wohnung teilen müssen. Und der viele Kram, der sich anhäuft in einem Haushalt, muss ja auch irgendwo bleiben. Da helfen auch die *antresoli* (von frz. *entresol* – „Zwischenstockwerk") nicht – Stauräume unter der Decke im Korridor, wo all das gestapelt wird, was man nicht wegwerfen mag oder nicht so oft braucht.

Heutzutage ist die **Zwei- bis Dreizimmerwohnung** in einem der vielen Plattenbauten die russische Standardbehausung. „Klein, aber mein", könnte der Begleittext dazu heißen. Für viele Familien waren die hellhörigen

Fertigbaublöcke, die ab den 1970er-Jahren im Schnellverfahren aus dem Boden gestampft wurden, die Rettung aus einer viel schlimmeren Misere – der sogenannten **„kommunalka".**

Die „Kommunalwohnungen" waren ein frühes Konstrukt der Bolschewiki, die Arbeiterfamilien einzelne Zimmer in gutbürgerlichen Wohnungen zuwiesen, um gegen den eklatanten **Wohnraummangel** anzukämpfen. Zunächst als Übergangslösung gedacht, hält sich diese Art des Zusammenlebens bis heute: In St. Petersburg stellen diese Wohngemeinschaften immer noch knapp zehn Prozent des gesamten Wohnraums. Kein Wunder, denn in keiner anderen russischen Stadt gibt es so viele erhalten gebliebene, ehemals gutbürgerliche Zinshäuser und Adelssitze, die nach der Revolution radikal umfunktioniert worden waren.

Die Idee war so einfach wie teuflisch: Jede Familie bekommt ein Zimmer und alle zusammen nutzen sie Toilette, Bad (wenn es eins gibt) und Küche. Wildfremde Menschen wurden auf engstem Raum zusammengepfercht und mussten mehr schlecht als recht miteinander auskommen. In einer klassischen *kommunalka* hängen deshalb im Klo fünf oder sechs Klobrillen griffbereit, für jede Partei eine. Entsprechend ist die Zahl der Klopapierrollen und oft sogar die der Glühbirnen. Der Zahl der Toilettengarnituren entsprach meist auch die Anzahl der Klingeln an der Wohnungstür.

Der berühmte Schriftsteller *Michail Bulgakow* hat der *kommunalka* in seinen Romanen ein Denkmal gesetzt. Sein Satz von der „Wohnungsfrage, die die Menschen verdorben hat", ist längst zum geflügelten Wort geworden. Für die **Verbesserung seiner Wohnverhältnisse** war mancher Sowjetmensch bereit, Verbrechen zu begehen – das klassische Versalzen der Suppe des Nachbarn auf einem der vielen Herde in der Gemeinschaftsküche nimmt sich da als schlechter Scherz aus. Die Redewendung: „Mit einer Wohnung kann man einen Menschen erschlagen" gibt beredt darüber Auskunft.

In den späten 1950er-Jahren begann unter *Chruschtschow* der Bau der ersten Häuser, in denen von vornherein nur **Einzelwohnungen** vorgesehen waren: klein und eng, aber endlich ohne die verhassten Nachbarn, mit denen man am Morgen Schlange vor dem Klo hatte stehen müssen. Mit der maximal fünfstöckigen **Chruschtschowka** begann dann der **Massenfertigbau.** „Auf Platte" zu leben, bedeutete zwar, sein Dasein in monotonen Neubauvierteln zu fristen, aber man war endlich mit sich allein

▷ In der gemeinsamen Küche treffen die so unterschiedlichen Bewohner einer Kommunalwohnung immer aufeinander – ob sie wollen oder nicht

– auch wenn das Schnarchen der Nachbarn weiterhin durch die papp-dünnen Wände zu hören war. Inzwischen tut sich im Wohnungsbau eine neue Tendenz auf: die **Stadtflucht.** Immer mehr Menschen verdienen gutes Geld und wer es sich leisten kann, zieht gerne aus der lauten Stadt in die Vorstädte. Um die russischen Großstädte herum entstehen immer mehr **Cottage-Siedlungen** mit kleinen Einfamilienhäusern, die mit allem Komfort ausgestattet sind, den es zum würdigen Wohnen braucht. Neureiche bauen sich auch gerne schlossähnliche Gebilde, auf jeden Fall mit Türmchen und einem hohen Zaun drum herum, damit bloß kein Fremder hineingucken kann. Dabei kommt es zu kuriosen Nachbarschaften: Neben so einer „Burg" stehen oft noch schlichte alte Holzhäuser, mit Plumpsklo im Garten, Gasflasche in der Küche und ohne Wasserversorgung. Auf den Dörfern leben vor allem alte Menschen heute noch häufig in einfachsten Verhältnissen.

Immerhin haben die meisten Menschen in Russland inzwischen **Wohneigentum.** Seit den 1990er-Jahren läuft ein **Privatisierungsprogramm,** nach dem jeder Bürger die ihm einmal zugeteilte Wohnung kostenlos in Privatbesitz überführen kann. Aber auch wer dies nicht tut und sein Quartier formell in Staatsbesitz belässt, zahlt de facto nur die Nebenkosten für Strom, Gas, Heizung usw. **Miete** muss nicht abgeführt werden.

Wer keine Wohnung besitzt und von Privat mietet, muss allerdings sehr tief in die Tasche greifen. Natürlich sind die Mieten regional sehr unterschiedlich – während in einer Kleinstadt in Mittelrussland für 150 Euro monatlich eine Einzimmerwohnung zu haben ist, bekommt man in den Metropolen für den doppelten Betrag kaum ein Zimmer. Für Leute, die zwei Wohnungen ihr Eigen nennen, ist das Vermieten eine lukrative Nebeneinnahme – zumal dies meist „schwarz", ohne Kenntnis des Einwohnermeldeamtes und der Steuerbehörde, erfolgt.

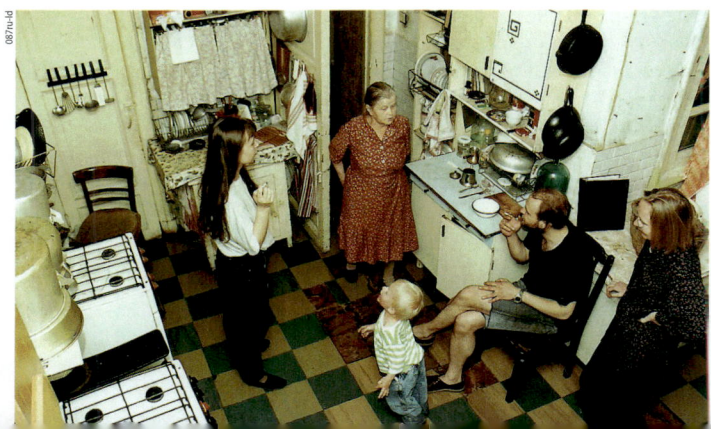

Als Fremder in Russland

◁ In Moskau muss man nicht nur mit den Menschen, sondern auch mit den Verkehrslawinen den richtigen Umgang finden (Foto: 005ru-ld)

Das Bild vom Touristen

Zu Sowjetzeiten war **Intourist** nicht nur der staatliche Monopolist bei der Betreuung von ausländischen Besuchern, sondern auch der Begriff für eine Gruppe von Menschen, die sich für die UdSSR interessierten (gut), dabei einige Valuta da ließen (noch besser), notorisch Extrawürste im wohldurchdachten Reiseprogramm verlangten (schlecht) und viele neugierige und kritische Fragen stellten (sehr schlecht, eventuell auch Spionage). Die Abschirmung dieser Gruppe gehörte also genauso zur Aufgabe der Reiseleiter und Fremdenführer wie die kontrollierte Erfüllung bzw. Dämpfung ihrer Informationsbedürfnisse.

Wer heute Russland mit einer **Reisegruppe** besucht, wird in der Person des **örtlichen Führers** oft noch mit Überbleibseln dieser **Tourismusideologie** konfrontiert. Von den sozialistischen Errungenschaften der Sowjetunion ist nicht mehr die Rede, dafür haben Guides der alten Schule ganze Litaneien über die glorreiche Vergangenheit des Russischen Reiches und seiner Zarendynastien einstudiert. Selbige brechen dann über die Touristen schon auf der Fahrt vom Flughafen zum Hotel herein, bei der man doch eigentlich viel lieber zum Sammeln erster Eindrücke ruhig aus dem Fenster schauen würde.

„Intouristen", so scheint die Branche zu glauben, interessieren sich in erster Linie für bauliche Geschichtszeugnisse, Kathedralen und Museen sowie schöne Fotomotive und nicht für die heutigen Lebensumstände. Wer dieses Programm brav absolviert, wird dafür mit einer Gelegenheit zum Souvenirkauf belohnt.

Glücklicherweise ist es als **Individualreisender** inzwischen möglich, aus diesem Korsett auszubrechen oder ganz darauf zu verzichten. Allerdings wird diesem von vielen Russen nicht so recht abgenommen, in der Lage zu sein, auch nur einen Sightseeing-Tag ohne Assistenz zu überleben: Wie kann man eine fremde Stadt ohne kompetenten Führer besichtigen? Oder den Weg zur nächsten Metro-Station alleine finden? Russische Gastgeber neigen zu einem Übermaß an Bemutterung und möchten ihre Schutzbefohlenen am liebsten an die Hand nehmen, um sie gefahrlos über jede Kreuzung zu führen. Der Beschützerinstinkt ist wohl so stark, weil die meisten Russen selbst kaum Erfahrungen als Individualtouristen im fremdsprachigen Ausland haben. Und außerdem glaubt man ja gerne, in Russland sei alles irgendwie rätselhafter und unkalkulierbarer als im „zivilisierten" Europa.

Viele Touristen erwecken bei einem Russlandbesuch aber auch den Eindruck, als wären sie zu einer **Expedition** oder einem **Überlebenstraining** aufgebrochen. **Trekkingkleidung** mag ja praktisch sein – auf Kamtschatka. Aber beim Besuch einer Kulturmetropole wie St. Petersburg wirken derartige Klamotten im wörtlichen Sinne „befremdlich". Wer sich so ausstaffiert, braucht sich nicht wundern, wenn er im weiten Radius **Taschendiebe, Bettler oder Ramschsouvenirhändler** anzieht.

Jeans und eine alltägliche Jacke sind als Tarnkleidung viel besser geeignet – wobei ganz in der Menge unterzutauchen eigentlich nie klappt Jedenfalls für westliche Ausländer jenseits der 30 scheint es unmöglich, nicht sofort als „fremd" geoutet zu werden: Der interessierte Blick, der selbstbewusste Habitus und die meist etwas farbenfrohere Kleidung heben – selbst bei unauffälligen Gesichtszügen und Frisuren – von Einheimischen ab. Und europäische **Senioren** sehen schlichtweg gesünder und wohlhabender aus als ihre russischen Altersgenossen – was mit einem gewissen Neid konstatiert wird. Unauffällig **robustes Schuhwerk,** das sei noch angemerkt, schadet bei Russlandreisen hingegen nie: Die Wege sind schließlich selbst in den Stadtzentren weit und meist nicht von idealer Qualität – erst recht, wenn es regnet oder schneit.

◁ Schön braun und bunt verpackt: Kein Wunder, dass die Bewohner russischer Polarregionen ausländische Touristen als „Snickers" bezeichnen. Im Bild eine Reisegruppe auf der Baikalinsel Olchon.

Als Deutscher unter Russen

Deutsche stoßen bei den Russen heute **kaum** auf irgendwelche **Ressentiments** – trotz der durch gleich zwei Kriege im 20. Jahrhundert traumatisch belasteten Vergangenheit. Hier wirkt zum einen die sowjetische Geschichtsauslegung mildernd nach: Demnach waren es weniger die Deutschen als „die Faschisten", die 1941 in ihrem Vernichtungsfeldzug über die UdSSR herfielen und dafür letztlich ihre gerechte Strafe erhielten. Und in der Nachkriegszeit hatte man mit der **DDR** dann ja gleich eine sozialistische **deutsche Brudernation** – weshalb die *nemzy* grundsätzlich nicht schlecht sein konnten.

Zum anderen empfinden die Russen auch gegenüber den seinerzeit als „kapitalistischen Imperialisten" geltenden Westdeutschen **keinen Argwohn, sondern eher Hochachtung:** Man staunt bis heute, wie es der

Russische Frauen und die Mode: hingucken unvermeidlich

Der einzige Personenkreis, der stetig um seinen positiven Eindruck auf die Umwelt bemüht ist, sind Russlands junge Frauen: Das Auftreten vieler russischer Mädchen ist auffällig und scheint enorm viel Geld und Energie zu erfordern. Schichtenweise perfekt sitzendes Make-up, lange Fingernägel, meist verschiedenfarbig maniküt, knallenge Jeans, Täschchen farblich zu den Schuhen passend. Sind die Haare in Natur gelockt, werden sie morgendlich gestreckt, fallen sie glatt, ist es genau umgekehrt – gefärbt sind sie in beiden Fällen. Meist ist die junge Russin von einer fast umwerfenden Duftwolke umgeben, bestehend aus Haarspray, Pflegekuren, Deo, Parfum, Nagellack ...

Es scheint dabei eher um Schein als um Sein zu gehen. Oft sind die Klamotten selbst für Modemuffel auf den ersten Blick als Plagiate zu erkennen. Handtaschen und Schuhe sehen billig aus, das Make-up vieler Russinnen würde man andernorts als „trashy" bezeichnen. Doch das stört anscheinend nicht, Hauptsache man sieht gepflegt aus.

Aber nicht nur der unglaubliche Aufwand ist bewundernswert. Es beeindruckt vor allem, wie die Russinnen es schaffen, einen Tag in einer Stadt wie St. Petersburg zu verbringen, ohne auch nur einen Flecken abzubekommen. Die Kleider sind nie verknittert, das Make-up nie verschmiert und

„Fe-Er-Ge" (russisch für: BRD) gelingen konnte, in kurzer Zeit von einem kriegszerstörten Reststaat zu einer Industriemacht aufzusteigen. Anders als mit den typisch deutschen Tugenden Fleiß und Ordnung – woran es nach eigener Einschätzung im eigenen Lande drastisch fehlt – können sich die Russen das nicht erklären. Im Gegensatz zu Briten, US-Amerikanern und Japanern schätzen die Russen die Bürger des vereinten Deutschlands auch dafür, dass ihr Staat seit 1990 in der Regel eine russlandfreundliche Position einnimmt.

Geschichte und Politik sind für das Bild von den Deutschen heute aber eher zweitrangig: Die eigentlichen **Imageträger Deutschlands** beim russischen Volk heißen Audi, BMW, Mercedes, Porsche und Volkswagen sowie Bayer, Bosch und Siemens. Diese Marken kennt und schätzt im Grunde jeder – wie sollen also die Menschen schlecht sein, die derartig perfekte Produkte in die Welt setzen?

die schwindelerregend hohen Absätze der Schuhe immer in makellosem Zustand - wie machen die Mädels das nur?

Selbstverständlich trifft die Mode-Obsession nicht auf die ganze Bevölkerung zu. Ab etwa 30 Jahren scheint das modische Interesse kontinuierlich zu sinken, bis es dann mit etwa 60 den Nullpunkt erreicht hat. Dafür, dass Männerfang die Hauptaufgabe der Aufmachung ist, gibt es Indizien - etwa die ehrliche Aussage von Juliana (30): „Bei uns ist es so, dass auf einen Mann in der Disco oft fünf Frauen kommen. Da muss man sich schon hervorheben, nur die hübschen Mädchen finden einen Freund."

Bei den Männern selbst stehen definitiv andere Qualitäten im Vordergrund: Die Herren scheinen durch Mode nämlich kaum berührt zu werden und tragen meist Schwarz oder Grau. Auch haben sich die weiblichen Hygienevorstellungen beim männlichen Geschlecht geradezu ins Gegenteil verkehrt - manche Metrofahrt kann für empfindliche Nasen ungemütlich werden ...

In Russland scheint es zudem keine Entsprechung der westeuropäischen Vorstellung von „dress to the occasion" zu geben. Es ist möglich, dass eine junge Mutter im weißen Pelzmantel und mit Pfennigabsätzen am Sandkasten sitzt - genauso wie man Männer im Trainingsanzug in der Disco sehen kann. Für Ausländer mit modischen Unsicherheiten ist diese Vielfalt aber durchaus von Vorteil: Es ist praktisch unmöglich, in Russland over- oder underdressed zu sein ...
Pascale Siegrist (St. Petersburgische Zeitung)

Was dem Fremden sofort auffällt

„You are welcome!" – und ein breites Lächeln dazu an jeder Straßenecke? Das ist definitiv nicht der **Umgangsstil der Russen in der Öffentlichkeit** – weder gegenüber Ausländern noch unter ihresgleichen. Im Gegenteil: Ob in öffentlichen Verkehrsmitteln, beim Einkaufen, bei Verwaltungsakten und leider manchmal auch im Service von Hotels und Gastronomie scheint man bemüht zu sein, jeden Mitmenschen so gut es geht zu ignorieren. Begrüßungen, Verabschiedungen und Entschuldigungen sind auf ein Mindestmaß reduziert. Jeder scheint sich selbst der Nächste zu sein, sodass es auf der Straße wahrscheinlicher ist, von Unbekannten einen Rüffel als ein freundliches Wort zu bekommen – etwa wenn man mit einem Kleinkind oder einem schweren Koffer für zwei Sekunden den Weg versperrt.

Der feindliche, bestenfalls neutrale Raum beginnt für die Russen dabei unmittelbar vor der Wohnungstür. Schon im Treppenhaus ihres Wohnblocks hasten sie grußlos aneinander vorbei – als wären sie bereits auf der Straße. Jenseits der Wohnungstür, in den eigenen vier Wänden, wird die **Muffigkeit** dann aber zusammen mit dem Mantel abgelegt: In der **Privatsphäre** ist der Umgangston bis dato fremden Besuchern gegenüber umso **herzlicher.** Schon ein geringer Bekanntschaftsgrad reicht aus, um unter Russen aufrichtig bemühte und immer hilfsbereite neue Freunde zu entdecken. Überall, wo **Freundlichkeit Teil des Geschäfts** ist, sind in den letzten Jahren deutliche Fortschritte zu bemerken: Viele Gastronomen und Geschäftsleute haben erkannt, dass Lächeln und Grüßen nichts kostet, im Wettbewerb um den Kunden aber viel einbringt. Es ist jedoch offenbar nach wie vor schwierig, dies auch dem gesamten Personal zu vermitteln.

Hauptstraßen und -plätze sind in Russland meist **picobello sauber** und ordentlich. Darauf legen die örtlichen Verwaltungen hohen Wert – für sie sind diese Areale so etwas wie eine Visitenkarte. Überall sonst ist es mit der Ordnung nicht so weit her: Autos parken willkürlich, Müllcontainer laufen über, Gebäude und Straßen sind oft in traurigem Zustand. Für diese **Missstände** sind aber nicht nur die Bewohner oder untätige Behörden verantwortlich – sondern auch die Umstände des Wandels des Landes in den letzten 25 Jahren: Fahrzeugbestand und Abfallmengen haben sich in rasantem Tempo vervielfacht, während die öffentlichen Kassen lange Zeit zu leer waren, um auch nur den Erhalt der vorhandenen, aber schon überforderten Infrastruktur zu gewährleisten.

▷ Nobler geht es kaum: Das „Grand Hotel Europe" in St. Petersburg ist ein weltweit geschätzter Hotelklassiker – und ganz ohne spezifisch russische Fußangeln

Zu sowjetischen Zeiten gab es **in russischen Hotels einige Besonderheiten:** Am Hoteleingang schoben Wachleute Dienst, die nur die Gäste des Hauses oder ein nach sonstigen rätselhaften Kriterien auserlesenes Publikum einließen. Die Rolle der Rezeption übernahm hingegen teilweise die *deshurnaja* (Diensthabende) auf jeder Etage, bei der man den Zimmerschlüssel zu deponieren hatte, wenn man das Haus verließ. Die Etagendame lieferte auch Tee oder bewältigte sonstige kleine Servicefragen. Dieses Schema wird man mittlerweile nur noch in kleinen **Provinzherbergen** finden. Ansonsten dürften wohl alle russischen Hotels von drei Sternen aufwärts zu einer Politik der offenen Tür und Magnetkartensystemen an den Zimmertüren gefunden haben – entsprechende Preise verlangen sie ja auch.

Langsam der Vergangenheit angehören sollte auch das früher übliche **spezielle Serviceangebot für allein reisende Herren:** Kaum war man abends auf sein Zimmer zurückgekehrt, klingelte auch schon das Telefon und die Devisen-Prostituierte vom Dienst fragte mit anschmiegsam-verruchter Stimme, ob man nicht zu „entspannen" wünsche. Derartige Dienstleistungen dürften nun mit etwas Eigeninitiative in den Hotelbars zu finden sein.

Was grundlegendere fleischliche Bedürfnisse betrifft, so bieten größere Hotels inzwischen meist ein Frühstücksbuffet an, wo alles zu finden sein sollte, um den Tag wie gewohnt zu beginnen. In Pensionen oder provinziellen Häusern kann es aber durchaus noch sein, dass der ausländische Gast angesichts klassischer **russischer Frühstücksgewohnheiten** schmerz-

Extrainfo 15 (s. S. 11): Die Abenteuer des deutschen Großbauern *Stefan Dürr*, der seit mehr als 20 Jahren in Russland lebt

haft sein Brötchen und das Müsli vermisst: Tee und Kaffee gibt es, aber man bekommt zum Beispiel einen Teller mit Würstchen und Kartoffelbrei oder Buchweizen vorgesetzt. Wer dann bedeutet, dass man es morgens gerne weniger nahrhaft hätte, bekommt als Alternative eine *kascha* genannte Hafergrütze angeboten. Diese könnte vielleicht bei einer schweren Magenverstimmung gute Dienste leisten, wird aber sonst nicht gerade als motivierender Einstieg in den Tag durchgehen.

Doch hat es sich auch in der Beherbergungsbranche schon herumgesprochen, dass Ausländer oft exotische Frühstücksvorstellungen haben, weshalb mit etwas **Improvisations- und Kommunikationstalent** auf beiden Seiten dann meist doch ein akzeptables kontinentales Frühstück zu organisieren ist: Brot, Butter, Wurst, Käse, Eier und Marmelade sind schließlich auch in Russland übliche Nahrungsmittel. Und Pfannkuchen *(blini)* oder der in allerlei Fett- und Körnungsstufen vorkommende Quark namens *tworog* können ein sattes russisches Frühstück dann schon in eine kleine Schlemmerei verwandeln.

⌃ Aeroflot ist noch immer die größte, aber schon lange nicht mehr die einzige Airline Russlands. Diese Iljuschin-96 ist soeben von Moskau nonstop nach Kamtschatka geflogen.

Extrainfo 16 (s. S. 11): *Jens Siegert* – Leiter des Moskauer Büros der Heinrich-Böll-Stiftung – liefert in seinem Blog fundierte Analysen zur politischen Lage und zu sozialen Phänomenen.

Verkehr und Transportmittel

Flugreisen: abenteuerlich nur in der Taiga

Internationale Flüge von und nach Russland unterscheiden sich – selbst wenn man mit einer wenig bekannten kleineren russischen Airline fliegt – faktisch nicht vom anderswo üblichen **Ablauf und Servicestandard.** Ältere russische Verkehrsflugzeuge der Marken **Tupolew, Iljuschin** und **Jakowlew** sind nicht mehr im Einsatz – was auch ganz gut ist, denn ihr Lärm- und Sitzkomfortniveau ist doch ein anderes als das von Airbus- oder Boeing-Produkten. Neue russische Maschinen wie die An-148, die Tu-204, der Superjet oder die Il-96 können da im Prinzip mithalten – sind aber schlichtweg sehr selten. Gleiches gilt auch für die Inlandsverbindungen zwischen den großen Städten und Regionalmetropolen. Auch die **Sicherheitsbestimmungen** sind mittlerweile – nach mehreren Terrorangriffen auf die russische Luftfahrt – ähnlich scharf wie überall auf der Welt.

Spannender wird es, wenn man per Flieger in weniger prosperierende russische Regionen aufbricht: Flughäfen erinnern dann schnell an vergammelte Busbahnhöfe und die abgerutscht aussehenden Fluggeräte haben ihre beste Zeit sichtlich schon hinter sich. Das zu Sowjetzeiten bestehende enge **Netz von spottbilligen Regionalflugverbindungen** ist kollabiert und besteht nur noch aus den unabdingbaren Strecken – und das zu Preisen, die sich Normalbürger nur noch in Ausnahmefällen leisten können.

Gespart wird dafür bei der Wartung und Kontrolle. Wer sich also irgendwo in der Taiga oder Tundra in einen Mi-8-Hubschrauber oder einen An-2-Doppeldecker setzt, muss schon ein gerüttelt Maß an **Gottvertrauen und Abenteuerlust** mitbringen. Eines kann man aber immer voraussetzen: Auch **russische Buschpiloten** sind keine Selbstmörder und wissen aus Erfahrung ziemlich genau, was sie und ihr robustes Fluggerät aushalten und leisten können – selbst wenn in den Adern und Hydraulikschläuchen Wodka anstatt der eigentlich dort vorgesehenen Flüssigkeiten fließen sollte.

Eisenbahn: Russland pur auf Rädern

Tische jedesch, dalsche budesch (Wer langsamer fährt, kommt weiter) – dieses beliebte russische Sprichwort trifft auf eine Zugreise durch das **Eisenbahnland Russland** doppelt zu. Nicht nur, dass sich die Züge im Schneckentempo vorwärts zu schleppen scheinen, es werden oft auch Distanzen zurückgelegt, die in Europa vom Nordkap bis Gibraltar reichen würden – so weit ist z. B. auch von Moskau bis Irkutsk, was drei Tage Fahrt bedeutet. Schon deshalb ist hier Standard, was ICE- und Billigfluggewohnte Mitteleuropäer fast nur noch aus alten Filmen kennen: der **Schlafwagen.**

In den rollenden Herbergen gibt es **drei Klassen:** Die **Luxusklasse SW** bietet zwei Betten vis-a-vis im relativ geräumigen, aber nicht über einen eigenen Waschraum verfügenden Abteil. In der 2. Klasse namens **„kupe"** (von franz. *coupé*) sind auf der gleichen Fläche vier Schlafstellen untergebracht. Wer ein oberes Bett wählt, muss gewisse Kletterkünste mitbringen, hat dafür aber tagsüber einen durchaus komfortablen Liegeplatz für sich allein – während der Fahrgast unten dann seinem Abteilgenossen aus dem Obergeschoss Sitzrecht einräumen muss.

Die Masse des Volkes fährt allerdings in der 3. Klasse – auf gut bahnrussisch **„plazkartny"** genannt: Dafür wurden 54 – arg kurze – Pritschen in eine Art Schlafsaal auf Rädern gequetscht. Die Privatsphäre ist hier gleich null, das Kollektiv der Reisenden teilt alles: Gerüche, Geräusche und Gespräche ... kompensiert durch besonders volksnahe Preise.

Für die **Verpflegung** sorgt man entweder selbst oder die Mitreisenden, denn es gehört zum guten Ton, sich gegenseitig vom Proviant anzubieten. Männer haben oft auch Alkohol für unterwegs gebunkert, wobei man angesichts der Abteilgenossen entscheiden muss, ob man sich auf das gemeinsame Trinken einlässt oder nicht: Meist ist der Freundschaftsbekundung mit einem Gläschen Wodka oder Kognak Genüge getan. Es gibt aber leider auch Zeitgenossen, die die fluchtweglose Lage im Zug schamlos zur Rekrutierung und Abfüllung von Mittrinkern ausnutzen. Prinzipiell ist eine Bahnreise durch Russland aber der beste Weg, in **herzlichen und intensiven Kontakt mit Einheimischen** zu kommen, etwas von ihren Ansichten und Alltagssorgen zu erfahren und dabei ungestört Milieustudien zu betreiben.

Geschlechtertrennung gibt es in den Abteilen in der Regel nicht (meist besteht nur in einem Waggon pro Zug die Möglichkeit, reine Frauen- oder Männerabteile zu buchen), deshalb gehören auch **Anstand und Galanterie** zur Bahnetikette: Männer sollten beim Verstauen schwerer Gepäckstücke des „schwachen Geschlechts" (ein in Russland noch gebräuchlicher Begriff) mit anpacken und außerdem am Abend dezent für ein paar Minuten das Abteil verlassen, während derer sich mitreisende Damen eventuell umkleiden und unter ihre Decken verziehen können. Das gleiche Ritual empfiehlt sich zu Beginn längerer Fahrten, wenn alle ihre Straßenkleidung ablegen und das Reisekostüm – meist ein Trainingsanzug – anziehen. In diesem legeren Outfit wird dann auch geschlafen.

Die beiden **Toiletten,** die sich jeweils am Waggonende befinden, werden übrigens von den beflissenen Schaffnern, die in jedem Waggon mitfahren, bei der Durchfahrt durch größere Städte gnadenlos geschlossen, denn in einer *sanitarnaja sona* und während der Halts auf Bahnhöfen soll

Gesellige Vorortzüge: die „elektritschka"

Das volkstümlichste Verkehrsmittel Russlands ist die „elektritschka". Diese Nahverkehrszüge verbinden Siedlungen entlang der Hauptstrecken sowie das Umland mit den großen Metropolen. Vor allem während der Datscha-Saison sind sie unverzichtbar. Erst angesichts der vielen mit Rucksäcken und schweren Taschen beladenen Insassen wird einem klar, wie viele Menschen - trotz der notorischen Staus in den Städten - in Russland kein Auto haben, obwohl es ihnen offenbar gute Dienste leisten würde.

Und so hockt man stoisch, drei Plätze links vom Gang, drei Plätze rechts vom Gang, in den meist proppenvollen Großraumwagen der Holzklasse (eine andere gibt es nicht), hört den durch die Wagen vagabundierenden Marketendern (Eiscreme! Blumensamen!! Kriminalromane!!!) und Bänkelsängern (sentimentales Liedgut) zu, krault fremde Hunde, erfährt nebenbei alles über den gesundheitlichen Wert von Knoblauch sowie ein neues Kompottrezept und achtet ansonsten darauf, die angestrebte Haltestelle nicht zu verpassen. Denn die über eine krächzende Uralt-Lautsprecheranlage gegebenen unverständlichen Ansagen gehen im Geratter, Gesang und Geschwätz endgültig unter. Kein Vergleich also mit einer ebenso komfortablen wie individuellen Landpartie mit dem Auto. Nur eines haben beide Verkehrsmittel gemeinsam: In der „elektritschka" gibt es ebenfalls keine Toiletten!

⌂ Russlands Datscha-Shuttles: „elektritschkas"
auf dem Baltischen Bahnhof in St. Petersburg

nichts aus den klassischen Bahnklosetts aufs Gleis plumpsen. Ansonsten ist der **Schaffner** aber eine nützliche Einrichtung, denn bei ihm (meistens: ihr) gibt es Tee, Kaffee, kochendes Wasser (für die beliebten Instantgerichte) und oft auch kleine Snacks sowie Bier. Zur Verpflegung trägt auch der in Fernzügen obligatorische **Speisewagen** bei, dessen optischer und olfaktorischer Eindruck nicht immer appetitanregend ist. Nahrhafter und bodenständiger ist es, während der längeren Zwischenstopps auf dem Bahnsteig nicht nur frische Luft zu schnappen, sondern bei einheimischen **fliegenden Händlerinnen** selbst gemachte Piroggen, noch dampfende Kartoffeln, Eingemachtes, Fisch oder Hühnchen und je nach Jahreszeit auch Obst und Gemüse zu erwerben.

Auf all diese bleibenden original-russischen Eindrücke verzichtet man, wenn man die Fahrt in einem der neuen **Hochgeschwindigkeitszüge** namens **Sapsan** zurücklegt. Dabei handelt es sich um für Russland modifizierte ICE von Siemens, weshalb sich das Bahnfahren hier nicht anders

Einige wichtige Hinweise zum Bahnfahren

- *Fernverkehrfahrkarten enthalten den Namen des Passagiers. Deshalb muss beim Fahrkartenkauf der Pass (bzw. eine Kopie oder ein Zettel mit der korrekten Schreibweise und der Passnummer) vorgelegt werden. Tickets auf fremde Namen sind nicht gültig. Die Schaffner kontrollieren deshalb - nicht immer, aber oft - beim Einsteigen auch die Pässe!*
- *Ungeachtet der vielen Zeitzonen ist der Fahrplan des gesamten Bahnfernverkehrs in Moskauer Zeit abgefasst. An sibirischen Bahnhöfen heißt es also diesbezüglich aufpassen!*
- *Das Sicherheitsniveau in den Zügen ist ziemlich hoch. SW- und Kupe-Abteile können von innen verlässlich verriegelt werden. Wertsachen sollte man natürlich nicht unbeaufsichtigt herumliegen lassen (eine leichte Weste mit vielen Taschen leistet hier gute Dienste), aber im Prinzip wird im Zug weitaus weniger gestohlen als in der Metro oder in Cafés. In jedem Fernzug fährt eine Polizeistreife mit, die auch angesichts sturzbetrunkener oder notorisch aufdringlicher Mitreisender eine wertvolle Hilfe sein kann.*
- *Die Fenster sind fest verschlossen, weil sonst die Klimatisierung bzw. Heizung nicht funktioniert. Wer dennoch akzeptable Fotos aus dem Zug machen will, sollte deshalb einen Lappen oder einen ausziehbaren Fensterreiniger im Gepäck haben, um damit bei Zwischenstopps - zur Gaudi des Volkes - sein Abteilfenster von außen zu putzen!*

Extrainfo 17 (s. S. 11): Faszinierende Doku über eine Fahrt mit der Transsib

Drei Stimmen zum Schlafwagen-Fahren

Ilja Gorbunow (19), Student: „*Zugfahren bedeutet für mich Hühnchen und Eier. Das ist in Russland Tradition, dass im Zug alle Hühnchen und Eier essen. Außerdem liebe ich den Geruch der Gleise in den Bahnhöfen und ich mag es, im Zug am Fenster zu sitzen und Tee zu trinken. Das Lustigste ist aber, mit den Mitreisenden zu reden. Man schließt im Zug sehr leicht Bekanntschaft und die Leute erzählen einem ihr ganzes Leben und alle Probleme, weil man genau weiß, dass man sich nie wiedersieht.*“

092ru-spz

Katja Schtscherbina (19), Studentin: „*Ob eine Zugfahrt entspannend ist, hängt ziemlich stark davon ab, mit wem man fährt. Ich fahre meistens „kupe“ und wenn man nette Nachbarn hat, dann ist das echt lustig. Was ich nicht mag, ist, dass es immer so ruckelt beim Fahren, weil die Gleise nicht aus einem Stück sind, sondern zusammengesetzt. Außerdem schlafe ich nicht gerne auf den oberen Plätzen, ich habe dann immer Angst runterzufallen. Die Platzkartny-Waggons mag ich nicht so gerne, weil sie ziemlich unbequem sind.*“

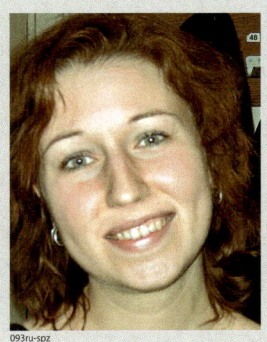

093ru-spz

Elena Djakiwa (24), Redakteurin: „*In Russland ist das Zugfahren sehr populär, weil es so billig ist. Besonders im Sommer sind die Züge nach Süden total überfüllt. Ich selbst mag Zugfahren nicht besonders, weil es so lange dauert. Meistens fahre ich Platzkartny und das heißt, dass man viel Zeit mit vielen unbekannten Menschen um sich herum verbringt. Wenn man durch die Waggons läuft, sieht man nur Socken und alle essen irgendwas, das ist manchmal irgendwie unangenehm.*
Interviews: Hannah Beitzer
(St. Petersburgische Zeitung)

094ru-spz

anlässt als zu Hause. Ein Sapsan schafft die stellenweise noch immer sehr rumpelige Hauptstadtstrecke zwischen **Moskau und St. Petersburg** in etwa vier Stunden – während sich die gemütlichen Nachtzüge für die 650 Kilometer doppelt so viel Zeit lassen. Außerdem gibt es eine **Sapsan-Linie nach Nischni Nowgorod,** weitere Destinationen sollen mit der Zeit folgen. Denn für den Bahnverkehr gilt inzwischen auch eine andere russische Redensart: „Welcher Russe liebt nicht das schnelle Fahren?"

Metro: voll schnell

Für **Städte über eine Million Einwohner** gilt in Russland das Privileg, eine **U-Bahn** bauen zu dürfen. Zu einem echten Metronetz als Rückgrat des öffentlichen Verkehrs haben es aber nur **Moskau und St. Petersburg** gebracht, wo bereits in den 1930er- bzw. 1950er-Jahren die ersten Linien in Betrieb genommen wurden – im Geist der damaligen Zeit mit „Stalin-Barock" ausstaffiert. Für die Schönheiten der Metro haben ihre heutigen Nutzer aber kaum noch ein Auge, denn hauptsächlich geht es hier ums schnelle Vorwärtskommen – nicht umsonst rasen die Züge in den Stoßzeiten im Anderthalb-Minuten-Takt durch die Tunnels. Wer als Fremder angesichts von Kronleuchtern und Stuckdecken ergriffen stehen bleibt, läuft Gefahr, von der ewig flutenden Passagiermasse einfach umgerissen zu werden.

Über die Tarifsysteme wollen wir an dieser Stelle nicht sprechen – sondern über das richtige **Verhalten in der Metro:** Das fängt schon beim beherzten Schritt auf die **Rolltreppe** an: Der *eskalator* läuft nämlich bedeutend **schneller** als im sicherheitsvernarrten Westeuropa. Da dies manchen russischen Zeitgenossen aber immer noch nicht schnell genug ist, sollte man die Regel „rechts stehen, links gehen" beherzigen. Im besonders hektischen Moskau gilt dies übrigens ebenso auf den Rolltreppen aufwärts, während die bedächtigeren St. Petersburger nicht im Traum darauf kommen, die wegen der großen Tiefe ihrer U-Bahn ewig langen Rolltreppen hoch zu laufen! Wer Metrofahren will, muss aber trotzdem hier wie dort **gut zu Fuß** sein: Stationseingänge und Umsteigewege führen oft einige Stufen treppauf oder treppab. Aufzüge gibt es nicht, selbst Schienen für Kinderwagen oder Rollstühle sind nicht überall montiert.

Früher waren Grundkenntnisse in kyrillischer Schrift unerlässlich zum Metrofahren, doch inzwischen sind auf den Netzplänen und Hinweisschildern sowie an den Stationsnamen Duplizierungen in **lateinischen Lettern bzw. auf Englisch** aufgetaucht. Sich hier als Russlandlaie zu orientieren, ist also kein Ding der Unmöglichkeit mehr.

Schwieriger werden kann es allerdings, an der angepeilten Haltestelle aus einem gut besetzten – das heißt: zum Platzen gefüllten – Metrowaggon **herauszukommen.** Wer nicht gerade vorausschauend einen Stehplatz an den Türen eingenommen hat, muss sich rechtzeitig vor dem Stopp in Richtung Ausgang durcharbeiten. Dazu fragt man den vor einem stehenden Menschen *Wy wychodite?* (Steigen Sie aus?). Wenn der/die Mitreisende verneint, sollte es nun trotz aller Enge zu einem Platztausch kommen und man kann das Spiel mit der nächsten Ölsardine in Richtung Tür wiederholen. An der Station angekommen, sollten alle Aussteigewilligen dann im zügigen Entenmarsch aus dem Waggon stürmen – Nachzügler werden von den Hereinströmenden gnadenlos zurückgeworfen.

„Awtobus", „Trolleybus", „Tramwai": Schaffner im Salon

In den klassischen oberirdischen öffentlichen Verkehrsmitteln **Omnibus, O-Bus** und **Straßenbahn** geht es weit weniger hektisch, aber oft nicht weniger eng als in der Metro zu. Der Wagenpark ist in den meisten Städten ziemlich antiquiert und die Trambahngleise marode, denn der Unterhalt und die permanent nötige Erneuerung hätten viel Geld gekostet, das die Kommunen seit dem Ende der Sowjetzeit nicht mehr hatten. Es geht also **weder schnell noch besonders kommod** voran, zumal der ÖPNV fast überall genauso im Stau steht wie alle anderen Verkehrsteilnehmer auch. **Fahrpläne** mit auf die Minute konkreten Abfahrtszeiten gibt es deshalb nicht – im besten Falle findet sich an den Haltestellen eine Tafel, die verkündet, zu welchen Tageszeiten das **Intervall zwischen zwei Fahrzeugen** wie groß sein sollte. Dies ist allerdings ein theoretischer Wert, in der Praxis kann auch eine Stunde lang gar nichts kommen und dann vier Fahrzeuge im Konvoi ...

Spärlich sind meist auch die **Informationen** an den Haltestellen sowie außen und innen im Transportmittel, welche Route die betreffende Linie einschlägt und wie die einzelnen Haltestellen unterwegs heißen. Hier sind also im Zweifelsfall Sprachkenntnisse oder eine eloquente Hände-Füße-Gestik unerlässlich, um auf kürzestem Wege ans Ziel zu kommen.

Dafür muss man sich aber nicht mit kryptischen Fahrkartenautomaten herumschlagen, weil diesen Job in Russland noch **echte Menschen** erledigen: Einen Einheitsfahrschein für die einfache Fahrt erwirbt man beim Fahrer oder einem Schaffner, der sich durch den „Salon" (so heißt auf Russisch das Innere eines Fahrzeugs, egal wie schrottig es ist) arbeitet. Schaffner helfen Fremden auch gern, die gewünschte Haltestelle nicht zu verpassen.

Der ÖPNV in Russland ist also etwas archaisch sowie anarchisch, hat dafür aber einen echten Vorteil: Die **Fahrpreise** sind für westeuropäische Verhältnisse nach wie vor sehr niedrig, eine Einzelfahrt kostet in der Regel nur um die 50 Eurocent.

„Marschrutka": halb Taxi, halb Bus

Marschrutnyje taksi sind kommunal lizenzierte, aber privat betriebene Bus-
linien und damit so etwas wie die Hechte im Karpfenteich des öffentlichen Verkehrs. Raubtierhaft erscheint oft auch der Fahrstil ihrer Chauffeure, denn für sie ist Zeit (also Tempo) mal Passagierzahl gleich Geld. Zum
Einsatz kommen meist **kompakte Fahrzeuge mit ca. 15 bis 30 Sitzen.** Eine
marschrutka kann man auch außerhalb von Haltestellen durch Handzei-
chen stoppen – genauso wie der Fahrer bereit ist, auf rechtzeitigen Zuruf
aus dem „Salon" an jeder gewünschten und einigermaßen geeigneten
Stelle seiner Fahrtroute anzuhalten und Fahrgäste aussteigen zu lassen.
Die Nutzung der *marschrutka* erfordert also gewisse **Sprach- und Orts-
kenntnis** und, was den Fahrstil angeht, auch typisch russischen Fatalismus.
   Schaffner gibt es hier nicht, der Chauffeur kassiert selbst. Oft erfolgt das
während der Fahrt, wobei man das durch einen Aushang publizierte Fahr-
geld einfach von den Mitreisenden nach vorne durchgeben lässt. Auf dem
gleichen Weg kommt einige Zeit später auch das Wechselgeld zurück!
Manchmal ist allerdings auch eine Bezahlung beim Einsteigen oder beim
Aussteigen Usus – man beachte entsprechende Aushänge! Meist kosten
Marschrutkas **ein paar Rubel mehr** als öffentliche Busse. Die Höhe des
Pauschalfahrpreises ist dabei von der Länge der Gesamtroute abhängig,
egal wie weit die einzelnen Passagiere mitfahren.

Taxi und „Tschastnik": Autostopp für Geld

Taxifahren geht in Russland ganz einfach: Man stellt sich an den Straßenrand, streckt die Hand aus und schon kurz darauf hält ein – nein, kein Taxi, sondern ein ganz normales Auto an. Der Fahrer fragt, wo es hingehen soll, man einigt sich auf einen (zivilen) Preis und schon geht es los. Was ist geschehen? Wir sind soeben bei einem **tschastnik (Privatfahrer)** eingestiegen, der sich mit der Personenbeförderung bei Gelegenheit ein bisschen Geld hinzuverdient. Manche *tschastniki* bestreiten so auch ihren Lebensunterhalt. Das ist natürlich im Prinzip **illegal** – und eine Unfallversicherung haben die Anhalter hier natürlich auch nicht. Auch kann es passieren, dass ein Fahrer seinen Passagier ausraubt. Umgekehrt ist dies allerdings noch wahrscheinlicher, weshalb die Chauffeure nur harmlos aussehende Fahrgäste auflesen.

Trotz aller Risiken und ungeklärter Haftungsfragen sind die Schwarztaxis ein fester, wenn auch **inoffizieller Bestandteil der Verkehrsinfrastruktur** – und ein gutes Beispiel für den praktischen Anarchismus der Russen: Solange die Obrigkeit nicht mit scharfen Kontrollen und drakonischen Strafen einschreitet, pfeift man auf jegliche Gesetze, Vorschriften und Lizenzen. Als Geschäftsgrundlage für dieses Business reichen **beidseitiges Vertrauen und ein Zusammenfall der Interessen** zwischen wildfremden Menschen, die sich während der Fahrt aber in der Regel in einer unverbindlichen Plauderei näherkommen. Westliche Ausländer verspüren anfangs üblicherweise eine gewisse Hemmnis beim Schwarztaxifahren – um dann bei einem längeren Russlandaufenthalt zu begeisterten Nutzern dieses traditionellen Serviceangebots zu werden.

Natürlich gibt es auch **offizielle Taxis** mit Taxischild und Taxameter. Allerdings muss man sich in den Metropolen lizenzierte Taxis telefonisch bestellen, was ohne Kenntnisse der Telefonnummern und der Landessprache schwierig ist: Aus dem fließenden Verkehr sind sie kaum zu fischen, da entweder besetzt oder vorbestellt. Eine Ausnahme sind nur Taxistände an Flughäfen oder Bahnhöfen sowie an Hotspots wie Hotels oder beliebten Restaurants. Dort auf Beute wartende Taxifahrer haben aber horrende Preisvorstellungen, weshalb der **Fahrpreis unbedingt vor der Fahrt** abgeklärt werden sollte. Meist lohnt sich ein Gang um die nächste Ecke – wo man sich dann einen günstigen *tschastnik* heranwinken kann. Rühmliche Ausnahmen sind inzwischen die Flughäfen von St. Petersburg sowie Wnukowo in Moskau, wo es ein faires Fixtarifsystem gibt.

◁ Oberleitungsbusse sind in russischen Städten recht häufig anzutreffen

Als Outlaw durch Stau-City: Radfahren in St. Petersburg

In der St. Petersburger Innenstadt gibt es zwei Arten von Verkehrsmitteln, mit denen man schnell und in berechenbarer Zeit sein Ziel erreichen kann: Die Limousine mit Polizeirskorte - und das Fahrrad. Unnötig zu sagen, welches Normalbürgern wie mir zur Verfügung steht. Obwohl ich mich frage, ob ich normal bin: In St. Petersburg sind Radfahrer im Straßenbild kaum öfter zu bemerken als Polizeieskorten.

Zugegeben, Respekt wird Unsereins auf der Straße nicht entgegengebracht. Aber den Neid spüre ich, wenn ich mich elegant durch den Dauerstau auf der Troizki-Brücke stadteinwärts schlängele. Statt nach 15 Minuten stehe ich nach drei Minuten vor der Ampel am anderen Ufer. Ohne Blaulicht. An der Fontanka oder auf dem Litejny wiederholt sich das Spiel: Die Autos stehen, ich fahre - so gut es eben zwischen diesen Verkehrshindernissen vorwärts geht. Und je mehr die Stadt am Stau erstickt, desto mehr wächst mein Zeitvorteil. Vor einigen Jahren traute ich mich mit dem Bike noch nicht auf den rauschenden Newski. Inzwischen hat sich die Blechlawine auch hier bis zum Quasi-Stillstand verdichtet - lässt aber immer genug lenkerbreite Lücken offen.

Keine Frage, ich kenne angenehmere Städte zum Radfahren. Radwege sind in St. Petersburg so gut wie unbekannt. Aber es gibt viele Parks, stille Nebenstraßen, Schleichwege durch Hinterhöfe und - vor allem entlang

Fußgänger: Vorsicht auch bei Grün!

Selbst als Fußgänger ist es eventuell lebensrettend, sich ein bisschen mit der **Psychologie russischer Kraftfahrer** auseinanderzusetzen. Selbige besteht aus einer Mischung von Gleichgültigkeit, infantiler Protzerei und einem Beharren auf dem Recht des Stärkeren. Es wird hemmungslos gedrängelt, geschnitten, gerast, die Vorfahrt genommen oder auch mal eiskalt bei Rot über eine Ampel gerauscht.

Die **Straßenverkehrsordnung** scheint zumindest für eine gefährliche Teilmenge der Verkehrsteilnehmer nur dann relevant zu sein, wenn ein *GAIschnik* (ein Beamter der Verkehrspolizei GAI) den betreffenden Straßenabschnitt beobachtet. Zudem gibt es eine Klasse von Autofahrern, die aufgrund einer tatsächlichen oder eingebildeten Immunität gegenüber den Gesetzeshütern (sei es wegen eines hochrangigen behördlichen Dienstausweises oder auch nur eines gut gefüllten Geldbeutels) offenbar glauben, sich im Straßenverkehr einfach alles heraus-

Extrainfo 18 (s. S. 11): Russische Autofahrer lieben Kameras auf dem Armaturenbrett. Diese Zusammenstellung zeigt rührende Momente der Hilfsbereitschaft auf Russlands Straßen.

*der Newa – sehr breite Trottoirs.
Die wenigen Fußgänger beschwe-
ren sich nie, wenn man von hinten
kommend freundlich klingelt. Und
Verkehrspolizisten muss man schon
über die Füße fahren, bevor sie einen
Radler anhalten.*

096ru-ld

*Warum steigen dann nicht mehr
Leute aufs Rad um? Zu gefährlich,
sagen die einen. Da ist was dran.
Aber aus dem Mund eines Volkes,
das als Autofahrer die Anschnall-
pflicht für Freiheitsberaubung hält
und als Fußgänger an der Ampel
immer einen Schritt weit auf der Fahrbahn wartet, ist das unglaubwürdig.
Das Fahrrad wird doch gestohlen, sagen die anderen. Da ist nichts dran –
wenn man sein Bike ankettet. Denn mangels Fahrrädern gibt es auch keine
Fahrraddiebe!*

*Der wahre Grund liegt tiefer, poren-tiefer: In Russland gilt Schwitzen –
außer in der Banja – als unfein. Und ich gestehe, im St. Petersburger Ver-
kehrsgewühl wird mir doch ganz schön heiß.*
Lothar Deeg

nehmen zu können, beispielsweise bei einem Stau über den Gehweg
auszuweichen.

Für Fußgänger bedeutet dies, auch an grünen Ampeln mit einem Seiten-
blick zu **prüfen, ob die Straße wirklich gefahrlos überquert werden kann.**
Erst recht gilt dies für ungeregelte Zebrastreifen: Im Prinzip hat auch in
Russland hier der Fußgänger Vorrang – in der Realität kümmert das viele
Automobilisten jedoch nicht im Geringsten. Sie brettern mit den innerorts
üblichen, weil straffreien 80 km/h (offiziell erlaubt sind 60 km/h) einfach
durch. Erst seit die Strafen für derartige Verstöße deutlich heraufgesetzt
wurden, hat man als Fußgänger immerhin die Chance, über die Straße zu
gelangen, ohne böse angehupt zu werden.

⌃ Im Prinzip ist Russland kein Radfahrerland …

Eine gewisse **Besserung in der Verkehrsdisziplin** ist in den letzten Jahren aber doch zu beobachten. Sie beruht weniger auf den Bemühungen der GAI und des Gesetzgebers, als auf der Einsicht, dass es auf überlasteten Straßen alle leichter haben, wenn man gegenseitige Rücksichtnahme und Solidarität walten lässt – ungeachtet der Hubraumgröße! Wer generös ein anderes Fahrzeug vor sich einscheren lässt, erhält deshalb von dessen Fahrer einen kurzen optischen Dank – in Form eines Aufblinkens der Warnblinkanlage.

Einkaufen

Russland ist ein Einkaufsparadies – allerdings nur, was die **Ladenöffnungszeiten** angeht: Vorschriften dafür gibt es nämlich nicht, jeder Geschäftsinhaber kann sie nach Gutdünken festlegen. Deshalb sind – von einigen Fachgeschäften abgesehen – faktisch alle Läden auch sonntags geöffnet, meist jedoch etwas kürzer als an Arbeitstagen. Je nach Profil und Lage des Unternehmens wird morgens zwischen 8 Uhr (z. B. Apotheken) und 11 Uhr (Boutiquen) geöffnet und abends zwischen 19 und 24 Uhr geschlossen. Mittagspausen sind nicht üblich. Manche Supermärkte, Lebensmittelläden und viele Kioske haben **rund um die Uhr** geöffnet. Mitten in der Nacht findet man vereinzelt geöffnete Büchergeschäfte, Blumenläden oder Apotheken.

Mittlerweile hat sich in Russland das **Selbstbedienungsprinzip** weithin durchgesetzt. Allerdings wird die Kundschaft argwöhnisch von Kameras, Wachleuten oder Verkaufspersonal beäugt – und man tut immer gut daran, größere Taschen oder Rucksäcke in einem der Schließfächer zu verstauen, die fast überall am Eingang stehen. Nur in der tiefsten Provinz oder in manchen Fachgeschäften (etwa für Computerzubehör oder Schreibwaren) kann man noch auf das **klassische sowjetische Verkaufsschema** stoßen, das früher selbst den Erwerb eines Brotes zu einer ernsten Sprach- und Geduldsprobe machte: Erst muss man dem Personal hinter der Ladentheke erklären, was man in dessen Zuständigkeitsbereich zu erwerben wünscht, worauf man die Preise (oder kryptische Produktnummern) des Gewünschten auf einen Zettel notiert bekommt. Damit geht man dann zu einer zentralen Kasse, begleicht die Gesamtsumme und kehrt mit dem Kassenzettel zum Verkäufer/zur Verkäuferin zurück, um sich die Ware aushändigen zu lassen.

Selbst die meisten kleinen **Produkty-Läden** (Lebensmittelgeschäfte), die wegen der Enge ihrer Verkaufsräume nicht auf Self-Service umstellen können, haben inzwischen die separate Kasse außer Dienst gestellt und nehmen das Geld direkt über die Ladentheke entgegen. Deshalb sollten auch absolute Russisch-Laien mit Fingerzeigen, Gestik und Kauderwelsch letztlich den Tausch von Geld gegen Ware erfolgreich und korrekt abwickeln können.

Wer noch irgendwo eine Verkäuferin entdeckt, die in weiße Schürze und Häubchen gewandet die Gesamtsumme des Einkaufs ruckzuck mit einem **Holzperlenabakus** errechnet, kann sich glücklich schätzen und davon zu Hause seinen Enkeln erzählen: Denn dieses einst im russischen Handel unverzichtbare Gerät wird alsbald aus dem Alltag verschwunden sein wie Dampflokomotiven aus Bahnhöfen oder Schreibmaschinen aus den Büros.

Allemal ein Erlebnis ist hingegen der Einkauf in einer **Markthalle:** Anders als in den eher muffig geführten Lebensmittelgeschäften preisen die Verkäufer (viele davon aus dem Süden) hier ihre appetitlich aufgestapelten Waren lebhaft an, fordern zum Probieren von diesem oder jenem auf (etwa Honig, Obst oder Nüssen), steigern mit dem „Darfs-etwas-mehr-sein?-Trick" aktiv ihren Umsatz, fragen nebenher nach dem Woher-Wohin und packen gerne auch noch einen Touristenaufschlag auf den (oft nicht angeschriebenen) Kilopreis. Dagegen hilft eigentlich nur, vorher zu fragen,

Haben Sie es nicht passend? Pokern ums Wechselgeld

Oft wird man in Russland mit der recht deutlichen Forderung konfrontiert, doch passend zu bezahlen. Typische Kassendamen hüten ihren Vorrat an Wechselgeld geradezu argwöhnisch und betrachten es offenbar als Zumutung, eine ziemlich ungerade Summe herausgeben zu müssen. Besonders selten sind Zehnermünzen und Hunderter-Rubelscheine, während es mit kleineren Münzen meist keine Probleme gibt. Wer mit einer 500-, 1000- oder 5000-Note eine Ware von weniger als 20 Prozent des Geldwertes begleichen will, sollte sich vorab entschuldigen, dass er es leider nicht kleiner hat – ein von wenig gastfreundlichem Gegrummel unterlegter bitterböser Blick ist einem sonst gewiss. Hintergrund für die Großgeldphobie ist neben der Angst, Falschgeld untergeschoben zu bekommen, offenbar eine Art Spiel um die Berufsehre: Wer als Kassiererin bei Kolleginnen oder bei der Buchhaltung neues Wechselgeld besorgen muss, hat sich an diesem Tag verzockt! Um sich und anderen nicht die Laune zu verderben, ist es deshalb ratsam, das Spiel mitzumachen: Man verwalte haushälterisch seinen Bestand an Münzen und kleinen Scheinen – um bloß nie in die missliche Lage zu kommen, eine Flasche Wasser mit einem 1000er bezahlen zu wollen!

was dieses oder jenes denn kostet und abzuwinken, wenn es zu teuer erscheint. Eventuell geht der Händler dann mit dem Preis etwas herunter. Aber noch weiter zu **Feilschen** gilt auf russischen Märkten dann schon als unwürdig.

△ Auf diesem Fischmarkt auf Kamtschatka ist das Angebot ebenso frisch wie üppig

Umgang mit Uniformierten

Auf Bewaffnete und Uniformierte kann man in Russland **an ungewohnten Orten** stoßen – etwa am Eingang eines Lokals oder eines Geschäfts, in dem man eigentlich nur ein harmloses Souvenir suchen wollte. Nicht immer machen Körperhaltung und Gesichtsausdruck dieser Wachhabenden einen einladenden Eindruck. Deshalb gleich wieder umzudrehen, ist der falsche Ansatz – der freundliche Teil des Etablissements sollte gleich hinter dem Rücken der Wächter beginnen. Deren Anwesenheit ist angesichts der hohen Kriminalität wie auch der möglichen Störungen des Betriebsfriedens durch Betrunkene eine Notwendigkeit – erst recht bei Öffnungszeiten bis spät in die Nacht oder rund um die Uhr. Und da Wachmänner **lange Arbeitszeiten zu eher lausigen Löhnen** haben, ist es bei ihnen mit der Freundlichkeit meistens nicht weit her. Am besten ignoriert man a so Wächter genauso wie diese es mit einem selbst machen – sofern man nicht auffällig wird.

Im **Kontakt mit Polizisten und sonstigen Beamten** gilt für Ausländer zunächst einmal die goldene Regel, sich kooperativ und aufgeschlossen zu zeigen – auch wenn der Staatsdiener aus alter Gewohnheit seinerseits eher grantig bis ungehobelt auftritt. Etwas menschliche Wärme lässt den Beamten oftmals auftauen und das Problem löst sich leichter, als wenn man gleich eingeschnappt zum Gegenangriff übergeht. Ein Recht, angelächelt zu werden gibt es in Russland schließlich nicht.

Außerdem ist es für Außenstehende in der Tat oft schwer verständlich, warum nun dieser oder jene Weg gesperrt oder dieser oder jene Stempel nun dringend nötig ist. Dies kann **Vorschrift, Schikane** oder auch eine am Vortag **neu eingeführte Antiterrormaßnahme** sein. Oft wissen das die Beamten selbst nicht so genau, lieben es dann aber umso weniger, wenn ihre Maßnahme von neunmalklugen Ausländern unter Verweis auf westliche Effizienzvorstellungen oder Bürgerrechte prompt hinterfragt wird.

Unterwürfigkeit gegenüber Uniformierten zu zeigen, ist aber auch der falsche Weg: Leider gibt es ja Beamte, die ihre Macht und Position kriminell ausnutzen. Ein Klassiker dieses Genres ist die **nächtliche Personenkontrolle** eines (mutmaßlich angetrunkenen) Touristen durch eine Polizeistreife: Eine Überprüfung der *dokumenty* ist statthaft – aber wenn dann die Frage nach Waffen (*oruschije*) oder Drogen (*narkotiki*) folgt, sollte man ganz schnell nüchtern und hellwach werden. Dies kann nämlich der Auftakt zu einer **Leibesvisitation** sein, deren eigentliches Ziel der Inhalt des Geldbeutels ist. Möchte der Beamte Tascheninhalt und Portemonnaie inspizieren, sollte man letzterem vor aller Augen erst alle Geldscheine entnehmen und es weiterhin fest, aber offen in der Hand halten. In der leeren

Börse darf der Milizionär dann gerne zwischen dem Kleingeld nach Drogen schnüffeln, wozu er aber wohl schon keine Lust mehr haben wird.

Allerdings muss man sich darüber im Klaren sein, dass auch **kleine Vergehen** wie wildes Pinkeln, öffentliches Fluchen, das Sitzen auf der Rückenlehne einer Parkbank oder das regelwidrige Überqueren einer Straße **als Ordnungswidrigkeiten geahndet** werden können. Die Polizisten haben das Recht, einen dabei ertappten „Rechtsbrecher" zur **Erstellung eines Protokolls** auf ihre Amtsstuben mitzunehmen. Und das kann Stunden in wenig angenehmer Umgebung und Gesellschaft bedeuten – eventuell sogar in einer Arrestzelle. Wem in dieser Situation bedeutet wird, der Vorfall ließe sich auch durch einen diskret den Besitzer wechselnden 100-Euroschein aus der Welt schaffen, muss diese Güterabwägung dann selbst vornehmen.

Begrüßung und Anrede

Jemanden in Russland korrekt zu begrüßen, ist gar nicht schwer – sofern man die Aussprache des Ausdrucks **„sdrawstwujte!"** halbwegs hinbekommt. Das heißt wortgetreu „Seid gesund!" und passt grammatikalisch auf einen oder gleich mehrere Angesprochene. Daneben gibt es ein Paket Grußformeln, die faktisch wortwörtlich dem deutschen „Guten Morgen", „Guten Tag", „Guten Abend" bzw. den Abschiedsformulierungen „Gute Nacht", „Gute Reise" und „Auf Wiedersehen" entsprechen (man konsultiere hierzu einen Sprachführer, siehe Literaturtipps im Anhang).

Alles also ganz einfach – wäre da nicht noch die Frage des **Körperkon-taktes:** Der **Handschlag** ist zwar auch in Russland eine gebräuchliche Geste, aber nicht nur über Türschwellen (s. a. Kapitel „Feste und Bräuche, Traditionen und Aberglauben") verpönt: Zwischen Männern und Frauen und unter Frauen ist der Handkontakt ebenfalls nicht üblich. Vielen Frauen ist es unangenehm, eine fremde (ungewaschene?) Hand zu drücken. Als Ausländer macht man jedenfalls nichts falsch, wenn man nicht als erster die Hand zur Begrüßung ausstreckt – aber bereit ist, eine solche sofort zu ergreifen. **Augenkontakt und ein freundliches Nicken** tun es als Default also auch.

Und wenn es noch eine Spur herzlicher sein soll? Sozialistische **Bruder-küsse** der Art „*Breschnew* heißt *Honecker* willkommen" sind definitiv ver-gangenheit. Auch in dieser Sphäre unterscheiden sich die Russen heute wenig von den Deutschen: Man kann sich zur Begrüßung und zum Ab-schied umarmen, mit oder ohne Wangenkontakt, einmal oder zweimal, mit oder ohne Schmatz, ganz nahen Menschen auch ein Küsschen auf die Wange drücken – die Frage, was nun angemessen ist, bleibt der Ge-mütslage, der Situation, dem Alkoholgehalt im Blut und dem persönlichen Charakter überlassen. **Tabus** gibt es hier genauso wenig wie feste Regeln.

Der vertrackte Vatersname: richtiges Ansprechen

Zu Sowjetzeiten war es ganz einfach, den richtigen Ton bei der Anspra-che eines namentlich unbekannten Menschen zu treffen: Alle Sowjetbür-ger waren schließlich **Genossen** – weshalb man Männlein wie Weiblein, egal ob jung oder alt, im Zweifelsfall *towarischtsch* nennen konnte. 25 Jah-re später ist diese Anrede nur noch in der Armee üblich: Selbst der Staats-präsident ist für die Militärs der „Genosse Oberkommandierender".

Wie aber wenden sich **Zivilisten** an ihresgleichen oder – was selten ge-nug vorkommen wird – an das Staatsoberhaupt? Die Sache ist kompliziert, denn eine praktikable Entsprechung zum deutschen Herr Maier/Frau Mül-ler gibt es im Russischen nicht: Will man eine namentlich bekannte Person ansprechen, so sind dafür der **Vorname und der Vatersname** (*otschest-wo*) zu benutzen, nicht aber der Familienname: An Präsident *Wladimir Pu-*

◁ Sollte einem die Staatsmacht in diesem Aufzug entgegentreten, ist Zurück-haltung angesagt: die streitbare OMON-Truppe am Rande einer Demonstration

tin wendet man sich also mit der Anrede *Wladimir Wladimirowitsch* – weil sein Vater mit Vornamen auch so hieß. Die Vorsitzende des Föderations-rats *Valentina Matwijenko* begrüßt man als *Valentina Iwanowna*.

Zu merken ist also: Der **Vatersname ist offizieller Namensbestandteil.** Er folgt in Ausweisen, auf Visitenkarten oder Namensschildern auf den Vornamen und ist von eventuellen zweiten Vornamen oder dem Nach-namen dadurch zu unterscheiden, dass er fast immer auf **-jewitsch** oder **-jowitsch** bei Männern und **-jewna** oder **-jowna** bei Frauen endet. Bei den Damen muss man dabei genau hinsehen, denn russische Familiennamen erhalten bei ihnen ein *-a* als Anhängsel – wobei viele dieser Namen wie-derum auf slawische Vornamen plus die Silbe *-ow* zurückgehen. Eine *Irina Iwanowa*, deren Vater *Iwan* heißt, muss folglich also als *Irina Iwanowna* angesprochen werden!

Die Kenntnis des Vatersnamens ist dabei Zeichen für eine gewisse Ver-trautheit mit dem Angesprochenen. Schließlich werden zum Beispiel in Medienberichten nur Vor- und Familiennamen von Personen genannt. Und an Türschildern von Beamten oder Managern stehen wiederum hin-terlistigerweise oft nur die Initialen von Vor- und Vatersname. Wer hier zu einem Gespräch erscheint, tut gut daran, Eingeweihte wie die Vorzimmer-dame zu Rate zu ziehen, wie die beiden Buchstaben zu dechiffrieren sind.

Die Verwendung dieser Anredeform mit Vor- und Vatersname hat et-was Offizielles und beinhaltet eine gewisse **Ehrerbietung** – sie ist beispiels-weise gegenüber Lehrern oder im Business üblich.

Und was tut ein Russe im Gegenzug, wenn er formell einen Ausländer ansprechen will? Der hat ja nun keinen Vatersnamen. Für Fremde hält die russische Sprache deshalb eine Herr/Frau-Variante bereit – und man be-grüßt herzlich **Gospodin Majer** und **Gospascha Mjuller.**

Und was tun, **wenn man den Angesprochenen gar nicht kennt?** Im Prinzip reicht es, als Ausländer eine Frage oder Bitte geschlechterübergrei-fend mit *iswinite* („Verzeihung") oder *budte dobry* („Seien sie so gut") ein-zuleiten. Russen taxieren hingegen ihr Gegenüber gerne nach dem **Alter:** Männer bis ca. 40 gelten als „junger Mensch" *(molodoj tschelowek),* darü-ber einfach als „Mann" *(muschtschina),* während ein Greis als „Großvater" *(deduschka)* tituliert wird. Junge und jung wirkende Frauen sind hingegen „Mädchen" *(dewuschka* – übrigens auch die richtige Anrede für eine Kell-nerin oder Verkäuferin), die erst im matronenhaften Alter zur etwas grob-schlächtig klingenden „Frau" *(schenschtschina)* und im fortgeschrittenen Rentenalter zum Mütterchen *(babuschka* oder *babulja)* befördert werden. Kinder kann man mit „Junge" *(maltschik)* oder „Mädchen" *(dewotschka)* ansprechen – während diese sich wiederum an fremde Erwachsene mit „Onkel" *(djadja)* oder „Tante" *(tjotja)* wenden werden.

Von Hänschen, Häschen und Mädchen: Koseformen

Ist man sich vertraut oder der Umgang leger, sprechen sich Russen nur mit ihren **Vornamen** an und stellen sich auch nur so vor. Wer Russisch kann, sollte diese Anrede dann aber zunächst mit der **Ihr-Form ("wy")** verbinden, die dem deutschen **Siezen** entspricht.

Das **Duzen (ty)** wäre eine weitere Stufe der Vertrautheit – die dann meist auch mit einer weiteren Verwandlung des Vornamens einhergeht: Denn die Russen lieben es, anstelle ihrer Vornamen deren Koseformen zu verwenden – die, oh Schreck, auch bei Männern alle auf das weiblich klingende -a enden! Aus *Alexander* wird dann *Sascha* oder *Sanja*, aus *Alexej* – *Aljoscha* oder *Lonja*, aus *Dmitri* – *Dima*, aus *Gennadi* – *Schenja*, aus *Wladimir* – *Wolodja* oder *Wowa*, aus *Nikolai* – *Kolja*. Und eine *Swetlana* verkürzt sich zu *Sweta*, *Irina* nennt sich *Ira*, *Olga* – *Olja*, *Jelena* – *Lena*, *Valentina* – *Walja*, *Ljudmila* – *Ljuda* und eine *Maria* ruft man *Mascha*.

Kurzum, so steif die offiziellen Vatersnamen-Anreden klingen, so sehr liebt der russische Sprachalltag in familiäreren Situationen den **Diminutiv.** Man trifft ihn auch dort, wo man Koseformen eher nicht erwarten würde: Wäre es etwa an einer deutschen Universität vorstellbar, dass eine Dozentin ihre Studierenden als "Kinderchen", "Kätzchen" oder gar als "Häschen" anspricht?

Gesprächsverhalten

Für viele Russen ist die **Bekanntschaft mit einem leibhaftigen Ausländer** bis heute ein ungewöhnliches Ereignis – erst recht in der Provinz, wohin diese sich selten verirren. Deshalb darf man es niemandem übel nehmen, wenn nach dem Überwinden einer ersten Scheu dem Fremden Löcher in den Bauch gefragt werden, sofern sich dafür eine gemeinsame Sprache oder ein Dolmetscher findet. Russische Durchschnittsbürger interessieren sich dabei meist nicht für Politik oder Sport, sondern für den **Lebensstandard:** Wie hoch sind die Löhne? Stimmt es, dass Arbeitslose und Immigranten so viel Geld vom Staat bekommen, dass sie ohne Sorge leben können? Jede Familie hat ein eigenes Haus, nicht wahr? Und es herrscht wirklich überall Sauberkeit und Ordnung?

Die Fragen lassen ahnen, dass die **Vorstellung von Europa** als "Paradies auf Erden" tief sitzt und doch von gewissen Zweifeln angenagt wird. Es wäre falsch, jetzt mit einer Brandrede über die Ungerechtigkeit des globalisierten Kapitalismus, den Raubbau an den natürlichen Ressourcen oder der generationenübergreifenden Verschuldung der Wohlfahrtsstaaten zu kontern. Meist reicht es, die Einkommen zu Hause in ein Verhältnis zum Mietpreisniveau und den Kosten für Grundnahrungsmittel zu setzen, um dem Gespräch eine konstruktiv-nachdenkliche Note zu verleihen.

Anschließend wird der einheimische Gesprächspartner mit Sicherheit zu einem **Klagelied** ansetzen, wie schlimm es um die Lebensverhältnisse in Russland bestellt ist: Miserable Löhne, Korruption überall, keine Ordnung, alle immer betrunken und der Reichtum des Landes von den Oligarchen an die Amerikaner verkauft ...

Was sagt man nun? Man sollte Verständnis zeigen für die Probleme – aber bloß nicht vehement ins gleiche Horn stoßen. Denn Russen schimpfen zwar gerne mit Enthusiasmus über ihr eigenes Land, mögen es aber gar nicht, wenn dies Ausländer tun. Da erwacht dann doch schnell wieder der zuvor beiseite gestellte **Nationalstolz** und der kann manchmal ganz schön plump sein. Also sollte man das Gespräch am besten in eine versöhnliche Richtung umleiten: Es liegt sicher viel im Argen in Russland, keine Frage, aber das wird sich schon mit der Zeit geben – und überhaupt: Sind nicht dafür die Menschen in Russland viel herzlicher, die Wälder weiter, der Wodka klarer und der Himmel blauer als bei uns im engen, kleinkarierten Europa?

Das ist dann wahrer Balsam auf die wunde russische Seele und der eben noch so verbitterte und leicht neidische Gesprächspartner wird nun mit leuchtenden Augen von seiner begabten und hübschen Enkeltochter, den immer hilfsbereiten Kollegen, seiner gemütlichen Datscha mit der selbstgebauten Banja, den Pilzen im Wald und den fetten Fischen im Fluss erzählen, wie es sie eben nur hier in Russland gibt. Und ach ja, er hat da einen Nachbarn/Neffen/alten Schulfreund, der ist vor ein paar Jahren nach Deutschland/Kanada/Israel ausgewandert – und dem fehlt das ja alles so sehr, dem armen Kerl ...

Verabredungen und Ausgehen

„**Idiom guljat!**" – Wer diese Aufforderung von russischen Bekannten hört, muss aus den Zwischentönen und der angepeilten Tageszeit heraushören, was eigentlich gemeint ist. In jedem Fall handelt es sich um eine gemeinsame entspannte Unternehmung. Aber welche? Das Verb *guljat* bedeutet im Kern „spazieren gehen" oder „bummeln". Genauso kann es aber auch „feiern" oder „zechen" bedeuten.

Gegenüber einem ausländischen Gast wird die Aufforderung wohl eine Kombination der beiden Bedeutungen darstellen: eine **Stadtbesichtigung** mit späterer **Einkehr** oder ein **Kneipenbummel**. Russen lieben es im

Sommer auch, das eine mit dem anderen unmittelbar zu verbinden: Es gilt nicht als unschicklich, mit einer Flasche Bier oder einem Alkopop in der Hand spazieren zu gehen oder sich – in Ermangelung von Straßencafés – auf einer Parkbank niederzulassen. Nach russischem Verständnis sind beides schließlich Erfrischungsgetränke.

Wird ein Treffpunkt ausgemacht, ist es ratsam, sich schon einmal moralisch auf **Wartezeiten** einzurichten: Russen sind keine Pünktlichkeitsfanatiker. Bis zu einer halben Stunde Verspätung sollte man jedem zubilligen. Zum guten Ton gehört es allerdings schon, dann (mit einer guten Begründung) um Entschuldigung zu bitten – bzw. diese generös auch zu gewähren. Im Mobilfunkzeitalter hat man zuvor vermutlich bereits die Nummern ausgetauscht – dann sollte man über die Verspätung spätestens nach 15 Minuten per SMS oder Anruf unterrichten.

Trifft bei der Gelegenheit ein Herr auf eine Dame, macht sich nach dem russischen **Galanterieverständnis** die Übergabe eines vorab gekauften Blümchens gut – selbst wenn das dann den ganzen Abend mit herumgetragen werden muss, was westlich-rationalen Seelen überhaupt nicht praktisch erscheinen wird. Außerdem gehört es sich, dass bei einem solchen zweisamen Ausgehen der Herr grundsätzlich für die Dame bezahlt – egal wie emanzipiert, verwestlicht oder finanzkräftig diese erscheint! Wer hier vorschlägt, halbe-halbe zu machen, braucht sich keine Hoffnungen auf ein Gedeihen der interkulturellen Beziehung mehr zu machen.

⌃ Ein Bier und noch ein Bier: „Spaziergänger" in einem St. Petersburger „Kafe"

Lädt ein Einheimischer einen Ortsfremden das erste Mal zu sich nach Hause ein, so wird er als **Treffpunkt** in der Regel die nächste Metrostation bzw. Bushaltestelle oder einen zentralen Ort vorschlagen. Gegenfragen nach der Wohnadresse und der Hinweis, man werde schon selbst hinfinden, werden manchmal geradezu bewusst überhört. Vor allem ältere Russen haben wenig Vertrauen in die magische Kraft von Stadtplänen – einerseits, weil es früher keine wirklich guten Karten gab und andererseits, weil viele Menschen deshalb auch das Kartenlesen nie richtig gelernt haben.

Allerdings kann es in der Realität wirklich sehr schwierig sein, in einem weitläufigen Neubauviertel, wo alle Wohnblocks faktisch gleich aussehen, „Haus Nr. 2, Korpus 3, Aufgang 4, Wohnung 234" zu finden oder dafür eine Wegbeschreibung zu geben. Das gleiche gilt für St. Petersburger oder Moskauer Hinterhöfe.

An russischen Hauseingängen und Wohnungstüren stehen im Übrigen **keine Namen.** Die **Wohnungsnummer** ist deshalb unerlässlicher Bestandteil der Adresse! Wer sich dennoch selbst durchschlagen will oder muss, braucht zudem eine Information darüber, ob die Türe des Treppenhauses mit einem **Codeschloss** oder einer **Sprechanlage** (domofon) gesichert ist und wie diese zu bedienen sind.

Ess- und Trinkkultur

Das Nationalgetränk der Russen ist – nein, nicht Wodka, sondern **Tee.** Ohne schwarzen Tee, so scheint es, können Russen morgens nicht in Gang kommen, tagsüber nicht arbeiten, mittags nicht essen, abends kein vernünftiges Gespräch führen und nachts nicht zu Bett gehen. Die Zubereitung erfolgt heute meist anspruchslos per Teebeutel. Zu Tisch in größerer Runde wird in der Regel immer noch ein eher kleines Kännchen mit einem stark konzentrierten Teesud serviert, der dann für jeden Teetrinkenden nach Wunsch mit mehr oder weniger kochend heißem Wasser gestreckt wird. Meist wird Tee mit viel Zucker und ohne Milch getrunken. Ganz klassisch ist es, dazu von einem kleinen Tellerchen noch etwas dschem genannte Marmelade zu löffeln. Der **Samowar,** ein nostalgischer, ursprünglich mit glühender Kohle, später dann elektrisch beheizter Teekocher, ist zwar bis heute ein Russlandsymbol, aber nur noch bei den wenigsten Familien in Gebrauch.

Was den **Wodka** angeht, gibt es in Russland zwei goldene Regeln: Erstens trinkt man Wodka nie allein, zweitens nie ohne dazu wenigstens einen kleinen Happen (sakuska) zu essen. Als **„sakuska"** kommt im Notfall auch ein Stück Brot infrage, klassisch ist aber Saures, was die Verträglich-

keit des 40-Prozentigen auch wesentlich steigert – meist marinierter Hering oder Salzgurken. Wodka trinkt man also zum Essen, nicht als Aperitif oder Verdauungsschnaps – und die Flasche gehört vorher in den Kühlschrank, aber nicht ins Eisfach. Für den Flüssigkeitshaushalt darf man parallel auch Mineralwasser, Limonade oder Saft zu sich nehmen.

Apropos Flüssigkeit: Davon gibt es bei einer klassischen russischen **Mahlzeit** in der Regel auch so genug, denn **Suppen** gelten hier noch als vollwertige Speisen und nicht als Überbrücker der Wartezeit bis zum Hauptgang. Entsprechend sind die Portionen auch größer. Ein großer Teller Borschtsch oder eine im Steinguttopf servierte 500-Gramm-Portion **Soljanka** (in vielen Speisekarten steht die Masse der Speise!) kann schon alleine satt machen. Und sie ist mit ihrem komplexen sauer-salzig-scharfen Geschmack so etwas wie das Urmeter der russischen Kochkunst.

Eine Soljanka enthält gleich mehrere Fleischsorten und Wurst, was bezeichnend ist, denn die russische Küche ist sehr fleischhaltig. **Vegetarier** haben es in Russland schwer, gut essen gehen zu können. Nach landläufiger Meinung gehören Fleisch oder Fisch einfach zu einer richtigen Mahlzeit, was gerne mit dem harten Klima und dem langen saisonalen Mangel an frischem Gemüse begründet wird. Eine gewisse Kompensation sind für Fleischverächter allerdings die beliebten **Pilzgerichte,** auf die man sich in Russland versteht – und die **Fastenzeiten der orthodoxen Kirche,** in denen manche Lokale auch ein spezielles fleischloses Menü anbieten.

⌂ Schaschlik ist den Russen die liebste Art, Fleisch zu essen – vor allem, wenn es vom offenen Grill im Freien kommt

Beides rettet allerdings nicht vor einer anderen Eigenart der russischen Küche: Die Speisen sind in der Regel recht fettig. Auch sonst ist die landestypische Cuisine nicht gerade ein Schlankmacher: Kartoffeln sind die beliebteste Beilage, Soßen werden gerne auf Basis von Mayonnaise oder *smetana* angerührt – dabei handelt es sich um dickflüssigen Schmand (Crème fraîche). Ein großer Löffel voll *smetana* gehört übrigens unbedingt auch in den Borschtsch!

In größeren Städten ist es heute keine Schwierigkeit mehr, **Restaurants** mit anderem nationalen Einschlag zu finden: Besonders populär sind dabei **Italiener** (d. h. Pizzerien) und **Georgier** (mit gut gewürzten Grillgerichten) sowie allerlei **orientalische Küchen,** seien sie usbekisch, indisch oder japanisch.

Hier ist man in der Regel auch vor einer weiteren Eigenart russischer Restaurants sicher: Es geht dort meist sehr laut zu, die Musik dröhnt und später am Abend wird oft sogar getanzt. Ein Restaurantbesuch ist für Russen nämlich weniger Ausdruck des Wunsches nach delikatem Speisen und gepflegter Konversation als nach **geselligem Amüsement.** Wer es ruhiger haben will, sollte ein **„kafe"** aufsuchen. Derartig missverständlich heißen in Russland kleine Speiselokale. Aber auch in einer **„bar",** wie sich die in den letzten Jahren sehr populär gewordenen Pubs und Kneipen mit großer Bierauswahl nennen, wird man ein üppiges Speiseangebot finden.

Es hat geschmeckt? Bleibt das Bezahlen: **Trinkgeld** wird in Russland als Belohnung für guten Service verstanden und nicht als Pflichtabgabe. 5 bis 15 Prozent sind angemessen. Die Übergabe erfolgt dabei dezent. Die Rechnung kommt in einer Mappe auf den Tisch, man legt dort Geld hinein, wie man es eben passend hat, nach einiger Zeit wird das Wechselgeld exakt abgezählt in der Mappe zurückgebracht, worauf man darin wiederum das Trinkgeld zurücklässt. Dieses nennt man in Russland übrigens *tschajewyje* – was im Wortlaut „Geld für Tee" bedeutet. Denn ohne Tee ... – das hatten wir ja schon.

Zu Gast bei Russen? Ein kleiner Benimmkurs

Russische Freunde, Kollegen oder neue Bekannte haben Sie zu sich nach Hause eingeladen? Egal, ob ein Geburtstag oder ein Feiertag begangen wird oder Ihr Besuch selbst der Anlass ist: Sofern Ihre Gastgeber nicht hoffnungslos verwestlicht sind, erwartet Sie jetzt ein strenges Ritual – und es lauern jede Menge Fettnäpfe von interkultureller Schlüpfrigkeit. Aber Panik ist nicht angebracht, wenn man einige Tipps zur Etikette beherzigt.

- Kommen Sie einigermaßen pünktlich, aber nie zu früh.
- Die Minimalmitbringsel: Ein Blumenstrauß (nicht weiß, nicht gelb, Blumen in ungerader Anzahl) für die Dame des Hauses, eine Schachtel Pralinen – alternativ dazu geht auch eine Spezialität aus Ihrer Heimat oder eine Flasche Wein (unbedingt aus dem „Fernen Ausland", kein GUS-Produkt!). Wein mitzubringen kann strategisch clever sein, wenn Sie nämlich keinen Wodka trinken wollen (s. u.). Sind Kinder im Hause, kaufen Sie noch was Süßes.
- Sofern Sie nicht wissen, dass bei Ihren Gastgebern blanke Not herrscht: Keine Carepaketinhalte (Kaffee, Obst, sonstige Lebensmittel oder Alltagswaren) anschleppen. Wir haben nicht mehr 1990!
- Achtung Aberglaube: Niemals an der Wohnungstür die Hand über die Schwelle reichen.
- Ziehen Sie an der Garderobe unaufgefordert ihre Straßenschuhe aus (hoffentlich sind die Socken jetzt nicht löchrig). Man wird Ihnen Hausschuhe reichen. Damen können sich elegante Schuhe mitbringen und dafür ihre Schneestapfstiefel an der Wohnungstür parken.
- Loben Sie die Gemütlichkeit der Wohnung, den Inhalt der Hausbibliothek, die Klugheit der Kinder (und schweigen Sie über Dinge, die Ihnen hier nicht gefallen). Begrüßen Sie auch freundlich Hund und Katze – man würde Sie sonst für gefühlskalt halten.
- Der Tisch ist eingedeckt mit verschiedenen Salaten, Wurst, Käse, Hering, Oliven und Brot. Exotische Produkte sind unüblich. Alles, was auf dem Tisch steht, sind nur die Vorspeisen! Halten Sie soweit Maß, dass Sie beim Hauptgang (meist Fleisch oder Fisch mit Beilage) noch etwas Appetit haben. Den Rest besorgen dann ohnehin Eiscreme, Kuchen oder Torte.
- In den meisten Salaten steckt Fisch oder Fleisch. Wenn Sie überzeugter Vegetarier sind, haben Sie jetzt verloren – sofern Sie ihre Gastgeber nicht rechtzeitig vorgewarnt haben. Das ist zwar auch etwas peinlich, aber doch weit weniger, als wenn Sie jetzt nichts anrühren würden. Führen Sie keine Moraldiskussion über Vegetarismus. Sagen Sie einfach, Sie vertrügen keine tierischen Fette.

- *Man wird Ihnen Wodka (oder den mitgebrachten Wein) einschenken. Lassen Sie gewähren. Der Gastgeber braucht ihn, um den ersten Toast (auf die Gäste und das Zusammenkommen) auszubringen.*
- *Alkohol trinkt man nur gemeinsam nach den Trinksprüchen. Gegen den Durst bekommen Sie Saft oder Mineralwasser.*
- *Sie sind nicht verpflichtet, Ihr Wodkaglas bei jedem Toast leerzutrinken. Ein Schlückchen, das dann wieder aufgefüllt wird, reicht auch.*
- *Bloß nicht das Glas hinter sich werfen! Das hat sich Iwan Rebroff ausgedacht.*
- *Wenn Sie keinen Wodka bzw. keinen Alkohol trinken wollen, gibt es nur zwei Killerargumente: „Ich bin mit dem eigenen Auto da." (sofern das stimmt) oder (mit toternster Stimme): „Mein Arzt hat mir strengstens verboten, (harten) Alkohol zu trinken. Wenn ich es tue, sterbe ich – und zwar qualvoll."*
- *Sie müssen sich mit ein, zwei Toasts revanchieren. Dazu gehört der Klassiker auf die Dame des Hauses, die all die aufgefahrenen Leckereien zubereitet hat. Für Herren in größerer Runde: Heben Sie Ihr Glas einmal auf die anwesende liebreizende Damenwelt insgesamt. Sie müssen bei Trinksprüchen nicht besonders geistreich sein (wenn doch, um so besser!) – der gute Wille zählt.*

- *Nach Toasts stößt man an. Es sei denn, der Toast galt Verstorbenen.*
- *Die Toleranzschwelle gegenüber körpergenerierten Geräuschen (wie „schneuz", „pups" oder „rülps") liegt in Russland bedeutend niedriger. Auch wenn es schwer fällt: So gut es geht, unterdrücken und erst bei einem (vorgeschobenen) Toilettengang den Elementen ihren Lauf lassen.*
- *Man wird Ihnen ständig die eine oder andere Speise anbieten. Zieren Sie sich nicht. Wenn Sie „Nein danke" sagen, ist das noch nicht endgültig. Erst nach dem dritten Mal wird man es akzeptieren.*
- *Seien Sie galant! Bieten auch Sie ihren Tischnachbarn (sofern es nicht die Gastgeber sind) Speisen an, wenn sich deren Teller leeren.*
- *Nehmen Sie niemals das letzte Stück oder den letzten Happen einer Speise. Wenn man es Ihnen hingegen darreicht, zieren Sie sich, so gut Sie können!*
- *Wenn nach dem Hauptgang Tee gereicht wird, ist dies ein Zeichen, dass der Abend zu Ende geht. Brechen Sie alsbald auf, auch wenn man Sie auf Knien zum Bleiben auffordert. Nur enge Familienmitglieder können noch bleiben.*
- *Bestehen Sie nicht darauf, das Geschirr abzuwaschen! Die maximal zulässige Mithilfe ist, ein paar Teller zusammenzustellen und in die Küche zu tragen.*
- *Verabschieden Sie sich herzlich! Loben Sie das leckere Essen und den angenehmen Abend. Damen bitte in den Mantel helfen. Und zeigen Sie etwas Gefühl - umarmen Sie Ihre Gastgeber! „Do swidanija!"*

◁ Voller Tisch, volle Gläser und strenge Sitten:
Eine Feier in Russland hat ihre eigenen Gesetze

Anhang

◁ Ein russisches Wintermärchen – und doch keine Abendstimmung:
Um den Jahreswechsel steht die Mittagssonne in St. Petersburg nicht höher
(Foto: 006ru-ld)

Literaturtipps

- *Anziferow, Nikolai*. **Die Seele Petersburgs.** Mit einem Vorwort von *Karl Schlögel.* München 2003. Nicht nur Russland wird eine rätselhafte Seele zugeschrieben, sondern auch seiner mystisch-irrealen verklärten zweiten Hauptstadt. Dieses Buch in Form einer Suche nach den Spuren dieser Seele in der Literatur erschien in Russland 1922 – als das alte St. Petersburg gerade unterging.

- *Becker, Elke.* **Kauderwelsch Sprachführer. Russisch Wort für Wort.** Bielefeld. Der hilfreiche Sprachführer aus dem Reise Know-How Verlag versetzt den Leser schnell in die Lage, erste Kontaktaufnahmen sowie Alltagssituationen in der Landessprache zu meistern. Kauderwelsch-Sprachführer zeichnen sich durch besondere Praktikabilität aus.

- *Bobrick, Benson.* **Land der Schmerzen – Land der Hoffnung. Die Geschichte Sibiriens.** München 1993. Vom Kosakenführer *Jermak* bis zu *Stalins* Arbeitslagern: Wie sich die Russen in vier Jahrhunderten eine riesige Landmasse untertan machten – und dabei sich und andere Völker nicht schonten.

- *Butenschön, Marianna.* **Ein Zaubertempel für die Musen. Die Eremitage in St. Petersburg.** Köln 2008. Dies ist kein Museumsführer, sondern eine einfühlsame Erzählung über die Vergangenheit und Gegenwart des größten russischen Kunstmuseums, die zudem einen fundierten Blick hinter die Kulissen dieses „Tempels" wirft.

- *Deeg, Lothar.* **Kunst & Albers – Die Kaufhauskönige von Wladiwostok.** Essen 2012. Russland als Land der unbegrenzten Möglichkeiten: Der beschwerliche, aber steile Aufstieg dreier junger Kaufleute aus Hamburg und Thüringen in Russlands „Wildem Osten".

- *Denz, Walter; Eckstein, Karl.* **Business in Russland. Ein Ratgeber für Einsteiger.** Bern 2001. Die Autoren wissen nicht vom Hörensagen, wie es ist, in Russland Unternehmen zu führen. Ein Buch für alle, die eventuell den Schritt wagen wollen, mit dem Riesenreich in Osteuropa eine Business-Liaison einzugehen.

- *Fleischhauer, Ingeborg.* **Die Deutschen im Zarenreich. Zwei Jahrhunderte deutsch-russischer Kulturgemeinschaft.** Stuttgart 1986. Von *Peter dem Großen* bis zu *Lenins* Machtergreifung saßen Deutsche immer wieder auf Schlüsselpositionen in Russland, waren aber auch als Siedler, Geschäftsleute oder Beamte von Bedeutung.

- *Goehrke, Carsten.* **Russland. Eine Strukturgeschichte.** Paderborn 2010. Ein Standardwerk zur russischen Geschichte – aber nicht strikt chronologisch, sondern nach den Schlüsselaspekten der Entwicklung gegliedert.

- *Groys, Boris.* **Die Erfindung Russlands.** München 1995. Geistreiche Essays zu kulturellen Bewegungen, wegbereitenden Künstlern und Schauplätzen der russischen Kultur.

- *Hoppe, Bert.* **Geschichte Russlands.** Stuttgart, 2009. Ein kompakter, kompetenter und mit vielen Abbildungen lesenswert gestalteter Überblick über die russische Geschichte von den Skythen bis *Putin*.

- *Kaminer, Wladimir.* **Russendisko.** München 2002. Mit diesem Erzählband hat der Moskauer Aussteiger *Kaminer* die „neue russische Emigrantenwelle" Ende der 1990er-Jahre in Deutschland hoffähig gemacht. Unter dem gleichen Namen überflutete er mit Gesinnungsgenossen die neu vereinigte deutsche Republik mit einer Welle von frechem und erfrischendem neuem Musikmix aus der ehemaligen Sowjetunion. Bis heute ist das Buch absolut lesbar und die Musik absolut hörbar.

- *Knauf, Holger.* **Kauderwelsch Sprachführer. Russisch Slang – das andere Russisch.** Bielefeld. Dieses Büchlein verrät einiges über russische Umgangssprache, wie sie einem auf der Straße begegnet. Es bietet witzige Details für den sprachlichen Alltag und hilft dem Leser, Fettnäpfchen zu umgehen.

- *Kolosowa, Wlada.* **Russland to go. Eine ungeübte Russin auf Reisen.** München 2012. Eine in Deutschland aufgewachsene Journalistin mit russischen Wurzeln inspiziert ein Land, dass ihr nah und doch fremd ist.

- *Marinina, Alexandra.* **Auf fremdem Terrain.** Frankfurt 2003. Die russische Krimiautorin hat mit der Kommissarin Anastasia Kamenskaja die moderne russische Kriminalliteratur aus der Taufe gehoben. *Marinina* hat selbst 20 Jahre lang bei der russischen Miliz gearbeitet und weiß deshalb genau, worüber sie schreibt. Ihre Serie mit der Kamenskaja genießt Kultstatus unter anspruchsvollen russischen Liebhabern des Krimigenres.

- *Massie, Robert K.* **Peter der Große. Sein Leben und seine Zeit.** Frankfurt 1984. Eine ebenso packende wie detaillierte Biografie des Reformer-Zaren und zugleich ein umfangreiches Porträt des damaligen Russland.

- *Sorokin, Wladimir.* **Der himmelblaue Speck.** Köln 2002. *Sorokin* ist das Enfant terrible der neusten russischen Literatur. Er provoziert, wo er nur kann, und zieht sich mit seinen frechen, pornografisch angehauchten und mit Gewaltszenen gespickten Werken den großen Ärger der russischen Politelite zu. Er zählt zu den führenden Vertretern der literarischen Postmoderne und wehrt sich damit naturgemäß gegen jede Art von Massenliteratur.

- **Soundtrip Russia, St. Petersburg.** Musik CD. Bielefeld 2009. In St. Petersburg hat sich eine lebendige und kreative Kunst- und Musikszene entwickelt. Der Soundtrip Russia lädt den Hörer ein, sich einen Eindruck des zeitgenössischen musikalischen Treibens in der Weltmetropole zu verschaffen.

■ *Wengert, Veronika.* **Fettnäpfchenführer Russland. Was sucht der Hering unterm Pelzmantel?** Meerbusch 2010. Der Leser begleitet einen nach Moskau versetzten fiktiven deutschen Manager dabei, sich die Eigenheiten Russlands mit vielen interkulturellen Peinlichkeiten und Pannen mühsam zu erarbeiten.

Informatives aus dem Internet

■ **Russland-Aktuell (www.aktuell.ru):** Unabhängige deutschsprachige Internetzeitung mit tagesaktuellen Berichten aus Russland und dem GUS-Raum sowie Reise-Infoteil, Personenarchiv und Stadtseiten zu Moskau, St. Petersburg und Kaliningrad

■ **RIA Novosti (www.de.rian.ru):** Die deutschsprachigen Seiten der staatlichen Medienagentur bieten umfangreiches aktuelles Material über Russland – auch im Bild und als Videos.

■ **Russland Heute (www.russland-heute.de):** Staatlich finanziert, doch dabei erstaunlich kritisch ist diese in Moskau gemachte aktuelle Internetzeitung.

■ **St. Petersburger Herold (www.spzeitung.ru):** Deutschsprachige Online-Lokalzeitung aus St. Petersburg mit Mitmachangebot

■ **Russland.ru (www.russland.ru):** multimedial angelegte Internetzeitung aus Russland, mit Berichten auf Deutsch

■ **The Moscow Times (www.themoscowtimes.com):** Informativer Internetauftritt der seriösen englischsprachigen Tageszeitung aus Moskau

■ **The St. Petersburg Times (www.sptimes.ru):** Das Schwesterblatt der Moscow Times aus St. Petersburg gestaltet seine eigene Website.

■ **Yandex (www.yandex.ru):** Russlands populärste Suchmaschine (nur auf Russisch) ist ideal für Recherchen im Ru-net – und betont anwenderfreundlich bei der Suche nach Karten, Fahrplänen oder dem Wetterbericht. Zu 70 Städten in der GUS gibt es ein Streetview-Pendant und die Verkehrsstaus in Echtzeit!

■ **Russische Botschaft in Berlin (www.russische-botschaft.de):** Informationen zur Erteilung von Visa, generell über Russland und die deutsch-russischen Beziehungen

■ **Ostwest-Kontaktservice (www.ostwest.com):** Informative Website eines deutsch geführten, flinken Reisebüros in St. Petersburg mit Spezialisierung auf Individualtouristen – sei es für Städte- oder Transsib-Reisen

Register

Weitere Titel für die Region
von REISE KNOW-HOW

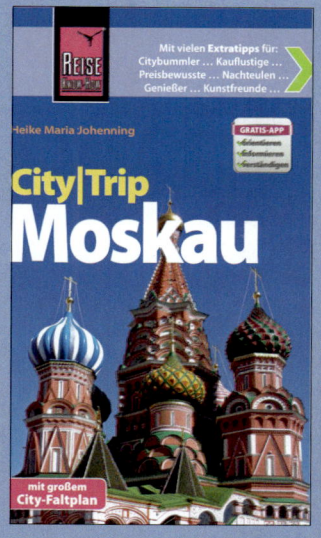

CityTrip Moskau

Heike Maria Johenning

978-3-8317-2524-3

11,95 Euro [D]

Mit begleitendem Service für Smartphones, Tablets & Co.:

→ GPS-Daten aller beschriebenen Örtlichkeiten
→ Stadtplan als GPS-PDF
→ Verlauf des Stadtspaziergangs
→ Audiotrainer Russisch

GRATIS-APP
orientieren
informieren
verständigen

Viele reisepraktische Infos │ Sorgfältige Beschreibung der interessantesten Sehenswürdigkeiten │ Historische Hintergründe der Stadt │ Geschichte der Stadt Detaillierte Stadtpläne │ Empfehlenswerte Unterkünfte │ Restaurants aller Preisklassen Erlebnisreicher Stadtrundgang │ Mit City-Faltplan zum Herausnehmen │ 144 Seiten

www.reise-know-how.de

Mit REISE KNOW-HOW ans Ziel

Landkarten

aus dem *world mapping project*™
bieten beste Orientierung – weltweit.

Landkarte Russland – West (1:2 Mio.)

ISBN 978-3-8317-7183-7
Euro 8,90 [D]

Landkarte Russland – vom Ural zum Baikalsee (1:2 Mio.)

ISBN 978-3-8317-7231-5
Euro 8,90 [D]

Landkarte Russland – vom Baikalsee bis Wladiwostok (1:2 Mio.)

ISBN 978-3-8317-7243-8
Euro 8,90 [D]

- Aktuell über **180** Titel lieferbar
- Optimale Maßstäbe ■ 100%ig wasserfest
- Praktisch unzerreißbar ■ Beschreibbar wie Papier ■ GPS-tauglich

Russland, geografische Übersicht

Spitzbergen

Franz-Josef-Land

Nord-
see

Norwegen

Schweden

Arktischer Ozean

Barents-
see

Murmansk

Nowaja
Semlja

Kara-
see

Finnland

Ost-
see

Kaliningrad

Polen

Lit. Lett.
Est.

St. Petersburg

Belarus

Workuta

Norilsk

Ukraine

Moskau

Wolga

Nischni Nowgorod

Ob

Kasan

Perm

Uralgebirge

Jenissej

Schwarzes Meer

Wolgograd

Don

Wolga

Samara

Jekaterinburg

Irtysch

Ob

Sotschi

Georgien

Omsk

Grosny

Nowosibirsk

Türkei

Kaspisches Meer

Kasachstan

Armenien

Aserbaidschan

Aral-
See

104ru-sb

Die Autoren

Susanne Brammerloh und Lothar Deeg arbeiten als Journalisten, Übersetzer und Autoren in St. Petersburg.

Susanne Brammerloh studierte an der Hamburger Universität Ost- und Westslawistik sowie Neuere Geschichte. Kaum mit dem Studium fertig, siedelte sie im Herbst 1989 (zwei Monate vor dem Fall der Berliner Mauer) nach Leningrad/St. Petersburg über, wo sie „hängenblieb".

Lothar Deeg studierte in München Journalistik. 1994 ging er nach St. Petersburg, um von dort als freier Journalist für Printmedien im deutschsprachigen Raum zu berichten. Von 2004 bis 2007 war er Chefredakteur der „St. Petersburgischen Zeitung". Er ist außerdem Autor zweier Reiseführer über St. Petersburg.

103ru-sb

Danksagung

Wir bedanken uns für die Unterstützung der Arbeit an diesem Buch bei: *Jan Antonyschew, André Baltin, Michael Barth, Vera Dorn* (†), *Juliana Kaminskaja, Juri Kotscherewski* und *Gisbert Mrozek*.